カウンセリングの心と技術
心理療法と対人関係のあり方

平木典子 著

金剛出版

目　次

序章　統合的心理療法という考え方――心理臨床の働きがつくる福祉との架け橋 … 7

Ⅰ　心理療法とジェンダー
1. 心理臨床のアカウンタビリティ――こころに優しい男と女の関係 ………… 17
2. 夫婦関係の発達と危機 ………………………………………………………… 32
3. 夫婦の愛が不安定になるとき ………………………………………………… 50
4. ジェンダー・センシティブな夫婦・家族療法 ……………………………… 60
5. 思秋期女性のストレスと危機への対応 ……………………………………… 70

Ⅱ　アサーション
6. 自己理解・自己受容・自己実現――自己カウンセリングのすすめ ……… 85
7. アサーションを生きる ………………………………………………………… 92
8. 職場のメンタルヘルス向上のためのアサーション・トレーニング ……104
9. 葛藤から協力への道程（DESC）……………………………………………111
10. 依存性人格障害とアサーション療法 ………………………………………118

Ⅲ　家族臨床
11. 家族療法と人間関係 …………………………………………………………137
12. 家族ロールプレイという訓練法――重層的人間理解を求めて ……………144
13. エビデンス・ベースト家族カウンセリング ………………………………152
14. 文脈療法の理念と技法――ナージ理論の真髄を探る ………………………161
15. 隠された親密さ－忠誠心 ……………………………………………………180
16. 青年期事例の家族療法 ………………………………………………………188
17. 中年期と家族問題 ……………………………………………………………195

18. いま，親の条件を考える —— 時代を超えて変わらざるもの ……………203
19. 子どもの自信の源を探る —— 自信の心理学 ………………………210

終章　カウンセリングとスーパーヴィジョン ……………………………216

あとがき ……………………………………………………………………229
初出一覧 ……………………………………………………………………230

カウンセリングの心と技術
心理療法と対人関係のあり方

序　章

統合的心理療法という考え方
──心理臨床の働きがつくる福祉との架け橋──

はじめに

　日本人は，いや人類は，この10年間，これまで経験したことのない深刻な危機にさらされ，誰もが直接，間接にその影響を受け，苦悩を味わっている。身近なところでは，青少年の不登校・引きこもり・摂食障害・凶悪な事件の多発や，親による児童虐待と妻・夫・老親に対するドメスティック・バイオレンスの急増，離婚・再婚の増加などがあり，現代家族の抱える問題が深刻で複雑なことを実感させる。また，環境汚染，地球の温暖化，世界的規模で変動する経済状況やテロの脅威など，「生」をめぐる地球規模の危機は，心理臨床と福祉にかかわる者の最大の関心事であり，コミュニティや行政など人類の安寧と将来に関心をもつ人々にとっても見過ごせない課題となってきた。

　これらの課題は，実は心理臨床と福祉がその働きを始めて以来のテーマであり，とくに家族は両領域がもっとも重視した研究と実践の共通のテーマであった。今や，この両領域は，家族という架け橋を中心に，両方向から，さらに密なる協働を進めなければならないときがきている。というのは，両者はこれまで，家族を対照的な観点から追求してきた。心理臨床にとって家族とは，主として個人の心理内界のイメージとして，あるいは家族メンバーが相互作用する心理力動的集団として研究・支援される存在であった。また，福祉にとって家族は，成員の幸福，生活の維持・発展を社会的に保証し，支援すべき研究・実践の対象であった。つまり，心理臨床は個人や家族の問題の解決を心理的支援によって，福祉はそれらを社会的保障や働きによって支援しようとしてきた。しかし，それぞれの支援のつながりは弱いものであった。

　欧米における家族の問題の支援と日本のそれとには，やや隔たりがある。欧

米では，家族やコミュニティの問題は心理臨床と福祉の専門資格であるFamily Therapistのもとで支援されてすでに60年になる。つまり，個人・家族・コミュニティは福祉と心理が同じテーブル上で論じる課題であり，Family Therapistはいずれの職場にもいて，それぞれの職場のアイデンティティを守りながら支援を繋いでいく。いわば，医療機関内で多職種の専門家が協働するように，コミュニティにおける連携が成り立っている。しかし，日本においては，心理臨床・福祉・医療における家族療法の発展が30年近く遅れたことにみられるように，別々の専門職のアイデンティティが不明確なことなどが影響して，受益者の側に立ったつなぎの作業，連携が不首尾状況に陥っている。

心理臨床と福祉が両極に止まったようなアプローチをしたり，Family Therapistがいずれの領域にも少ない状態は，家族やコミュニティをめぐって多様な支援を必要とする虐待，いじめ，DV，災害や事件の被害などへの対応を不十分にしている。心理臨床と福祉の教育・訓練体制を含めて，仕事のつなぎや受益者と周囲の人々の相互作用を視野に入れた関与を必要とする現在，システミックなものの見方とアプローチに明るい，全体を見た働きができる専門家が必要である。多くの現代の問題解決には，心理臨床はその背後に家族の福祉を見通し，福祉はその内側に個人の心理を見据えて，内的・外的広がりを持ってかかわる必要がある。つまり，心理と福祉は，学問上も実践面でも，それぞれの特徴を生かしつつ連携・協働する必要性に迫られているということである[1]。

本論では，以上のような問題意識のもと，心理と福祉の協働とはどんなことか，そして心理臨床のアイデンティティとは何かについて考える。また，本論が，本書全体を貫く志向性を象徴するものであることも願っている。

I　心理療法の統合が目指すもの

心理臨床の世界では，1980年代後半に入って，当時400以上にものぼるといわれていた心理療法の理論・技法の氾濫を整理・統合する試みが始まった。また，1990年代に盛んに行われた心理療法の効果研究の成果とポストモダニズム・社会構成主義の動きは，心理療法の理論・技法の機能と実践家のあり方そのものについて根本的な問いを投げかけることになった。

1．理論・技法の統合とは

　心理療法の理論・技法は，家族療法が家族を支援するうえで不可欠と考えてきたシステミックな視点，つまり個人や家族，その他の存在を生態システムの一部として捉え，それらが時間と空間を共有して存在するという見方が核となって整理・統合されはじめている。人間，家族，仲間，学校，会社，地域社会，国などの生態がつくるシステムは，相互依存的に相互作用をくり返し，その相互作用全体が各部分と全体のバランスを維持したり，進化を促したりして共存しているという考え方に立った理論・技法の開発である[2]。

　この考え方によると，個人の悩みをはじめとしてさまざまな社会の問題は，すべて問題の源でもあると同時に，解決の資源でもあることになる。したがって，セラピストは，個人の心理内的世界も，対人的相互作用の動きもすべて相互にかかわりのあるものとして捉え，問題のアセスメントにも解決にもその資源を活用する必要があることになる。つまり，これまで発展してきた心理療法の理論と技法は，エコシステミックという共有点を得ることにより統合の視点を得たということができるだろう。ここでは詳しく述べないが，その動きは，精神分析と行動療法，そして家族療法が決して矛盾するものではなく，人間理解とアプローチに必要な3つの視点であるということができるのである[3]。

2．心理療法の効果研究の成果

　心理療法の機能に関する問いは，異なった心理療法の効果研究によってもたらされた。その結果は，心理療法の理論・技法の違いによってその効果に違いがないことを明らかにし，また，効果的なセラピーにおける治療効果には，モデルの違いよりもセラピー・モデル間の類似点が影響していることが示されたのである。

　つまり，ほとんどのクライエントが体験する有効な変化の要素は，どのセラピーにも含まれている4つの共通点であり，それらは効果の大きな順に，①クライエントと環境が持つ資源，②セラピストとクライエントの治療関係，③セラピーの技法，④プラシーボ効果＝クライエントの変化への動機づけだということである。

　要するに，クライエントは機能不全の，治療され，助けられなければならない無能な存在ではなく，「心理療法に成果をもたらす唯一の有力な貢献者」であり，その人全体——生活を織りなしているその人の強さや資源，問題の経過，

ソーシャルサポート,生活環境,幸運など――が,セラピストのいかなる言動よりも重要とされたのである。また,「治療同盟」などと呼ばれ,強調されてきたセラピー関係が第二の重要な要素であり,セラピストの活用する技法とクライエントの治療への動機づけは,ほぼ同じ程度の効果を果たすということである。

　そうであるならば,セラピーや支援とは,①個人と環境に潜む資源の開発であり,②そのために必要なことは,支援する人と支援を受ける人の関係ということになる。家族療法が指向してきた個人の内的プロセスと個人を取り巻く家族やその他の人々との対人的相互作用のプロセスは,まさに日常的にもセラピーの中でも重要な問題解決の資源であり,同時に,それらが問題を創り出してもいることになる。たとえば,不登校や摂食障害など一見個人の問題と見えることも夫婦や親子,さらには家族を取り巻くコミュニティや社会がかかわっている問題でもあり得,逆に,夫婦関係や親子関係の問題と受け取られることでも個人の変化によって解決できる可能性がある。

3. 支援者の位置づけ

　上記の2つの考え方は,セラピストやその他の指導的立場にある人のあり方も変えることになった。

　セラピストや指導者は,専門家として正しい解決法やよりよい生き方を教える人ではなく,クライエントや家族,支援される人々の持てる資源を引き出し,一人ひとりがその人にふさわしい生き方,関係の持ち方を獲得できるよう共に歩む同伴者ということになる。その背景には,専門家といえどもその人が生きた社会のものの見方や考え方,そしてその中でつくりあげてきた自分のものの見方・考え方から自由ではありえないという視点がある。これはポストモダニズム・社会構成主義の考え方として現代の学問や人間関係,そして指導者といわれる人々のあり方に大きな問いを投げかけた倫理的視点であり,心理臨床・福祉においても純粋に中立ではありえないというかかわり方の基本を示している。

　問題や悩みを持っている人々とは,その人の「物語」を生きることができなくなっている人ということができる。それは周囲の人々の言動や主流となっている社会や文化の価値観がその人を生かさないような影響を与えていることの結果でもあるだろうし,影響を受けた本人は自分を生かす術を探せないでいる

こともあるだろう。たとえば，不登校の子どもは，課題達成主義，成果主義の学校教育や親の指示に異議を申し立てる術を知らず，引きこもっているのかもしれない。また，虐待をしている親は，本人自身が受けた虐待的な方法でしか躾をすることができないのかもしれないし，現代社会のスピードと強制的・成果重視の価値を実践しているだけなのかもしれない。

専門家とは，権威と力を持っているからこそ，自分のものの見方や価値観をしっかり把握し，支援する相手にとって自分のバイアスがふさわしいとは限らないことを自覚している必要があるだろう。支援する者は，クライエントが自己を発揮するためのよりよい環境の一部になる同伴者であると同時に，ラージャー・システムがわれわれにとってどうなっているかを専門の視点から見定めつづけるという役割を背負っている。

ただ，それぞれの支援の対象や切り口は違ってよい。心理臨床と福祉は，それぞれの対象と支援の切り口の違いを自覚し，クライエントにとって必要な支援全体の中で，自分の分担できているところ，分担できていないところを明確にして，常に協働・つなぎの作業の必要性を忘れないことである[4]。

Ⅱ　統合を求める心理臨床家のアイデンティティ

前記のような考え方から，筆者の描く心理臨床家のアイデンティとは，個人の内的心理力動のプロセスと個人がかかわる対人相互作用のプロセス（たとえば家族関係や会社の人間関係など），そして自分を含めた個人を取り巻くラージャー・システムとの相互作用のプロセスすべてを視野に入れた変化の触媒としての機能を果たすことになる。

その場合，心理臨床家としては，個人の内的プロセスとその変化に最も関心を向けることになるだろう。ただし，個人の背後には核家族，源家族を含む拡大家族，友人やコミュニティ，そして社会的・文化的・歴史的環境があり，そのことのかかわりなしに個人が存在し得ないことを念頭においた臨床を目指すであろう[5]。必要ならば，個人に直接かかわりのある人々への働きかけや連携を実行することもあるだろう。たとえば，摂食障害の青年には，本人とのかかわりはもとより家族，主治医，学校の教師との必要な面接・連絡・連携を行うであろうし，自分を含めたそれらの相互作用を視野に入れた支援の動きを自らも鳥瞰していたいと思う。

心理臨床家としては，ラージャー・システムや社会的機関，制度を直接研究したり，変えたりすることにはかかわらないだろうし，社会的な活動や運動にも参加しないだろう。むしろ，そのような活動をしている個人や医療機関，福祉，行政などの担当者とは個人的に連携を取ること，つまり，人と人とのぬくもりや思い，配慮や共感の世界を分かち合える関係の中にクライエントや家族がつながっていくことを志向するであろう。ある家族療法家は，「個人にはキスすることができるが，家族にはキスすることはできない」と言ったが，心理臨床家のアイデンティティは，個人や家族など直接かかわることができる人々との関係の中で，問題解決や変化に触れていくことである。そうすることで個人が社会につながっていくことに何らかの支援をする機能を果たすことになるのではないだろうか。

　今，たとえば，子どもの虐待への対応の現場では，防止法にのっとり官主導の判定，隔離，監護などの処遇が決められ，子どもの安全の保証という最低限の措置はとられるものの，親子関係の改善を見通したケアや心理教育は不十分で，親子の再統合や援助のつながりなどにはエネルギーがほとんど注がれていない。それは担当者だけの責任ではなく，制度や経験の不十分さがもたらしていることは理解できるが，一方，親子を隔離するだけの処遇や，個人の措置の決定部分にしかかかわれないことに不全感を持っている現場のワーカーや調査官たちがいることも知っている。つまり，現在の先の見えない，不確定な支援を改善しないかぎり，適切な支援の実感は得られないのである。

　逆に，子どもや虐待をしている親のケアを受け持つ心理臨床・心理教育の現場では，親子別々に面接したり，一方だけにかかわったりすることが多く，ラージャー・システムを視野に入れたアプローチは少ない。つまり，個人だけでなく関係に対する支援や，別の視点を持っている他機関の担当者との連携による支援が行われていることは少ない。つなぎの必要性を感じつつ，一定の個人との面接しかできていない臨床家のジレンマは，これまでの心理臨床があまりにも個人臨床に偏りすぎ，とくに個人の内的プロセスと言動の変化にかかわることを主軸としてきたことの限界を明示している。

　福祉の現場にいる人々は，個人に適した心身のウェルビーイングを追究する新たな福祉の視点を必要としはじめているし，心理臨床家たちは，ラージャー・システムを視野に入れた新たな心理臨床の視点の拡大が必要であることもわかってきた。

このように考えてくると，今，最も求められていることは，つなぎの作業を視野に入れた臨床であり，福祉であろう。福祉といえども個人に直接かかわることが多い仕事であるからには，個人の内的心理力動や資源の開発に無関心ではいられないはずだし，心理臨床といえども，対人間力動や個人を取り巻くラージャー・システムとはかかわりなく動けるわけはない。

　われわれ心理臨床家は，福祉の世界をもっとよく知り，近づき，協働の作業を開始する必要があるだろう。そうすることで，福祉が関心を持ちつづけてきた児童・老人・障害者などのいわゆる「弱者」の生を社会がどう保障していくかという視点から生まれた社会成員の幸福への支援のあり方を学ぶことができるであろう。逆に，心理臨床家は，心理臨床が開発してきた個人力動，関係力動からのアプローチを担当者同士の現場で生かすことになり，それは，さらに福祉の人々が個人にアプローチする時のなんらかのヒントにもなるのではないだろうか。

　心理臨床と福祉のテーマにはかなりの重なりがあり，現場の知を重視し，学際的なアプローチを志向してきたことは共通項である。その原点に立ち返れば，アプローチの切り口は異なっても，協働の作業は過去にもあったし，現在では一層新たな試みがあちこちで始められている。現代が提起する問題により有効にかかわるためには，心理臨床も福祉も協働のための知を探ることに積極的になることである。それなしには深刻で複雑な現代の危機を乗り越えることができないことは間違いない。

参考文献

1）平木典子：家族心理学と福祉の今後を考える．家族心理学会編：家族心理学年報 19. 2001（加筆修正）．
2）平木典子，野末武義：家族臨床における心理療法の工夫――個人療法と家族療法の統合．精神療法，26(4)；12-21, 2000.
3）Wachtel, P. L.：*Psychoanalysis, Behavior Therapy, and Relational World*. American Psychological Association, Washington, D. C, 1997.（杉原保史訳：心理療法の統合を求めて．金剛出版，2001.）
4）Imber-Black, E.：A family-larger-system perspective. A. S. Gurman & D. P. Kniskern (Eds.)：*Handbook of Family Therapy, Vol. II*. Brunner/Mazel, New York, 1991.
5）Carter, B. & McGoldrick, M. (Eds.)：*Expanded Family Life Cycle : Individual, Family and Social Perspectives (3rd ed.)*. Allyn & Bacon, Boston, 1999.

I 心理療法とジェンダー

1

心理臨床のアカウンタビリティ
——こころに優しい男と女の関係——

はじめに

　本論のテーマは,「こころ」「優しい」「男と女」「関係」などと定義が難しい言葉を並べてしまい,いまになって後悔している。そして,このタイトルを見た方から予期せぬ反応をいくつかいただいた。「先生が恋愛の専門家だとは思わなかった」とか「最近のトレンディ・ドラマの話が聞けるのですか」といったものである。このタイトルは,そのような意味にも取れるのかと,恋愛の専門家でもなければ,トレンディ・ドラマも見たことのない筆者は「シマッタ!」と思っている。しかし,一方では,ここで述べたいことは,そういうお互いの認識の違いがわれわれの関係を面倒にしているのだろうし,またそれが人生を面白くしてもいるということである。すでに,「男と女」についてはこれまでにも盛り上がった論争があり,これから述べることは,「そんなこと,あたり前のことでしょ」ということになるかもしれないが,女の一人として考えてきたことを述べたい。

I 「心理臨床のアカウンタビリティ」について

　まず初めに,タイトルの「心理臨床のアカウンタビリティ」について。
　アカウンタビリティ(accountability)とは,訳しにくい言葉で,意味としては「アカウントできる能力——あてにすることができる能力」だが,辞書を引くと「責任(があること)」となっている。責任には,リスポンシビリティ(responsibility)という言葉があり,これは「応答する(response)能力」という意味の「責任」である。アカウンタビリティは,「自分をアカウントでき

るか」といった観点からくる「人や物事に対して説明する義務，申し開きができる」といった意味での「責任」である。つまり，「心理臨床のアカウンタビリティ」とは，心理臨床の仕事が援助を求めている人にとってどこまであてにできるか，その人にどのような意味を持つのかを援助を受ける側になって考え，その人々のために動いているかを認識する責任ということができる。その責任とは，心理臨床家はクライエント一人ひとりの違いを認め，受けとめる責任を持っているとも言えるものである。

　アカウンタビリティが重視される必要がある所以は，社会が力の違いによって成り立っていることである。アカウンタビリティの第一の視点は，社会における力の弱い人，不利な立場にいる人の存在を認め，社会的，文化的に支配されている人が存在することに目を向けることである。したがって，第二の視点として，社会的な関係の中で優位な立場にいる人は，その特権をきちんと意識し，それをなくすように努めることが必要になる。より特権のない人の言い分に耳を傾け，支配をやめ，不公平を取り除き，力のバランスを回復するために動く責任は，特権を持っている側にあるというわけである。この中には支配，力，特権だけでなく，それに寄与する情報や知識，言語の力なども入る。第三の視点は，あるアメリカの心理学者が言っている，人間のスピリチュアル（spiritual）な側面への認識である。人間が持っているこころの動きの中には，私たちが生きている世界全体に対する純粋な気づかいや思いがあって，そこから生まれるものは「私たち」といった地域社会や他者に対するスピリチュアルな思いやりのこころだというわけである。そのこころがあることもアカウンタビリティに入る。

　このような考え方は，現在，社会的には，行政機関などの持っている情報を知りたい時に，自由に「知る権利」を保障する情報公開制度とか，医療の世界におけるインフォームド・コンセント（知らされたうえでの同意）とか，ガン告知，また医療費の増大による保険負担の見直しといった形で問われていることに通じるものである。

　身体の治療においても今述べたような問題が山積している状況であるが，翻ってカウンセリングや心理臨床においては，アカウンタビリティは更に大きな問題であることに気づかされる。今，日本において心理療法の成果の基準とは何だろうか。生理学的治療と比べてはるかに曖昧であり，支払った治療費に値する成果を測るとなると，その基準はまったく見えてこない。たとえば，「質

のいい治療を受けて，なるべく早く元気になること」をクライエントが望んでいるとして，その「質」とか「早く」とはどのようにして測るのだろう。心理臨床において最高の仕事とはどんなことで，それは誰が行っているのであろうか。クライエントからの問いにどう答えれば，「心理臨床のアカウンタビリティ」を述べたことになるのだろうか。それに対する答えは明確ではない。ただ，心理臨床家たちが，仕事のアカウンタビリティと実力について，説明できること，そのためにはある程度の基準をつくることが要求されていることは確かである。

　実は，学問の世界では，このような現実の動きと平行して，あるいはこのような動きの背景に，ポストモダニズムとか家族療法における第二次サイバネティックスと呼ばれる認識論の論争があり，それは「男と女」の問題とも密接な関係がある。つまり，フェミニストの運動や特定の民族や文化の形成と理解を重視する「社会構成主義」の考え方・ものの見方がもたらした人間の認識の客観性を問う理論である。彼らの問いかけの主な前提は，私たちの社会的現実を創り上げているものの考え方，価値観，制度，習慣，ものの呼び方，法律，仕事の分類などは，ある文化の中に生きた人々が日々の，何世代にもわたる相互作用の中で構成してきたもので，社会はそのメンバーが世界を解釈するメガネ（色眼鏡）を創っているというものである。われわれがあたり前の「現実」として受け取っていることは，生まれた時からわれわれを取り巻く社会的，文化的，歴史的文脈の中で創り上げられたものでしかなく，したがって，そのような信念や，行動，言語，体験などを通して，われわれはものを見，生活を成り立たせていることになる。

　ということは，フェミニストによると，現代を支配している知識の遺産は，圧倒的に西欧の，白人男性のものということになる。現代を支配している知識や真実とは，いわゆる古典的合理主義の伝統の中で理論的・実証的に定義された心の働きから得られたものである。研究や探索の対象は人の外側にあり，対象を知る方法としては，対象を知ろうとする人から対象を分離することであり，それによって真実が把握できると考えていた。現実とは，西欧的な白人男性の理性でつくられた「公的」と呼ばれる感覚で示される合理的秩序であり，それは「客観性」を持つということになっていたわけである。つまり，真実と現実は一つであり，確固として揺らぐことなく，人間の外側にあると考えたのである。このような見方は，多義性（ものごとがさまざまに受け取られること）や

個別性，そしてダイナミックな相互影響関係の中にある現実を否定するものであり，「知る人」と「知るプロセス」を分けて考えようとするものである。

「客観性（objectivity）」の語源は，接頭語（ob=off）＝away＝あちらへ＋ject＝to throw＝投げるであり，意味は「意図的に距離を取る」ことである。「主観性（subjectivity）」は under-throwing で，「十分に離れないこと」である。つまり，「知る人」と「知られたこと＝知識」は分離できないことを意味する。ポストモダニズムの問いは，知る人は，ある影響をすでに受けた見方をしていて，しかも常に対象から影響を受けながら知るのであり，知る人と知られたこととは分離することができないというわけである。

このような考え方は，家族療法家たちの歩みの中でも議論されてきた。その考え方は，文化人類学者のベイトソン（Bateson）によってもたらされたシステムというメタファーで家族を理解することに始まる。彼は2人の学者の考え方を家族理解のために紹介した。第一は理論生物学者のフォン・ベルタランフィ（von Bertalanffy）が科学の統一的理解の基礎理論として提唱した「一般システム理論」であり，もうひとつは数学者ウィーナー（Wiener）が「サイバネティックス」と名づけた理論である。いずれも，「生物的・社会的システムを円環的な因果とフィードバックのメカニズム」として捉えようとするもので，人間とその営みを捉える上で，それまでの認識論に大きなパラダイムの変換を促すことになった。

その要点は，無生物・生物・精神過程・社会過程のいずれをも貫く一般原理として，システムという「相互に作用し合う要素の統一された複合体」の考え方を導入しようとしたことである。システムという考え方の重要なところは，それぞれのシステムは部分の単なる合計ではなく，部分以上のもの，あるいは部分が集まった関係が表すパターンによって成り立ち，階層を作っているということである。この理論を家族や社会に適応すると，われわれが生きている現実の社会とは，一つひとつが別々に存在するのではなく，相互にかかわり合ってシステムとして創り上げられているということであり，生態システムとしての限りない循環過程として捉えることが必要になる。

図1は，家族療法家たちが取り入れたシステム理論の考え方を示したもので，個人はさまざまな部分，サブ・システムである器官系（消化器系，神経系など）から成り立っている。たとえばAは消化器系だとすると，その中にあるサブ・システム一つひとつは胃や腸と考えることができる。このように遺伝子までた

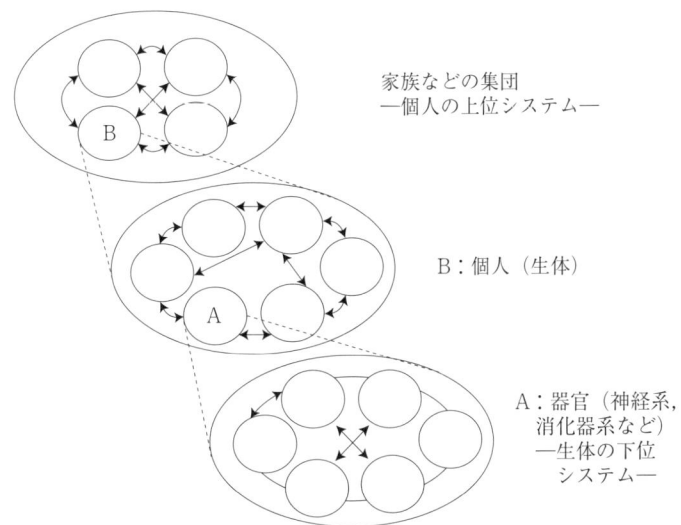

図1 人間を中心とした上位,下位システム

どっていくことができるのが,個人が創られた状態である。さらに,個人の上位システムは家族であり,個人Bは4人家族の1人として家族に属している。Bは学校に属していたり,リトル・リーグに属していたりもする。家族はさらに上位システムである地域社会に属し,地域社会は市町村,都道府県,そして国,世界,地球とつながっていることになる。

システム理論の要点は,
1) ある要素はさらにある特徴によって小さく分けられるサブシステムより成り立っており,システムはより大きい階層システム（メタシステム＝上位システム）のサブシステムでもある。
2) システムは部分の集まりではなく,部分があるパターンによって組み合わされてできた統合体であり,その独自性は境界によって維持されている。
3) システム間,あるいはシステムとサブシステム間の相互作用はネガティブとポジティブのフィードバック（フィードバック・ループ）によって調節され,円環的因果律によるシステムのホメオスタシス,平衡,適合

を維持している。
4）システムは，もの，エネルギー，情報などをシステムの外の環境と交換するかしないかによって開放システムと閉鎖システムに分けられる。
5）通常，システムの内部活動はいわばブラックボックスのように未知で，インプットとアウトプットのみが知覚できる。
6）ブラックボックスは時・空間をもった形態形成体である。
7）生きた生物体は本質的に開放システムであり，環境との間に無限にもの，ことを交換し合うシステムであるゆえに，等結果性（equifinality：異なった初期条件と異なった方法からでも同一の最終状態に達する）と等能性（equipotentiality：同じ「起源」からでも異なった結果が生み出される）を持っている。

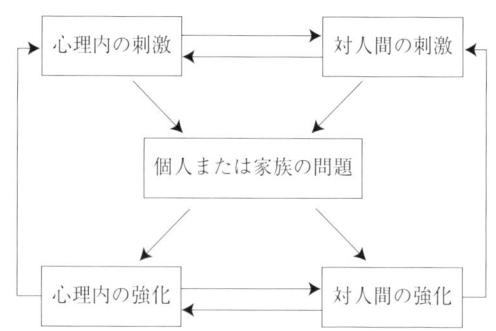

図2　統合モデル[1]

　人間や家族は生態システムであり，開放システムであるので，常に環境との限りない相互影響関係の中にある。ひとつのシステム内のある動きは，そのシステム内のすべてのサブシステムに連鎖的に影響を及ぼし，元に返ってくる。それらの動きは，システムの境界を越えてサブシステムや上位システムへも影響する可能性がある。つまり，システムの境界を越えてそれぞれのシステムに関係のある要素が流出したり，流入したりするわけである。個人は個人の内面の動きを持つだけでなく，家族その他の外の動きの影響を受けるし，家族も単に相互に作用し合うシステムというだけでなく，家族メンバーと家族外のシステムの動きによって維持されているシステムとして捉えることができる。
　図2を見ると，内外の影響関係で問題が形成されるプロセスがわかるであろう。個人や家族の問題は，対人間の刺激と個体内の強化と，さらにそのプロセスの刺激と強化の関係として循環している。誰かを悪いとか，原因とか規定す

ることは難しい。

　しかも，システムはこのような特質を持ちながら，バランスを維持したり，変化や進化を遂げているわけである。そのメカニズムを理解するために，ベイトソンらの家族療法家たちがヒントにしたのが，サイバネティックスのコミュニケーションの制御理論であった。つまり，ある一貫性を維持し，安定を保っている生態システムが，実はさまざまなものとの相互作用を持ち，さまざまなものの出し入れをしているということは，非常に複雑なルールによって制御されたプロセスを持っているということを意味すると考えたのである。生態システムの健康や機能の維持，あるいは進化の基本的過程を，システムの自己制御による機能として捉えてみようとした。そのメカニズムは，バランスを維持するための変化と，新たな仕組みを創り出すための変化の調整といった複雑なものだが，簡単に言うとある状態を維持するために常に変化していること（第一次変化──サーモスタットによる温度の維持）と新たな状態を作り出すために起こす非連続的変化（第二次変化──サーモスタットの設定温度の変更）の調整である。この考え方は，確かにシステムを理解する上で大きな助けになった。

　この理論の要点は，分析的還元主義を廃して，有機的構造全体，部分間の関係，とくに直線的な関係よりも円環的・循環的関係によってできるパターン，そして物事を環境から分離することなく，その物事が起こっているコンテクストで見ようとするところである。初期の家族療法家たちは，家族の力動を理解しようとする試みの中で，この理論を取り入れて家族療法の理論構築と実践に役立てた。

　ところが，この理論を先ほどの客観主義，還元主義で取り入れると，個人や家族は自分の「外側」にある，観察可能な現実ということになる。セラピストは，問題を「発見し」「治療する」人，システムの外側から変化を促す人となり，システム理論の本来の意味を取り逃すことになる。システムがシステムとして見えたということだけで，問題は終わらないのである。

　心理臨床の対象となる個人，家族，地域社会などは，それを取り巻く環境との円環的，循環的因果律による相互影響関係の中で，バランスの維持と進化という変化を起こしながら存在しているということは，ひいては，セラピストがクライエント（個人であろうと家族であろうと）というシステムにかかわる時も，純粋にシステムの枠の外から一方的にかかわることは不可能なことを意味

する。つまり、セラピストは、個人や家族に影響を与えるが、相手からも影響を受けないわけにはいかない。治療や変化は、セラピストも含めた相互関係・相互作用システムによって起こるわけであるから、純粋にセラピストがシステムの観察者として存在することはできず、かかわり合っているシステムの一部であることに注目する必要が生じたのである。

このような考え方は、ゲシュタルト心理学とその応用であるゲシュタルト療法[2]でもすでに言われていたことで、「ルビンの壺」に見られる図と地の概念は、全体性の把握には両方が必要であり、また把握したものは反転によって意味が異なり、意味は関係の中でつくられていくことを示している。それはとりもなおさず、部分と全体の関係性と相補性を暗示していたということである。

このような見方からすると、もはや客観性ということはなく、「観察している人」と「観察されているもの」は相互に関係し合って現実があることを認めるしかない。クライエントは想像しているとおりには動かないし、専門家が相手を十分に知っていることはない。"Women's Way of Knowing"[3]という本を書いているフェミニストたちがいるが、彼女たちは、女性には女性独特な物事の見方、受け取り方があり、その知り方をわかれば、逆に自分は他の人について「無知の人」の位置にいると述べている。「無知の人」であることによって黙っていることが多く、それは「女性のものの知り方」なのだと言うのである。

セラピストは自分の持っているものの見方、前提によって現実を見ているので、それも含めて現実が創られていることを認める必要がある。専門家という立場は、絶対的客観性や正しい判断があるのではなく、専門の知識と技術を持っている人ではあってもクライエントという「自分の専門家」との相互作用をする人であり、その中で相互に創られていく現実があることになる。セラピーとは、特定の変化を起こすためのものではなく、変化のコンテクストを創るためのものである。セラピーで使われる言語は社会的に構成されたシステムであるため、強力な、特権的言語は、人を力づけもし、抑圧もすることになる。セラピストは権威的なエキスパートの位置にいることを問われ、知っていることの限界を認めることを迫られる。われわれの存在はオートノミィ＝自律性を前提とすることになるので、その自律性をどう創っていくかという倫理が必要とされる。

以上で先ほどのフェミニストの主張と、非差別的な位置にいる西欧の文化や

生活習慣を持たない人々の主張に耳を傾けることの必要性がセラピーと重なってきたことがわかるであろう。

Ⅱ　男と女の関係
――きわめて個人的な体験から――

　これだけ述べると，男と女の関係についても想像して頂けると思うが，現代人の最大の課題は男と女が理解し合うことであろう。男と女は違うということは誰でもわかっている。しかし，どんなふうに違っているかを明確にすることは，実はとても難しい。
　いくつか例を挙げてその違いについて考えてみよう。
　まず第一に考えられることは，男女の違いは生物学的なもの，肉体的なものである。それは決定的なことで，それが現在の男と女の心理，言動，役割をつくってきたと信じている人も多いであろう。男と女の身体的な違いから，ある特定の機能や心理が備わってきたと考えることである。たとえば，男は筋肉が発達しているから強く，攻撃的で，競争的で，支配的になり，女性は妊娠を経験することができるので，子どもを育て，優しく，理解があり，穏やかだといった特徴を持つのは当然といったことである。そのような男女の違いは，脳の研究からも，ホルモンの違いによる脳そのものの性差としてとりあげられ，攻撃性と優しさの違いとして述べられたり，空間的認識力では男性の方が女性よりも優れているという結果も出されたりしている。また，幼児がどんなおもちゃで遊ぶかを観察した研究結果を見ると，ごく早い時期から，男の子は飛行機や自動車，トラック，フットボールなどの遊びを選び，女の子は人形やままごとを選ぶという。
　このような話を聞いてどう思われるだろうか。「そんなことはないはずだ」とか，「そうだろう，だから男の方が優れているのだ」と思った人がいたとすれば，その人は競争心のある人だということはできると思う。競争心は，もっと精密で，真理に近い結果を出そうとする研究意欲を高める。しかし一方では，どのリサーチにも妥当性や信頼性についての疑問がついており，どんな状況で，誰がどのように調べたかまで追求されると，バイアスから逃れられないことも議論されている。先に述べた競争心自体も研究にバイアスをかけるかもしれない。筆者が問題にしたいことは，どちらが優れているかとか，何が正しいかと

いうことではない。

　nurture or nature[注1]の議論もその方向でなされることが多かった。むしろ,そういったバイアスからわれわれは逃れることができないと思っていることが重要であろう。

　筆者は,男と女の問題を議論するうえで,どちらが優れているかとか,どちらがより強いかといったことは意味がないと思っている。「優れた」「強い」「正しい」という考え方自体が,男の原理ではないか。つまり,違いが優劣で考えられてしまうところに問題があるのではないだろうか。これまでの男と女の違いの議論は,どちらが優秀か,どちらが正しいかに偏り過ぎてきた。男は,何らかの理由（家族を守るとか,食べ物を獲得するなど）で,競争をしなければならない羽目に陥った可能性はある。そのために,強いとか優秀だとか,正しいことが重要だった。女は何らかの理由（子どもを産み育てる,守ってもらう,慰める）で,弱い立場,争わないで犠牲になる立場,我慢する立場になっていった可能性もある。

　たとえば,筆者は,明治生まれの父に長子には男の子を期待されていたところに長女として生まれ,少しばかり成績が良かったりしたので,周りからは「あなたが男だったらよかったのに」と言われて育った。男の方がいいらしい,もしかしたら女は損なのだろうと思っていた。また,幼い頃から背が低く（父は背が高かったのだが,背の低い母に似ていた）,小さかったこともあって,人と争うより負けていることが当たり前,力ではかなわないので,争わないとも決めていた。したがって,人を傷つけるよりも,傷ついて我慢していた方が楽だったし,すっかり女の原理を身につけて育ってきた。そのことは,ある時までは損ではないかと思っていたが,ある時からそうでもないことに気づいたのである。男でないことで男の世界にいても争う気が起きなかったし,争わないですんだ分,楽をしてきたような気がする。

　もちろん心理療法の世界でもよく知られているように,あまりに我慢し過ぎると怒りが溜まり,腹膨るる技になって,爆発しそうになることがある。そんな時,女は攻撃すべきではないので,許される表現の泣くことで意思を伝えようとする。女の「泣く」には攻撃の意味が含まれてもいるのである。ウーマンリブの人々は,しいたげられてきた怒りを攻撃として表現した。それができる人

　注1）直訳すると「養育か天性か」となる。つまり「遺伝か環境か」という意味。

は，それもひとつの方法だっただろう。しかし，筆者は，我慢したのも自分の責任だと思っていたので，母を責めたくはなったが，男を責める気にはならなかった。自罰的な傾向が強い人は自分の責任にし，他罰的な人は周囲に責任を問うのであろう。

　筆者は，今述べたようなバックグラウンドの中育ってきたので，必要なこと以外はしゃべらない人間であったし，以下に述べるようなエピソードを通して，ますます自分の考えを言わなくなっていった。それは，小学校5年生で，校内の弁論大会に出た時のことである。弁論大会で社会の不公平，人々の幸せについて話そうと思い，父と母にある考えを言ったときのこと。父と母は，顔を見合わせて，「この子は困ったことを考えている」というような素振りをしたのである。どうもまずいことを言ったのだということがわかり，理由はわからないものの別のテーマで話をすることにしたが，後で考えると，二人は「この子は共産主義者になるのではないか」と心配したものと思われた。いずれにしても，この体験を通じて，筆者は，思ったことを何でも外に出さないほうがよい場合もあるのだと思った。自分の考えていることはわかってもらえないこともありそうだし，正しくないこともあるらしいと思った。その後，わかってもらえないことをたくさん抱え，わかってもらおうという努力もあまりしないで生きてきた。誰かに自分の考えをそのままわかってもらいたいという気持ちは持ちつづけていたが，どうせわかってもらえないだろうとも思っていた。ここには，アサーションの問題もあるわけだが，そもそもわかってもらうことを期待していなかったこともある。

　わかってもらえないことには慣れてしまっていたが，おそらくどこかでわかってもらえないことにはずっとこだわっていたのだろう。それは筆者がカウンセリングの仕事をする原点にもなっている。

　大人にわかってもらうことをほとんどあきらめかけていた筆者が，女子大学でわかってくれる友人に出会ったことは大きかった。わかってくれないなら正直に話すことなどないと，意固地になっていた自身の問題もありながら，少しでも話をすれば，ありのままにわかってくれる人がいることは驚きであったし自信もついた。同時に，大学で初めて，人は本当に違うのだということをつくづく感じた。そして，わかることにこだわりはじめた。

　筆者のように自信がなく，密かに泣き，我慢してやってくると，男は攻撃する相手ではない。夫婦げんかはするが，それは安全だとわかっているからであ

って，外で男に逆らうことはしなかった。男とはよくわからない人であり，また女のことをわかってほしい相手ではあっても，競争する人，攻撃する人にはならなかったわけである。

　その点で筆者はずるい人間だったかもしれない。時には攻撃したり，強く出たりしなければ振り向いてくれない人はいる。その点で一時期のウーマンリブの人たちの運動は大きな力だったと思うし，ありがたいとも思っている。また，そのお陰で女性は自由に，元気にもなった。ただ，筆者はそれが好きではなく，自分ではできないことであった。筆者がウーマンリブの運動を嫌っていた理由は，自由と元気を男と同じ勝負の原理で勝ち取ろうとしているように感じられたからだと思う。つまり，あなたたちは間違っている，私たちが虐げられていたという意味で男は反省すべきである，あなたたちは差別をしたことを間違いだったと認めるべきだ，降伏しなさい，と言っているようであり，それは男の原理を逆に使っているだけに見えたのである。

　おそらくそのことのために，男性は驚きもし，反省もしたであろう。その結果，女性を持ち上げたり，言うことにそのまま従ったり，女性をおだてたりする人も出てきた。逆に，程度の低い人間が騒いでいるとばかりに女性をバカにしたり，振り向こうとしない人々もいた。

　一方，一般社会では男性の競争原理が経済的繁栄をもたらし，課題達成，課題遂行が最高の価値であるかのような生活が浸透していった。その生活の中で男性はますます競争を強いられ，競争に勝てないことは敗北感を味わい，生きがいを失うことになっていった。初めから競争や優劣からはずされている女性も，豊かで自由が許される社会でチャレンジすることが増えていった。男性には先の見通しがなく，あるいは先が見え過ぎているという意味で希望や夢がなくなっているのに反して，初めから競争を下りていた女性は着々と自分のやりたいことをやることに専念しはじめた。たとえば，暇になった時間とありあまるエネルギーを自分のことを考えたり生きがいを捜すこと，生涯学習や進学，再就職やボランティアに注ぎはじめたのである。「暇な残りの40年をどう生きたらいいのだろう」という模索をはじめたのである。一方，お金と自由を獲得した女性は買い物やおしゃべり，グルメなどで時間つぶしをすることにもなっていった。男たちは，まだ企業の最先端にいてそんなことを考える暇はまったくない。男性よりも先に人生を考えはじめたのは女性であるようだ。時間と経

済力をある程度獲得できた女性は，ある意味で恵まれており，自立と依存の両極分化を起こしている。当然，そのような母親を見ている娘たちも両極分化している。

　われわれが臨床の場で出会う息子たちはというと，先の見通しのない現実に失望し，しかし何をしてでも食うには困らない状況の中で，自己拡散状態に陥り，無気力になったり，ニヒリスティックになったり，欲求不満になったりしている。今の政治家や経済界の大人を見ていると，一方では，どんな卑劣なことをしてでも競争に勝つ方法を追求しつづけることに価値を置いているかに見える。それを追求すべく頑張る息子たちも当然出てくる。好きなことをして自由で元気な娘たちと，好きなことはしているかもしれないけれども後ろめたさにビクビクしている息子たちとの違いは，こんな形で表れるのだろう。

　このような状況の中で，男と女の関係を考えてみると，必要なことが少し見えてくる。皮肉なことに，今まで女性原理といわれていた価値，つまり「何があっても自分の子どもはかわいい，世界一だ」といった相手を丸ごと受け止めようとする心や，か弱いものを慈しみ育てようとする気持ちが，いま日本の社会で求められているように思われる。このように述べると，それでは昔に戻ることではないか，その役を女性が下りて，男性のように強くなろうとしたから問題が生じたのではないかと言われるかもしれない。そうではない。このような価値は女性だけが持つべき価値ではなく，女性特有の資質でもなく，誰もが真に相手とつき合おうとする時に必要な価値であり，資質だろう。それは，時に大恋愛の真っ最中，あるいは親密な関係の中で生まれ，成り立っていることであろう。親密さとは，一人ひとりを大切にする心，自分が人と違っているからこそ，相手も大切にしようと思う心から生まれる対等な関係である。

　男と女が違っていることは，何も珍しいことではないのだが，違いはすぐにはわからないのである。違いは，往々にしてわかりにくいために雑音となり，排除される。あるいは，自分のわかっていることに合わせてねじ曲げ，無理にわかったことにし，誤解してしまう。つまり，違いに無頓着になるのである。あえて言うならば，自分が勝ちたい人，優位に立ちたい人は，わからないことを認めず，頭が悪く，劣勢になることを避けて，わからないことをくだらないこととみなして，自分がわかってないことを認めないこともある。

　違いとは，優劣や善し悪しではなく，言わば個性といったものであろう。男

と女の問題は，違いの問題であり，それは先ほどから述べてきたように，われわれが背負ってきた歴史と文化の中で創り上げられたジェンダーの問題でもあると同時に，生理的なセックスの問題でもあろう。そのことで争ってみても仕方がなく，わかり合おうとすることしか道はない。われわれがわかり合おうとする時，自分をはっきりさせざるを得なくなる。アサーション・トレーニングで，自分のことをわかってもらおうとする時，人はまず自分をはっきりさせる必要があることに気づく。自分をはっきりさせることは，男性原理に従えば，黒か白かを明確にし，きちんと選択をすることになるであろう。しかし，はっきりわかるということは，灰色であることをわかることでもあり，アンビバレントなことをわかることである。たとえば，曖昧で，めめしく，感情的だといわれている女性が，それをはっきりさせることが重要かも知れないのである。

つまり，そういった意味で，これからも男と女の関係は問題になっていくだろう。違いをそう簡単には受け入れることができず，それを知ることは怖いことかもしれない。違いをわかることは大変なことなのである。ただ，われわれは違っていることを違っていることとして受け入れることができれば，お互いに優しくなれるのではないだろうか。

男と女の問題は，あれかこれかを分担するとか，矛盾するものはどちらかを捨てるのではなく，欲ばってあれもこれもやってみようとするところから始まるように思う。それは相当の混乱を体験することになるかも知れない。もしかしたら，これまでの長い人類の歴史の中で，すでに発見していたことに戻ることかもしれないし，まったく違ったことを発見するのかもしれない。しかし，そこに男と女の共存の道が見えるのではないだろうか。

家族療法家であるジョン・ウィークランド（Weakland）は，"When you have a problem, life is just the same damned thing over and over. After the problem is solved, life is just one damned thing after another." と述べている。つまり，われわれが問題を抱えている時，人生はしょうもない同じことの繰り返しである。問題が解決した時，人生にはしょうもないことが次々と来る，と。男と女の問題も，この通りかもしれない。それでも，次々と対処しつづけるしかないであろう。

引用文献

1) Feldman, L. B. : *Integrating Individual and Family Therapy.* Brunner / Mazel, New York, p. 4, 1991.
2) Perls, F. : *The Gestalt Approach and Eye Witness to Therapy.* Science & Behavior Books, New York, 1973.
3) Belenky, M., Clinchy, B., Goldberger, N., et al. : *Women's Way of Knowing: The Development of Self, Voice, and Mind.* Basic Books, New York, 1986.

2

夫婦関係の発達と危機

はじめに

　「発達」と「危機」は，同じような現象を異なった観点から表現している言葉であると思う。発達も危機も「変化の過程」と密接な関係をもつ言葉である。

　英語で危機＝crisis は critical point ＝臨界点の意でもあり，たとえば，水が100度に熱せられると水蒸気に変わるように，物事がある状況・段階から次の状況・段階に変化する点をいう。その点＝危機を越えれば，次の新たな状況がもたらされることを意味し，次の段階に移行するためには，それまでの動きがさらにポジティブ（プラス）に働きつづける必要がある。そして，危機を過ぎると次の異なった段階が始まるのである。逆に動きがポジティブに働かない場合は，前の段階が継続することになる。

　危機とは，人間の成長・変化から考えれば発達の節目，ポイントであろう。つまり，人間がある段階から次の段階へ成長・発達するためには，何らかの形で臨界点を越える必要があるということであり，臨界点＝危機を乗り越えるためには，それまでのプロセスの動きがプラスに継続すること，つまり，成長・発達が継続されていることが必要になる。人間は，数限りない危機を乗り越えて次の段階へと発達している存在であり，夫婦システムも同様に発達し，危機を迎えていくのであろう。

　本論では，夫婦の発達と危機をこのような見方から論じることにする。

I　夫婦（家族）のライフサイクル

　一般に，家族のライフサイクルを考える場合，カーターとマクゴールドリッ

ク（Carter & Mcgoldriek）[1]のライフサイクル・モデルを参考にすることが多い。ガーソン（Gerson）[2]も2人の考え方を取り入れて，発達段階と各段階における現実的課題，情緒的課題，人間関係上の課題，そして危機を表1のようにまとめている。

　ガーソン，カーターとマゴールドリックのライフサイクル・モデルは「20世紀後期のアメリカ中流家族の一般的な発達」モデルであり，二人はライフサイクルとか発達は時代と文化によって異なること，また，「これが正しい」という発達はないことを強調している。カーターとマクゴールドリック[1]は，21世紀の多様化していく社会を見越して，家族ライフサイクルについての考え方を示しており，そこでは，文化の違いのみならず，とくに家族の形態の違いをも考慮した家族のライフサイクルについて詳説している。彼女たちはその中で，各ライフステージにいる人々の年齢は文化により非常に異なっていること，さらに北米では，結婚しない人，子どもを産まない女性が増えたこと，離婚・再婚によりライフステージに変化が起こっていること，離婚・養子縁組みによる一人親家族が増加していること，などを強調している。また，「核家族」を「近家族＝immediate family」と呼んで，その中に核家族，一人親家族，結婚していない家族，再婚家族，同性愛家族を含めている。さらに，法的な結婚によらなくても絆をもっている人々に対して「関与＝commit-ment」という言葉を活用し，「夫婦」も「カップル」に統一して呼んでいる。

　それは，最近形式的・法律的な結婚を選ばない別姓の同棲カップルとか，同性愛のカップルが家族のような単位を形成していること，また，生殖技術の進歩によって2人の出会いがなくても子どもを産むことができたり，養子縁組みや，離婚後の再婚によって血のつながらない子どものいる家族も多くなったことなどを考慮した結果である。これまでの「結婚した男女のカップルとその子どもとその拡大家族」といった家族像は，あまりにも狭い家族の定義ということになる。われわれが日本の家族のライフサイクルを考えるうえでも，家族とは何かを再定義し，見方を広げ，個人のレベルの発達と家族システムレベルの発達とを関連づけ，さらに地域社会などのより広い社会を視野に入れて家族を捉えていく必要があるだろう。

　しかし，他方で，より広い視野からみれば，すべての家族にかなり共通する普遍的なパターンもあり得ると考えることができる。ガーソン[2]は，歴史始まって以来，すべての家族に共通する変化の過程，自然のリズムはあり，「すべ

表1　家族のライフサイクルの段階と危機

段階	家族ライフサイクルの時期	現実的課題	情緒的課題	関係上の課題	潜在的危機
結合	分離した若い大人 結合による家族形成	・経済的独立 ・自分の世話 ・配偶者獲得 ・経済的協力 ・家事の協力 ・関心の適合	・自己の安心感 ・自信 ・関与 ・自分と相手の欲求と期待のバランスとり	・源家族からの自己分化 ・安定した夫婦単位の形成 ・源家族から新たな家族への忠誠の移行	・成長の失敗 ・配偶者獲得,関与の失敗 ・蜜月期の終わり ・実家との葛藤
拡張	幼い子どものいる家族	・経済的責任 ・子育てのために家庭を整備	・新たなメンバーの受容 ・養育 ・親としての責任	・夫婦単位の維持 ・祖父母,その他の親戚の統合	・夫婦間の不満 ・学校,問題行動
縮小	青年のいる家族	・日常,予定の予測性の低下 ・青年の不在	・変化への柔軟性 ・無関係の感覚のケア	・親と青年の接触の維持 ・老いた両親 ・コントロールの喪失	・青年の反抗
	子どもの出立と前進	・経済的重圧（大学,結婚など） ・新たな経済的資源 ・仕事への再焦点化	・子どもとの生活の喪失 ・両親の老化と死	・夫婦中心の生活の再構築 ・子どもとの成人関係	・「空の巣」 ・出戻りの子ども
	老年期の家族	・老年の不確実感：経済的不安 ・医療	・喪失への対応 ・衰えにかかわらず尊厳を維持	・適切なサポートシステムの維持	・引退 ・疾病と死

Gerson[1]（p.96）を平木訳

ての家族は，多くの家族メンバーの生と死に対処するために集まる」(p.93)と述べて，一般に，家族には大きく3つの成長の局面があるとしている。つまり，2人の結合（新しい家族の創造），家族の拡張（人数，影響力，外界との境界など），そして家族の縮小（人数，直接の影響力，境界など）である。特定の段階では発達課題を解決し，次の段階へ進むことが必要であり，その時，危機に出会う可能性がある。ガーソンの区分にならって，それらの危機について考えていく。

Ⅱ　2人の結合の段階の発達課題と危機

1．若い大人の時期
a．カップルの発達課題
　一般的に，新しい家族を創るには2人の男女が出会う必要がある。その時，2人はある程度の経済的，精神的自立を達成していることが望まれる。要求される自立の程度は，これまで文化により，また男女によってかなり異なってきた。最近は，どの男女にも共通する一定の自立の基準があるわけではないが，男女とも若い成人期を親から独立して過ごすことが多くなりはじめている。

　とくに，精神的自立については，エリクソン（Erikson, E.）によってアイデンティティの確立と親密さの獲得，また，ボウエン（Bowen）によって自己分化（differentiation of self）という概念で示されて，「自己の感覚を維持しながら，情緒的に重要な他者（通常，家族）と関係を維持する能力」が重視されるようになっている。この考え方は，パーソナリティの発達における「分離・個体化」とか「自律」と呼ばれるプロセスよりは，関係の課題を含んだ意味づけが含まれるという点で重要である。つまり，青年期や成人期前期の課題が，親からの分離・個体化や独り立ちすることだけではなく，自律的親密さ，換言すれば「共にあることと個別性のバランスが取れていること」の獲得であることが重要なのである。

b．カップルの危機
　この時期の危機は，2種類ある。1つは「成長することの失敗」であり，もうひとつは「配偶者獲得，あるいは関与の失敗」である。

　「成長することの失敗」とは，成長することができない，あるいはする意志がないといった状態を続け，大人としての責任を回避し，「永遠の少年」の心

情で生きたがる大人の状態をいう。経済的自立，自己と自信の確立，源家族からの自立などができない大人である。1970年代以降の日本にはこのような大人が増えており，無気力症，拒食症などの成熟拒否，異性嫌悪，性倒錯などの思春期的心情の継続，出社拒否，頻繁な転職などの社会性の欠如などとなって表れており，青年期の延長として理解されている。

最近のケースでは，結婚をそれとなく約束している2人が，それぞれの母親同士のけんかの仲裁に失敗し，以後5年も結婚式にたどり着けないでいるとか，結婚直後から妻子を無視してギャンブルに熱中し，借金を重ねるといった夫などが目立っている。

ライフサイクルの観点からみると，このような問題は，本人の自立の問題はもちろんのこと，前の世代（父母）のライフサイクルの未解決の問題を引きずっている可能性は大きい。たとえば，未熟な親の生き方がモデルになっているとか，親夫婦の関係をみていて大人になることを拒否しているとか，親が子の自立を阻害しているといったことである。

「配偶者獲得，あるいは関与の失敗」とは，成熟した大人になっていても，一生関与しつづけようと思う人に出会い損なうことをいう。配偶者像の理想が高すぎるとか，配偶者選択に不安が高いとか，実家の親から離れる気にならないとか，一人っ子や末っ子が親の面倒をみることになるなど，子の問題に親世代の問題が影を落としていると考えられる状態である。

2．結合による家族の形成期
a．カップルの発達課題

2人の結合の第2段階は，一般にいう法律上の結婚である。出会った2人は，パートナーとしてお互いに関与し合うことを決断し，結果的に2つの家族の枝が1つになって新たな家族の単位を結成し，2つの先祖の多様な心理的遺産を引き継いでいく段階である。

結婚した2人は，一般に経済的にも，物理的にも安定した関係を形成し，家族のさらなる成長への基盤づくりをする。2人はお互いにかかわり合い，夫婦を成り立たせるための境界を自分たちの周囲に創る。2人は，自立，あるいは依存から相互依存へ移行し，またお互いの異なる欲求を調整する必要に迫られる。

相互適応性の確立と呼ばれるこの段階の調整はことに難しいといわれる。2

つの異なった家族の歴史と習慣を背負った2人が、互いに持ち込む期待と欲求は高く、しかも想像以上に違いが明確になってくる。それ故に、結婚生活や相手に対する失望は大きく、それを相互に満足いく状態に調整していくことは、この後一生続く課題である。

　ナージ（Boszormenyi-Nagy）[3]は、実家の親との親密な関係に新しいパートナーとの親密な関係が加わることを、「垂直の忠誠心」と「水平の忠誠心」の両立として、この時期以降の夫婦の課題に上げている。つまり、新しく結びついたパートナーの情緒的課題は、自分たちの周囲に境界を設けながら、同時に情緒的絆を親とも持ちつづけることである。もし、これを両立させることができず、親から情緒的遮断をして2人が結合することがあるとしたら、孤立した核家族内の融合や機能不全が起こる可能性がある。

b．カップルの危機

　この時期の危機には、「蜜月期の終わり」と呼ばれるものがある。婚約から結婚までの間にもカップルが自分の配偶者選択に疑問を持つことは多いが、結婚式が終わった途端に、2人の違いがあらわになり、新婚旅行中のけんかに始まって「成田離婚」と呼ばれるような現象が起こり得る。つまり、家族形成上の当然の葛藤が、結婚後間もない別離、離婚へと発展するのである。

　1990年代に入ってからのカップル・カウンセリングには、結婚後間ない夫婦が増加している。問題として目立つのは、新婚旅行直後から性関係がない、夫の帰宅が遅いため妻は実家に入り浸っている、婚前の友人関係をそのまま新婚家庭に持ち込む、婚前の趣味（たとえば、パソコン、ギャンブル、アイドルの追っかけなど）を結婚後も続けているといったことであり、相互に適応の努力をしようとせず、相手が自分に合わせてくれないことを問題だと思いこんでいるようなカップルである。

　このような危機は、主に経済的側面、家事の協力体制、関心事の共有、対立する欲求の調整、実家の親との協力関係の確立などの面で起こりやすい。結婚前は、相手や結婚生活を理想化しがちであり、「あばたもえくぼ」的な見え方、相手のいいところだけしか見えないといったことも起こっている。また、自分のいいところだけしか見せないとか、相手に気に入られようと過剰に頑張っていたりもする。結婚生活が始まると、相手をより日常に近い状態で、より正確に見るようになっただけにもかかわらず、相手が変わった、裏切ったと受け取り失望することになる。

家族のライフサイクルの観点からみると，このような危機はカップルにとって避けられない当然のプロセスである。つまり，2人は異なった価値観，生活習慣を持った別々の家族で育っているので，生活の細かなできごとの中にその違いが現れ，葛藤が起こり，調整が必要になるのである。

　同時に，どんなカップルも実家の親の未解決の問題を多かれ少なかれ受け継いでいて，それらを解決しながら相互適応に努めなければならない。不完全な関係であっても共同生活を続けようとする決心には，結婚の時一生関与することを決断するのと同じくらい両親の影響がある。善し悪しは別として，離婚した両親の子どもは夫婦が別れることをより好ましいと考えやすいかもしれない。実家からの自立が不十分な子どもは，2人の関係が困難になると実家に戻りたくなるかもしれない。逆に，実家と情緒的遮断をした子どもは，両親の希望に反抗して配偶者選択をし，破局を迎え，実家に戻る口実を得るかもしれない。

Ⅲ　家族の拡張段階の発達課題と危機

幼い子どものいる時期

a．カップルの発達課題

　家族の拡張期は，夫婦が最初の子どもを生んだ時，養子にした時から始まる。この時期の課題は，物理的にも経済的にも子育てに集中することである。数人の子どもを育てる上で必要な経済力，肉体的エネルギーは莫大なものであり，そのための経済的準備や仕事上の調整は不可欠である。

　この時期の夫婦の情緒的課題は，子どもたちを家族メンバーとして迎え入れ，受容していくことである。夫婦は，親密なプライベート・タイムを全面的に依存する子どもに占有されがちになり，献身を迫られる。その努力は愛着と絆の形成でむくわれるのだが，時に，子育てへの自己犠牲が親を圧倒するほどになることもある。にもかかわらず，夫婦には，子どもを一人前の大人として社会に送り出すために，子どもが自立するよう育てる責任がある。

　さらに，重要で忘れられがちなこの時期の情緒的課題は，夫婦関係の質の維持である。この時期の夫婦は，子育て，仕事など，多くの内外の要請に圧倒されて，往々にして個人として，またカップルとしての欲求や必要を軽視・無視しがちであり，その結果，夫婦としての関係が阻害され，希薄になっていきや

すい。夫婦はさまざまな事柄への協力・対処を通して関係をさらに深め，質の高い関係を維持する努力を続ける必要がある。

また，子どもの誕生は夫婦の両親にとって孫との関係の始まりでもあり，祖父母による両親の子育て援助も重要な側面である。ウィリアムソン（Williamson）[4]は，夫婦は，自分たちの子育ての経験を通して自分たちを育てた両親の親としての喜び，苦労を追体験し，親との親密さをさらに強くし，質の違った新たな親密な関係を結んでいくと述べている。

b．カップルの危機

まず，第一の危機は，子どもの誕生という変化である。それは，夫婦の喜びの体験であると同時に，想像を超える要求が押し寄せるという意味で危機でもある。とくに子どもが幼い時期は，子育てをめぐる課題の大きさのために，夫婦は常に疲れており，往々にして結婚生活に幻滅することもあるといわれる。

最近の幼い子どもを育てる夫婦の危機には，ジェンダーをめぐる問題が絡まっていることも多い。たとえば，キャリア選択には，ジェンダーにまつわるステレオタイプ化されたイメージが影響を与える。女性が仕事を持つことは一般的になったが，家事・育児の負担はあいかわらず女性に偏っていても当たり前という状態であったり，男女役割分業観を持った前世代の両親から異なった期待や欲求を押しつけられたり，女性がキャリアを犠牲にすることになったりしている。妻が欲求不満を持ちつづけたまま，とりあえず経済面を夫が，家事・育児を妻が分担して家庭内別居状態を続け，子どもが不登校などの問題を呈して初めて，子どもを夫婦の問題に巻き込んでいることに直面する家族も増えた。

逆に，家事・育児を嫌う妻のキャリア指向を支えようとする夫が，仕事にも家庭にもかかわろうとして頑張った挙げ句，妻とは正反対の家庭的な女性に出会い，自分の犠牲の大きさに気づいて浮気，離婚などに向かっていく場合もある。

また，「子をかすがい」として夫婦役割分業を成立させていながらも，夫が情緒的に家族の一員からはずされている場合もある。いずれにしても，ジェンダーの問題は，現代の過渡期的現象として，夫婦の適応を混乱させ，困難にしており，現代の夫婦の危機となり得る大きな課題となっている。

危機の第二は，子どもの就学にまつわる問題である。子どもが外の世界にかかわるようになると，家族はさまざまな新たな環境との相互作用を経験すること

になる。子どもが外の世界で起こすさまざまなできごとは，子育ての評価を突きつけることになる。親は，子どもへの対応の修正を迫られたり，外の世界との調整を余儀なくされたりする。その結果，学校や社会と夫婦の方針との矛盾や葛藤という危機がもたらされることもあれば，外部の圧力によって夫婦の方針の分裂という危機に陥ることもある。

逆に，子どもの不登校や非行，摂食障害などの症状が，潜在的な夫婦間葛藤や親自身の未解決な社会化の問題をあらわにしていくこともある。

Ⅳ　家族の縮小段階の発達課題と危機

1．青年期の子どものいる時期

a．カップルの発達課題

子どもが青年期に達すると，家族のライフサイクルは拡張段階の終わりを迎え，縮小の段階に入る。数人の子どもがいる家族では，子どもの青年期が長子から始まって末っ子に至るまでの間，この段階は徐々に進んでゆく。青年が自立をしていくにつれて家族の境界は縮まり，家族全体で活動する時間は減少していく。

生活の上では，子どもが幼かった頃の決まりごとを緩やかにし，子どもたちが家族と仲間，学校などの間をより自由に行き来できるようにする必要がある。この調整の作業は，仲間との関係をより大切にしたい子どもと，子どもの健やかな成長を願い，心配する親との葛藤を招きやすい。この時期の家族の仕事の分担や行動上のルールは，子どもの成長に従って変化しつづけ，家族はかかわりの変化に適応していかなければならない。

多くの，大きな変化についていくことは，情緒的な面でも課題である。親は，子どもに対する影響力の低下に喪失感を味わうと同時に，危険な世界での子どもの活動への不安や怖れに耐えなければならない。親が，青年の試行錯誤や失敗を通じて自己決断，自立するプロセスを見守ることと，家族の一員として期待する距離を維持することの間にバランスを得ることは，この時期の最大の情緒的課題であろう。

夫婦関係の課題としては，多くの葛藤，失望，心配などの中で，配偶者が子どもたちとどのような関係を持つのか，その影響が自分にどのように及ぶかといった，意義深いかかわりを経験することになる。この時期に，夫婦の青年期

の未解決の自立の課題があらわになることも多く、子どもと親の両方が青年期の課題に取り組むといったことも起こる。さらに、老年期を迎える自分たちの親との関係も変化する。より多くの世話やかかわりを必要とする両親と、関わりを減らしてほしい子どもたちとの間で適切な位置を獲得することは、カップルの一生における最大の発達課題かもしれない。

b．カップルの危機

子どもたちが、子どもから大人への移行を達成する青年期、いわば臨界期は、それ自体が危機であるが、親にとっては、家族のルールの範囲内で、柔順だった子どもが、反抗的言動に出るという危機を体験する時である。子どもの自立という挑戦に父母がどのように対応するかによって、危機が実り多いものになるか、破壊的になるかが決まってくる。過保護な親は、ますます子どもの反抗に拍車をかけてしまうかもしれない。逆に、それまでの関係が希薄だったり、養育責任を果たしていない親の下で、子どもは見捨てられる形で分離させられるかもしれない。

とくにこの時期は、子育ての積み残しの問題が露見する。たとえば、最近の事例では、幼児期から育まれるべき自己コントロール力が十分に発達していなかったり、必要な親からの愛情や受容を体験していない子どもたちが、理不尽な思いと抑え切れない自己意識をコントロールのきかぬままに大人に向けている。親にとって、青年期の子どもへの対応の困難は倍増し、一方、子どもの反社会的、あるいは非社会的傾向は助長されて、子どもの社会化はますます遅れるという結果を招いている。

とくに、夫婦の不仲は、青年期の子どもへの対応に必要な協力関係の欠如をもたらし、また、一方の親と子どもの連合によって他方の親が疎外されるといった三角関係化を引き起こし、結果的に子どもの成長を妨げていく。

発達課題のところでも述べたように、子どもの青年期の危機は、親の青年期の未解決の課題を重ねて映し出すことが多い。たとえば、適切な反抗を体験していない親は、子どもの適切な自己表現や自立への欲求を理解できなかったり、また、過剰で、自己破壊的な反抗をした親は、子どもの言動に不安を感じ過ぎて、子どもたちが失敗から学ぶチャンスを奪ったりする可能性がある。

2．子どもが出立する時期
a．カップルの発達課題
　子どもたちが一人ひとり源家族を離れ，それぞれの生き方や家族を選択する時期が来ると，家族は物理的にも縮小される。教育や結婚への経済的援助が終わると，夫婦は，再び2人システムに戻り，自分たちのために時間と経済力，エネルギーを使うことができるようになる。カップルによって，その時期を迎える年齢にも状況にも違いがあるが，2人システムの再編成が課題である。

　情緒的課題としては，子どもとの生活の喪失を受容することである。また，自分たちの両親の老化，疾病，死にも直面する。子どもと親の両方を失うことは，中年期のカップルの大きな負担になり得る。とくに，カップルとしてのそれまでの関係が問い直されることになる。じっくりつき合い直すチャンスを得ることで，相手を新たに発見し，関係が深まることもあれば，子どもたちの親としてしか生きてこなかったカップルは，子どものいない生活に耐えられなくなることもある。

　もちろん，ちょうど自分たちが結婚した時の両親と同様に，新たな子どもや孫たちとの関係も始まり，適切な距離を維持しながら，親密さを確保していくことも必要である。

b．カップルの危機
　この時期には，カップルの過去の未解決の発達課題もあらわになる。この時期の危機は，いわゆる「空の巣症候群」と呼ばれる問題に代表される。自分の出立に問題があった親は，子どもの自立を見捨てられたと捉えるかもしれないし，子どもの自立期の問題を解決していない親子は，子離れ・親離れを耐え難い苦しみとして受け止めるかもしれない。とくに，すべてのエネルギーを子どもに注ぎ，夫婦関係を犠牲にしてきた親は，子どものいない生活，夫婦だけの生活への適応は大きな挑戦になる。夫婦の関係が回復されぬまま，子どもに依存したり，ばらばらの孤立した生活を送ったりする。

　最近の夫婦の相談には，新婚期の課題である個別性や孤独の受容ができず，不安やうつの症状が出てくるとか，夫婦2人システムの再編成が首尾よくいかず離婚を考えるといった問題がある。また，子どもからの相談として持ち込まれるケースの中に，子どもの一人住まいや家族形成の危機を助けているつもりの親が，実は無意識のうちに，子どもの自立を阻害する介入をしたり，夫婦の不和を大きくしたりしているとみられるものもある。

3. 老年期の夫婦
a. カップルの発達課題

　家族の最終段階は，配偶者の死によって終わりを迎える。老年期のカップルの課題は，予測できない老いのプロセスの問題に対処していくことであろう。

　老年期の安定した生活は，公私共に責任ある地位から引退して，経済の安定，健康の維持，体力の低下と疾病時の医療などに十分な備えがあることである。

　情緒的には，仕事や子育ての第一線から引退することによる自分の価値の喪失，体力や健康の低下，親しい友人や配偶者の死などに対処することが課題となる。

　とくに，配偶者の死を早く迎え，長期の独り暮らしを余儀なくされる側は，孤独との対応を迫られる。残された配偶者には，子どもや地域社会などとの意味ある関係が重要な支えであり，周囲の支援が不可欠である。

b. カップルの危機

　体力的にも経済的にも下降に向かうこの時期は，物理的，経済的安定が保障される準備がないことは最大の危機である。また，時間的な余裕の中で，精神的豊かさを維持するための関心事や趣味のない人は，怠惰で，絶望的な時を過ごさざるを得ないかもしれない。もし，カップルが不仲なまま形式的に同居を続けているとしたら，気力や体力の衰えは配慮あるかかわりにつながらないであろうし，惨めな生活になるだろう。子どもとの関係が良くない家族では，最も助けが必要な時に，孤独・孤立を免れない。

V　カップルのその他の危機

　これまで述べてきたことは，ごく一般的なカップルの発達課題と危機である。初めにも述べたように，カップルの多様性，そのライフサイクルの多様性を考慮するならば，一般的でないカップルのライフサイクルを一考する必要もあろう。最後に，どの家族にも起こり得，かつ，カップルのライフサイクルに大きな影響と変更をもたらす2つの危機について簡単に触れておく。

1. 家族の予期せぬ急性，慢性の病気と死

　家族メンバーの予期せぬ突然の喪失は，どの家族にも起こり得ることであり，しかも家族のライフサイクルに衝撃的な影響を与える。家族メンバーが心身の

健康を害されることによって起こる家族の物理的・精神的負担と失望は，長期に及ぶこともあり，また，家族のライフサイクルの変更を余儀なくされる。とくに，自殺を含む若い家族メンバーの突然の死は，その家族にふさわしい悲哀の作業と喪からの回復の作業を必要とする。これらのできごとは，家族にとって「どうしてわが家にこんな災難が？」と嘆きたくなるほどの衝撃であり，家族へ援助資源が少ないほど回復に時間がかかり，時には心理的援助が必要となるであろう。

2. 離別・離婚・再婚

病気や死が家族のライフサイクルに影響を与えると同じぐらい，家族の離別，夫婦の離婚も大きな影響を与える。これは，一般的なライフコースの変更の選択と，新たなライフサイクルの段階の追加を意味することになる。一般に，別離が完成するまでには1～3年かかるといわれており，養育権を得た一人親の負担は大きく，子どもに対する情緒的サポートが欠けることも少なくない。とくに，子どもが幼い場合は，その後，養育をめぐって二親，二家族のライフサイクルがかかわることがあり，親子ともども複雑な関係を生きることになる。

さらに，親が再婚した場合，子どもたちは実親のほかに，時には数人の義理の親や祖父母，同胞とのつき合いを迫られる。子どもたちが幼い場合でも，新しい家族への再適応には3～5年かかるといわれている。もちろん，このような困難なプロセスを自分たちで乗り切る家族も多く，また，家族療法などの心理的な援助が効果を奏することもある。

Ⅵ ある家族療法の症例より

その夫婦が家族療法を受けるきっかけとなったのは，息子の不登校であった。来談の経過は，大学1年の息子が入学してまもなく不登校になり，あれこれかかわってみたがらちが明かず，たまりかねた母親が，10月に入って大学の相談室を訪れたのである。

息子は大学はもとより相談室にも行きたがらないということで，母親だけの来談になったのだが，夫婦の息子へのかかわりについて母親は，夫は「放っておけばいい」と言い，自分は「このままでは大変なことになる」と思っていて，意見が一致しないと言うのであった。

相談室側も何度か息子への働きかけを試みたが息子に来談の意志はなく，また夫婦の意見の調整による問題解決の可能性もあることを考えて，夫婦面接のみを進めることになった。

セラピーのプロセスでは，夫婦の息子に対する考え方や息子へのかかわりについての話し合いやコンサルテーションも含まれているが，カウンセリングは夫婦療法の色彩が強い事例であったので，ここでは主に夫婦関係の問題を中心にまとめる。

【事　例】
概　要

夫－44歳　大学卒／会社員，妻－43歳　大学卒／専業主婦，息子－18歳　大学1年生（IP＝患者とされた者），娘－16歳　高校2年生

配偶者選択と結婚の決心

　その夫婦（A男とB子）は大学の同級生で，2人とも同じサークル活動に参加していて知り合った。A男は1年浪人して地方から希望の大学に入っているが，浪人中から上京して一人暮らしを体験しており，自立心に富んだ学生であった。B子は東京出身で，中・高一貫教育の女子校を出て，推薦で大学に入学した。A男はサークルではきめの細かいリーダーシップを発揮して，部長として部員の人気を集めていた。B子もまたそのA男を頼もしく思っていたが，同じ3年の時にサークルの役員をして，A男に相談を持ちかけているうちに親しくなった。その当時を振り返ってB子はA男が優しく，頼もしかったという。A男の方は，B子は真面目で，物事を一生懸命考える真摯なところがあり，人なつこさが魅力だったと言う。

　A男の「リーダーシップ」とB子の「素直さ」は2人の相補的関係を促進し，お互いの相手への関心と助け合いの気持ちは熱烈な恋愛に発展した。お互いにとって相手はかけがえのない存在となり，またそれはお互いの愛情の深さへの確信となって結婚を決意した。B子の両親からはA男の親が離婚していることで，当初は結婚を反対されたが，A男が頼もしい青年であることと一流企業に就職したことで，B子の親も納得し，卒業後間もなくB子は望みどおり専業主婦の座に納まった。それは主導性があり，保護的役割を取ることの得意な夫と，素直で従順な妻とのパートナーシップとして，結婚後数年は素晴らしい相補性を発揮した。つまり，リーダーシップを取る夫はそれに従う妻の従順さによっ

て支えられ，相手の望みに合わせることの得意な妻は，引っ張ってくれる夫のいることが安定の基礎と思えたのである。2人はめったにけんかをすることもなく，夫の望みは妻の望みであることを信じて関係を作っていった。

結婚生活の危機

夫婦にとって，結婚の第1段階で，このような相互支持が確立することは重要である。家族の形成期における最大の課題は「夫婦の相互適応性の確立」であり，もし2人が，相互に支持し合うことができなければ，結婚に安全を感じられず，安全を保障されていないところでは夫婦の間に潜む問題に直面することは難しい。

多くの場合，夫婦は安定した蜜月期間を過ぎたころからいろいろなことが気になり始めるが，それを明らかにすることは関係を壊すことにつながるのではないかと畏れて，気づかない振りをする。カウンセリングを受けるようになって，A男は最初に妻の依存性が気になったのは，結婚後1年ほどしてだったと思い出している。日曜日はほとんど妻の買い物につき合わされ，妻は本人のものさえ1人で買うことがない。一日中1人で過ごすのは退屈だと，夫が早く帰宅することを哀願する。趣味を見つけて過ごすよう助言したり，運転免許を取るよう支援してもB子は自分から動こうとはしない。体調も崩しやすく，またすぐ泣く。新婚当時は従順で可愛いと思われた言動が，A男にはだんだん煩わしくなっていった。つまり，妻の依存性は夫の主導性を補う限度を越えているように感じられて（相補性のエスカレーション），自由が束縛されることで，妻の主体性を願うようになった。

逆にその頃，妻は夫の突き放すような態度に不安を覚えはじめている。そのためますます依存的になり，夫の関心と主導性を引き出すための訴えをあれこれしている。夫はさらに距離を取ろうと帰宅を遅くし，日曜の妻との外出をさぼる。妻は元気をなくし，落ち込んだり，体調を崩したりする。仕方なく妻は実家の母親に愚痴をこぼし，再び取り戻した母娘関係にそれなりの満足感を味わうが，1人になるとお互いに愛し合っていたのは一体何であったのかを密かに疑う。ただ，そのことを共通の話題にすることはない。

三角関係化による危機の隠蔽

そんな時長男が生まれた。妻は子育ては自分の役割と納得し，その忙しさにかまけ，実家の母親の援助を得て多少の平静さを取り戻す。長男が2歳の時に長女が生まれる。2人の子育ての多忙さと，子どもの世界の拡大（保育園に通

う）に伴った母親同士のつながりや交流で，母親としての世界が確立する。夫は妻が自分の世界を作ってくれたことにほっとする。

　何年かが過ぎ，夫は多忙になり会社と浮気しているような状態で仕事に専念し，一方妻は子どもと結婚したような関係に充実感を得ていく。2人にとって結婚とは所詮こんなものだという諦めとともに，夫婦関係の本質的な問題は触れられないまま残り続ける。

　2人が起こすことができない変化を第三者が起こしてくれることを密かに，無意識に期待した結果は，見事に会社や実家の母，子どもによって償われ，三角関係化となって一時的安定を得たのである。

隠された危機と子どもの自立

　この夫婦が抱えている親密さへの欲求とそれがかなえられそうにないことへのひそかな絶望は，実はかつてそれぞれが生育史の中で味わったことのある感情である。三角関係はかつて自分たちが大学で出会った時，実家の人間関係のいざこざの中で起こした政治的解決法だったのである。

　A男の両親は，彼が10歳の時離婚した。両親の結婚生活は当初から波乱に充ちたもので，離婚の表向きの理由は母親のアルコール依存であった。もちろん父親に問題がなかったわけではなく，そのよそよそしく冷ややかな態度は，母親にとっては表面化されない虐待に感じられていた。10歳の息子（A男）は妹と共に母方に引き取られたが，A男は離婚体験をもち生活に疲れた母親を背負うことになった。学校から帰る彼を待ってましたとばかりにつかまえて話しだす母。その内容は別れた夫への怨みや愚痴，そして1人になった悲しみや寂しさであった。A男は母に同情し，宿題や遊びの時間を奪われても，母子家庭のただ1人の男として，本来なら父（夫）に向けるべき母の敵意と保護の感情の対象となっていったのである。彼は一方で異常な母親の愛情を注がれることになり，またその見返りとして母親の強力な支持者とならざるを得なくなった。

　彼が成長するにつれて，彼と母親の間には絶え間ない密かな葛藤が生じはじめる。問題はいつも彼の自由に関してである。友人関係，進路，遊びなどすべての彼の選択に母親が介入するのである。彼は母の寂しさを想って自分の勝手を悔い，母の束縛を感じて疎ましくなるという気持ちの揺れの中で，母の気まぐれに思い至る。「この家を出なければ窒息してしまう……」という気持ちに動かされ，ついに合法的家出としての東京の予備校選びを敢行する。

B子の家族も傍目には幸せ家族を演じてはいたが，両親はとうの昔に情緒的に離婚していた。母親は子ども中心の生活を送っていたが，それは安定したものではなかった。娘は世話の相手であると同時に，向けるべき愛の対象の代替でもあった。

　しかし，娘（B子）は母を頼りにし，母の献身の対象である居心地の良さを享受していた。その心地よさが崩されたのは，B子の中学時代であった。B子は母親が実は献身によって逆に母自身を支えていることに気づきはじめる。B子への心配は愛情対象の喪失への不安であり，B子が母の支持を真に必要とするときに，母はそれを与えてくれないことを知っていた。それは母を怨む気持ちを生んだが，同時にその母から心配を受けそれを享受している自分がいる，そういった反駁し合う認識が彼女を苦しめた。

　しかし母の犠牲的献身が怒りに充ちていることは，いわゆるいい子のB子にとっては，見捨てられ不安をかきたてるに十分だった。B子は見捨てられないために，母の機嫌を取り，愛敬を振りまいて，相手の気に入るように努める子どもになっていった。

　A男とB子の抱えている不安は，対照的である。A男は母親に窒息させられそうになるほど圧倒されており，依存心の強いB子は支えがなくなること畏れている。A男は異常な接近欲求には畏れを抱く。B子が支えを求めて近づき過ぎると，A男はそこに母との関係を重ねて不安定になり距離を取ろうとする。今度はB子の方が不安になり，ますます依存的になる。先に述べた結婚1年後の妻の体の不調と夫の苛立ちは，微妙なバランスを持った駆け引き（ゲーム）となって，2人を繋いでいたのである。

　実家の親子関係の中の未解決の問題は，夫婦の問題として再燃する時がある。それはあたかも相互の不調和（性格の不一致と言われることが多い）や悪意による葛藤であるかに見える。しかし，実はそれは無意識に同意された2人の自立への試みとも考えることができる。A男とB子の親密さの獲得ゲームに，息子長男は不登校でかかわった。逆に長男の不登校に共にかかわることで，夫婦はやっと親密さへの無意識のゲームを止め，家族員相互の真の関係の確立に取り組むことになったのである。ここに気づき，自立を達成しようとすれば，愛が形成される。しかし，もしそれを怠れば，愛は崩壊の過程をたどることになる。どちらになるにせよ，それはすべて家族が全員で引き受けることになる。

引用文献

1) Gerson, R.: The family life cycle: Phases, stages, and crisis. Mikesell, R.H., Lusterman, D. & McDaniel, S.H. (Eds.): *Integrating Family Therapy: Handbook of Family Psychology and Systems Theory.* American Psychological Association, Washington, D. C, 1995.
2) Carter, B. & McGoldrick, M.: *The Expanded Family Life Cycle: Individual, Family, and Social Perspectives.* 3rd ed. Allyn & Bacon, Boston, 1999.
3) Boszormenyi-Nagy, I. & Spark, G. M.: *Invisible Loyalties.* Brunner/Mazel, New York, 1973.
4) Williamson, D.S.: *The Intimacy Paradox: Personal Authority in the Family System.* Guilford Press, New York, 1991.

3

夫婦の愛が不安定になるとき

I　夫婦の愛について

　夫婦の愛は多面的である。愛情，愛着，愛護，愛欲，愛撫，博愛，敬愛，慈愛，親愛，熱愛，友愛，恋愛，性愛，寵愛など，夫婦はさまざまな愛を経験し，表現することができる。一方，夫婦以外の人々の関係には，これほど多くの愛の表現はなく，また，してはならない表現もある。夫婦とはいかに特別な関係であることか。ところが，すべての夫婦がこの愛の多面性を経験するとは限らない。

　愛の多面性を経験する夫婦と，そうでない夫婦には違いがあるのだろうか。そして，その違いは夫婦の愛の不安定さと関係があるのだろうか。夫婦の愛に不可欠な要素はあるのだろうか。また，どんな要素が欠けると，夫婦の愛は不安定になるのだろうか。

　心理臨床，とくに家族臨床では，家族に不可欠であると同時に，家族の危機を招く要素にもなりうる関係の質を「親密性」と呼ぶ。この言葉は愛とほとんど同義であるが，より具体的な行為と状態を表現する言葉として定義されている。

　家族臨床において親密性とは，「他者との身体的，知的，情緒的接近と自己開示により得られる関係の質」と定義されている。また，交流分析において親密性を最も重要な人間関係のあり方，生き方として追究したバーンによれば，親密性とは，「人間の存在を認めるすべての行為の交換によって獲得される経験」ということになる[1]。そこには自己と他者が真に向き合い，触れ合う体験によって得られる共感と信頼，尊敬に裏づけられた関係があり，それは人生に意味を与え，生命を維持する力ともなる。なぜなら，人は生きるために他者を必要とし，その関係は安全で，安心感を得られるものである必要があるからで

ある。家族には親密性が不可欠であり，とくに家族の源となる夫婦は親密性の獲得を願い，そのために多くのエネルギーを使う。その意味で本論では，夫婦の愛，愛ある夫婦の特質としての「親密性」を中心に論じることにしたい。

Ⅱ 親密性に潜むパラドックス

　親密性とは，真に自己と他者が向き合い，触れ合う関係だと述べた。このような関係は誰もが望みながら，それを獲得することは非常に難しい。親密な関係づくりにはパラドックスが潜んでいるからである[2]。

　人が親密になるには，相手に接近し，真の自己を開示することが必要であるが，それは同時に，相手を傷つけ，また相手から傷つけられる危険性をはらんでいる。愛する人には近づきたいがゆえに，相手への強い欲求，自分の弱さや不十分さ，もろさを知られることへの怖れ，相手から怒りや傷を受けることへの不安など，常に相矛盾する心理が共存する。親密性を獲得するには，自己のそれらを開示する勇気と，他者のそれらを受け止める寛容さが必要になる。さらに傷ついた自己は，傷つけた当の相手から癒されたいと願い，傷ついたことを伝えたいのだが，それを伝えることが相手を傷つけることになる可能性があるため，伝えることをためらう。そして，伝えない限り相手から癒されることはない。逆に，人は親密になりたい相手を意図的に傷つけようとは思わないため，相手が傷ついたことを知ると狼狽する。その傷を癒したいと思うのだが，狼狽と再び傷つけてしまうことへの怖れゆえに，癒すことに踏み出せない。親密さの獲得に潜むこのような矛盾した両側面を「親密性のパラドックス」という。

　夫婦・家族はあえてそのリスクを冒しても親密性を獲得し，真の心の触れ合いと独立した人格を認め合う関係を追求したいと願うのであるが，実際，それを得ることは簡単なことではない。

　人の心に一歩深く触れようとすれば，相手も自分もそれまで前提になっていた考え方や状態が通用しなくなることがあり，お互いにこれまでとは違った局面に向き合わなければならなくなる。自らの弱さを庇護しながら，相手の心の奥ひだに触れるというような虫のいいことは通らない。また，相手の弱さを目の当たりにしたとき，嫌悪したり，拒否したりすることも簡単にはできなくなる。お互いが，それぞれその人らしくあるために，感情や経験を超えて，どの

ような関係を築くかを模索する必要が出てくる。

　人が向き合うということは，互いの弱さにも向き合うことでもあり，問題が生じないほうが不思議である。そうした問題を，避けたり，押し殺したりしながら，多くの家族は巧みに衝突を避けるすべを得ていく。しかし，夫婦・家族の間にこれまで体得してきた感覚，感情，思考による対応ではどうにもならない事態が生じたとき，これまでの対応に限界が来ていることがわかる。もし事態を解決したければ，それぞれの人が，これまでとは異なる在り様に足を踏み入れなければならない。そのとき問題の中核となるのが，親密性のパラドックスである。

Ⅲ　夫婦関係の問題とは

　多くの夫婦の愛の不安定さは，このパラドックスにかかわるものが多い。

　夫婦は，家族の中で唯一の自発的に選ばれた関係である。夫婦以外の家族メンバーは，自分で家族であることも，家族でないことも選ぶことができないが，夫婦はそれを選ぶことができるのである。それだけ夫婦は不安定であり，それゆえに夫婦は親密性を確立して，安定した夫婦関係が継続することを望むのだろう。しかし，夫婦関係にはそもそも親密性のパラドックスがあるがゆえに，互いの心がすれ違い，パラドックスの克服ができぬまま，関係が崩壊することもある。

1．「追及する人，避ける人」のパターンへ

　たとえば，夫の浮気で関係の修復ができなくなった夫婦が，夫婦療法で訴えることは以下のようなことである。

　妻は，夫の浮気に怒りをぶつけ，夫はただ身を小さくして頭をうなだれる。夫が何度も「すまなかった。本気ではなかった」と謝っても，妻の怒りと恨みは止まらない。夫の誠意のなさは，妻にしてみれば，今に始まったことではない。かなり以前からの態度であり，一言の謝罪で解消されるようなものでもなければ，信じられる言葉でもない。

　ある夫婦の場合，妻の夫への不信（疑惑）は，最初の子どもの出産のときに始まった。転勤したばかりの環境の中で，急に陣痛が始まり，助けを求めて夫に電話をしたが，夫は仕事から手が離せず，救急車を呼んで病院に行くように

といったまま，子どもが生まれてしばらくたつまで会いに来ることもなかった。救急車を呼び，1人で出産を迎えたとき，どれほど心細く，寂しかったことか。しかし，そうした気持ちを伝える気にもならず，また，以後，夫は頼りにならぬ人とあきらめて過ごしてきた。そのときのことは機会をあらためて伝えても，夫は「あのときは無理だった，いまさらそんなことをいわれても困る」としかいわない。夫は仕事第一で，家庭のことは妻任せ。何かを頼めばしてくれることはあっても，妻の気持ちを自ら察して動くことはない。妻の家族の平穏を保つ努力と忍耐の中での夫の浮気である。「一体，これまで自分がしてきたことは何だったのか」。

対する夫の反応は，「自分がなぜ浮気をしたのか自分でもよくわからない。浮気をしたことは悪かったと思っているし，離婚する気もない。今，自分はこれ以上何もいえない」と黙り込んでいくというものである。

妻が怒りを表現すればするほど，夫は引っ込み，黙り込む。夫のその対応に妻はますます怒りを募らせ，夫はさらに戸惑い，妻への反応をためらう。妻は夫の誠実な応答を望み，夫はこれ以上関係をこじらせないために黙ることで妻の怒りを回避するという悪循環に陥っている。この2人のやり取りは，追及する人と避ける人のパターンとなり，2人が望まぬ方向へエスカレートしていくのである。

2．この夫婦の本音

発端は，妻は夫に自分の苦しさ，寂しさを共有し，労い，慰めて欲しかった。しかし，今や夫を責め，怒りをぶつけ，いがみ合う関係になってしまっている。彼女の積年のさまざまな恨みが，正当な場を借りて吹き出したとも考えられるが，実際はもっと根が深い。専業主婦の妻という立場は，社会に参加する機会は少なく，1人の人間として認められる場面も少ない。家庭や夫を優先し，波風立たないよう自己犠牲を負うことで，孤独に拍車がかかる。それらの日常からくる不全感と，その日常に甘んじてきた自分への怒りは心の底を流れていたのであるが，本人もましてや夫も気づかない。一見平穏な生活の裏で，心のすれ違いがくり返され，不満はエスカレートし，慰めて欲しい相手には回避されるという親密さのパラドックスに翻弄されている。

夫は，建前上は妻と子どもを扶養し，仕事をこなし，一人前の職業人として自立していると思っている。実際，仕事人として社会に認められており，問題

はないはずなのである。夫は、家族以外の場面でもさまざまな形で満足や不満の解消を得ることができる。家庭が安泰で、ある程度の満足が得られる夫婦関係があれば、あえてそれ以上を望むことはない。たとえ、妻のそれなりの苦しさ、寂しさに触れる機会があっても、また夫婦に少々の隙間が生じても、曲がりなりにも家庭という形が整っていれば、悪い関係ではないし、親密な関係でないこともないのである。

　ただ、そんな夫も、ふと、空虚な感覚を持つことがある。妻や子どものために働いているという意識を持ちながら家族との親密な関係はなく、多忙な毎日に埋没している生活は、必ずしも確かな安心感や達成感を十分味わっているわけではない。また、親密な関係から得られるような共感と信頼、尊敬といった深い心の交流を妻との間で経験することもない。そうした満たされないちょっとした心の隙にさまざまな人やものが去来する。上記の夫は浮気に走ることになった。賭けごと、仕事のあとの遊興など、対象は人それぞれである。ただ、多くの場合、その根底には、親密性の欠如がある。さまざまな出来事、感情を共有し合い、親しんでいるはずの夫婦としては、いささか意外なことかもしれないが、これが現実である。

Ⅳ　メンテナンス機能の喪失

　前述のように、夫婦が真の親密性を獲得するには困難があるわけだが、その途上にある夫婦のそのときそのときの状態が、より大きな家族という集団に影響を与えないわけはない。しかし、家族には、夫婦には見られない独特なダイナミズムがあり、それが、翻って夫婦に影響を与え、また夫婦に返ってくるという相互作用の関係がある。

　家族とは、そもそも一人ひとりの存在を認めることで成立する集団であり、その人がどのような状態であろうと受け容れる場である。その人にどのような能力があり、何ができるか、といったようなことは二の次で、無事に健康に生きていてくれることが優先される場である。存在そのものが受けとめられることにより、生きる力が得られるのである。

　しかしながら、現代の家族は、本来のきわめて受容力の高い集団とはかけ離れたものになっている。少人数の核家族の中でさえも、存在と安定の心理的基盤である親密性や結びつきをつくり出す時間を共有できず、関係づくりのスキ

ルも磨かれず，親密さや結びつきの象徴でもある労り，励まし，慰め，称賛，感謝などの言葉かけが困難になっている。

このように弱体化した家族の在り様について考えなければならないことは，家族メンバーの健康と安全な生活を維持するための基本的メンテナンス機能が失われている現代社会の問題である。メンテナンスとは，回復・修復・維持という意味であり，それは人間や物事が普通の状態を維持し，当たり前に機能する状態を保つことである。人間の活動は，主として課題や生産に取り組む領域と，その基盤としての健康な状態，十全な準備がある状態を維持する領域によって成り立っている。メンテナンスは，後者の活動を指し，人間関係が安定しているか，問題があるときそれを修復することができるかも含めて，睡眠，食事を含め毎日の生活が安全に，健康に進められる状態を維持することを指す。メンテナンスのある家庭では，健康な生活ができるための食住が整えられ（食事づくり，後片付け，掃除，洗濯などの家事が滞ってない），安定した人間関係が確保できていることになる。しかし，これは平常とか元に戻すといった作業であるために，課題達成ほど目立たず，軽視されがちになる。

豊かで便利な生活が保障されている現代は，当然健康で安全な生活は保障され，食や住に困ることもほとんどなく，一見，メンテナンスはできているように見える。ところが，実際便利で豊かな社会になって，朝食をとらない，あるいはごく簡単に，しかも単独でバラバラに済ませる家族は増え，夕食時も家族がそろうことは少なくなった。昼食もどこでも何でも食べられることで，栄養価を考えることもなく，手近にあるもの，好きなものなど，いわゆるジャンク・フード（ガラクタのような食べ物）で間に合わせ，生活習慣病，成人病の危険性を増やしている。

子どもは早期教育と称してさまざまな習い事に通わされており，学齢期になると学校と塾・習い事・運動チームへの参加などいわゆる「ダブルスクール」の生活を送っている。夫は（共働きの場合は妻も）職場で人間関係にストレスを感じながら，ほとんど課題達成にエネルギーを使い，帰宅も遅く，休む時間も家族と交流する時間も確保できない。人々は，起きているほとんどの時間を課題達成に使い，幼い子どもは健康な生活を維持するために必要なメンテナンス機能を果たすわけではないので，共働きの夫婦は両者とも，あるいは妻のみがその機能を負って疲弊している。つまり，掃除，洗濯，食事の準備，後片付けなどの家事というメンテナンスの仕事は，家族生活を維持するための基本的

機能であることを忘れて,誰かの課題のように扱われているために,子どもはいくつになっても分担する仲間にならず,一人暮らしを始めてもまったく自分の生活のメンテナンスができない若者が増える結果となっている。こんな若者が結婚し,子どもが生まれたら,どうなるだろうか。

もちろん,家族の日課や行事は省略され,あるいは無視され,目前の課題をこなす家族メンバーは,バラバラに動き,ゆとりのない,希薄な家族関係の中で生活をしている。メンテナンスを分け持つことのない家族は,相互に健康を見届けようとする思いも生まれず,そのような配慮をこめた人間関係も培われにくい。「速く,たくさん,完璧」なものづくりとものの消費を奨励し,志向する社会は,家族全員がそれぞれに年齢相応の効率性,生産性,機能性を発揮することを迫る。限りなく上昇を目指す社会には決して解決し尽くすことのない問題が山積するのだが,それを気づかない人々は,限りない課題達成を指向しながら,勢い慢性的な睡眠不足と疲労を抱えることになる。

そういう高効率の雰囲気の中では,課題達成していない人,成果をあげていない人は軽視され,落ちこぼれていくことになる。家族の中で,もしメンバーが課題の達成度で評価されるとするならば,それができない子どもや老人は当然のように受容の対象にはならなくなる。効率的にものを生み出さない者は,無用のものになっていく。

この傾向が顕著に現れるのが関係の修復というメンテナンス機能を失っている夫婦の問題である。互いに課題達成を価値あることとして強化し合い,成果をあげる人は認められ,成果をあげてない人は惨めな思いを味わうという関係の中では,思い通りに動かない相手を責めることはできても,弱さや無力さを見せることはできず,その結果,互いに癒されたり,労られたりすることはない。このようにして,家族・夫婦は本来の姿を見失っていくのである。

V 関係の回復と創造

冒頭で述べた夫婦の例に戻って考えてみよう。親密性の獲得も不十分で,メンテナンス機能を失った家庭では,労りの代わりに非難が飛び交い,慈しみを忘れて相手を無視し,相互理解の努力を放棄して,お互いの関係は望む方向とは逆の「追及する人,避ける人」のそれになってしまった。

このような関係のエスカレーションを防ぐには,勇気を持って互いに向き合

うことが必要である。もし，関係を続けたい，親密性を獲得したいと願うのであれば，率直で，素直な自己開示が何にも増して重要である。先に，自己開示には，相手を傷つけ，また相手から傷つけられる危険性があると述べた。愛する人に近づきたいとき，人は相手への強い欲求，自分の弱さや不十分さ，もろさを知られることへの怖れ，相手から怒りや傷を受けることへの不安など，常に相矛盾する心理を抱える。にもかかわらず親密性を獲得するには，自己のそれらを開示する勇気と，他者のそれらを受け止める寛容さが必要だとも述べた。

　このような個人を確立することを，家族療法ではボウエン（Bowen）による自己分化（differentiation of self）で把えられている[3]。

　自己分化とは，情緒と知性が融合的になることなく，分化して機能することをいう。そして，自己分化は，情緒優勢の乳児が，自己分化が進んだ大人とかかわることによって獲得されていく。つまり，情緒をありのままに受け止める力と，知性を働かせて表現する力が身についてゆくことでもある。親密な関係をつくるためには，夫婦が自己を出生家族から分化することを含めて，情緒と知性を分化させたかかわりを必要とする。

　人は，混乱や危機では，自己分化が低い状態になりやすい。そんな時，人はより分化が進んでなかった幼いころの情緒優勢の心理状態になるからである。

　先ほどの妻の場合，夫が自分に振り向いてくれないとき，「あの人には話しても無駄だ」といったあきらめの気持ちになることである。本音は，苦しく，寂しいので慰めて欲しいと伝えたいのに，幼いころ親に言っても希望がかなえられなかったときのあきらめの反応パターンになったり，浮気が発覚したとき，悲しく，つらく，落胆した気持ちを伝えたいのに，夫を怒り，責めつづけるといった，親が希望をかなえてくれなかったときの癇癪に似た反応パターンで返したりしてしまうのである。いずれの反応も，本音は相手との関係をつなごうとする情緒的反応であるが，夫にはいずれの表現も伝わりにくい。

　一方，夫の場合，親密さは母親や女性から与えられるものだと思っている。自分の心の隙間を埋めることを他者やものに求め，家族の中で得られない親密さを自ら獲得しようと動くのではなく，妻が動いてくれることを期待する。妻も自分と同じように他者，とくに夫からの親密な接近を期待していることには思いが及ばないばかりか，思い当たることがあっても多忙さなどを理由に，妻の気持ちを無視したりする。妻の怒りが実は危機的な叫びであることにも気づ

かず，相手を回避したり，反射的な怒りで対応したりする。

　実は，妻は怒っているようであるが，その奥にある素直で，率直な気持ちは，悲しさと失望であり，それをわかってくれない相手への怒りのほうが先に出てしまっているのである。もちろん，夫は，率直に表現されない気持ちも，怒りの意味もわからない。相手の気持ちを理解することよりも，自分のやってしまったことへの言い訳や沈黙で反応することしか思いつかない。このように気持ちのすれ違いがつづき，関係はますます悪化する。

　ここまでこじれると，絡まりを解きほぐすのは容易ではない。この2人には，関係を回復するためのメンテナンス機能は発揮できなくなっている。自分たちだけでは，もはや何が問題であったのかも，どれが自分の本当の気持ちであったかも把握することはできなくなっている。鍵は，傷つく危険を冒しても自分のもっとも弱いところ，弱い気持ちを表現し，相手に助けを求めることなのだが，それはもとよりできなくなっている。怒りと回避の偽りのかかわりパターンに陥っているからである。

　このような状況に陥り，自分たちでは解決のすべが見失われたとき，夫婦はよく離婚を思いつくが，その前に方法がある。それは，2人の関係に巻き込まれない第三者の助けを求めることである。他の家族（たとえば親や成人した子ども）では巻き込まれる可能性があり，適切ではない。上記のような偽りの感情のもつれが優勢のときは，夫婦療法を受けることも効果がある。

　夫婦の愛は，他の誰との関係にも置き換えられない特別なものであり，それはコミュニケーションとコミットメントによって常に再生される必要がある。夫婦には，意識的にメンテナンス機能を発揮し，親密性のパラドックスを解決することで，安定した関係を築く道が開かれる。

引用文献

1) 平木典子：夫婦の愛の形成過程と崩壊過程――夫婦・家族療法の実践から．心理学評論, 33(3)；393-406, 1990.
2) 平木典子：隠された親密さ――忠誠心．平木典子編：現代のエスプリ353　親密さの心理．至文堂, pp. 61-68, 1996.（本書に収録）
3) 平木典子：家族との心理臨床．垣内出版, 1998.

参考文献

1) 平木典子：離婚のメカニズムとカウンセリング．平木典子編：講座家族心理学2 夫と妻――その親密化と破綻．金子書房, pp. 117-134, 1988.

2) 平木典子:こころに優しい男と女の関係——心理臨床のアカウンタビリティの視点から. こころの健康, 22(1); 3-12, 1998. (本書に収録)
3) 平木典子:隠された家族病理——ジェンダー差別. 日本家族心理学会編:ジェンダーの病——気づかれぬ家族病理. 家族心理学年報, 18; 23-41, 金子書房, 2000.
4) 平木典子:夫婦臨床にみえる日本の家族——ジェンダー・アイデンティティの混乱から追求へ. 柏木恵子, 高橋恵子編:心理学とジェンダー——学習と研究のために. 有斐閣, pp. 209-214, 2003.
5) 平木典子:夫婦面接, その留意点・工夫点——家族療法・多世代理論の視点から. カウンセリングスキルを学ぶ——個人心理療法と家族療法の統合. 金剛出版, pp. 208-231, 2003.

4

ジェンダー・センシティブな夫婦・家族療法

はじめに

　ジェンダーの問題は,人種,民族,宗教,文化,権力の問題などと並んで,現在,人類の最大の関心事の一つである。もちろん,学問の世界においても,社会科学を含め自然科学,人文科学の広い分野の研究課題であると同時に,既存の理論の見直しの視点として,また研究・実践に不可避のバイアスとして意識化を迫られている課題である。とくに社会科学の中でも人類学,政治学,歴史学,社会学,心理学の領域は,背後に人間の生活に直接かかわる実践(たとえば,心理療法やソーシャルワークなど)を含んでいるゆえに,研究対象の問題としても,研究者・実践家自身の問題としても問われつづけているテーマである。とくに欧米諸国ではこの20年ほどの間,心理療法にかかわる入門書,概説書,ハンドブックなどの目次には民族,文化の問題と併せてジェンダーに関する章が必ず設けられており,実践科学に不可欠の視点であることがわかる。

　ところが,日本においては,男女差別の撤廃,男女共同参画の推進といった社会的,制度的動きはあるものの,学問研究においてジェンダーの問題が広く取り上げられ,討議されることは少なく,また,ジェンダーを意識した議論が必要な場面でも,それをあえて取り上げようとしないことが多い。とくに,心理療法家がどれほどジェンダーを意識して日ごろの実践を行っているかを考えると,疑問が残る。むしろ,多くのセラピストは,ジェンダー差別はもちろんのこと,ジェンダー・バイアスからもフリーで中立的にセラピーを行っていると思い込んでいるか,ジェンダーに無意識なままセラピーを行っているかのどちらかなのではないだろうか。

　筆者はかつて,「隠された家族病理」としてジェンダー差別を取り上げたこ

とがある[1]。男女の違いを生物学的違いとしてのみ受けとり，歴史的，社会的に生活の中に埋め込まれ，強化され，常識化された差別に気づいていないとき，差別している側，差別されている側ともに問題を無意識のうちに隠蔽し，家族病理をつくりあげていくが，そこにはセラピストも加担することがあり得ることを指摘した。

本論では，誰もが避けることのできないジェンダー・バイアスの問題を家族心理学と家族療法の中で意識化するために，まず，心理療法理論に潜むジェンダーにかかわる問題点を要約してふり返る。次にそれが実践の中で，家族の問題として，またセラピストの問題としてどのように現れるかについて3つの視点から考察する。最後に，ジェンダーはわれわれの毎日の生活のあらゆる面に存在し，個人にとっても関係においても多面的に影響すること意識するために，セラピストが自身に向けるべきジェンダー・センシティビティーな問いを提示する。

I 心理療法理論が家族にもたらすジェンダー問題

セラピストたちが心理療法におけるジェンダー問題に積極的に取り組むに至った動因は2つある。1つは，北米で1970年代に始まったフェミニストからの男性セラピストの視点で創られたセラピー理論への批判であり，2つ目は，1980年代後半に始まった社会構成主義の視点からの社会的影響力を持つ理論のつくり手と立場への問いである。これらの主たる議論は1990年代までにはほぼ出そろったと考えられるが，代表的なものとしてヘア-マスティン（Hare-Mustin）[2]による精神分析とシステム理論批判，ホフマン（Hoffman）[3]によるフェミニスト批判を含むジェンダー・センシティブな視点の提起，そしてカーターとマクゴールドリック（Carter & McGoLdrick）[4]の人間の心理的発達課題の見直しがある。まず，その内容を簡単に紹介して，家族療法におけるジェンダー問題の視点をまとめておこう。

1．ヘア-マスティンのシステム理論批判

ヘア-マスティン（1987）は，家族にかかわる心理療法理論が家族内の不平等を見過ごし，ジェンダー差別を組み込んだ形で構築されていることを提起し，それを精神分析のもつ「α偏見」とシステム理論のもつ「β偏見」として論じ

ている。

　精神分析理論は，男性と女性の性的役割分業観を反映して構築され，その発達理論は男性の「自立」とそれを支える母親としての女性との対象関係で成り立っている。つまり，精神分析が構築した家族の理論と臨床は，男性が女性を服従的，補完的な立場に置くというバイアスがかかっているにもかかわらず，あたかも普遍的なものであるかのように活用されているところが「α偏見」のアプローチになっているとする。

　次に，システムズ・アプローチに潜む「β偏見」は，システム理論が男女の力の差をなくして，平等に扱おうとするあまり，家族を抽象的，機械的な構造体とみなしたところに生じているという。たとえば，システム理論の強調する円環的因果律とか相補的作用といった概念が，男女の違い，男女の力の差を無視して悪循環の是正に活用されるとき，女性の無力な状態に置かれた被差別感は見過ごされ，仮に家族の機能不全が解消されたとしても，それは家族内のできごととしてとどめられ，社会的レベルでは「同じことのくり返し＝more of the same」が起こっていることになる。さらに，女性が望む関係や親密さへの欲求は男性が望む行動上の変化よりもみえにくく，到達が困難であるため，女性の不満足に終わることも多い。

　ヘア-マスティンの論争は，男女の違いを強調する伝統的家族像と，男女の違いを無視して理想化された家族像に依拠してつくられた理論がはらむ両極端のジェンダー差別を指摘して，すべてのセラピーの理論と実践を，社会的，経済的，政治的，法的，歴史的に力と地位を持つ男性の認知と価値観の影響という観点から見直すことを迫ったものである。家族療法の世界にも一石を投じた論文としてその意味は大きい。

2．ホフマンのジェンダー・センシティブという視点

　ホフマン（1990）の論考は，われわれの現実構成・現実認識を3つのレンズ（視点）を通して意識することを勧めるものである。その第一は，自分のものの見方，意見は社会的，文化的に色づけされた独自の見方により成り立っていることを自覚するレンズであり，第二は，人が物事に下す見解・解釈は，常に捉えた対象との関係の影響を受けていることを意識するレンズである。

　以上2つのレンズは，いわばポストモダニズム・社会構成主義の考え方と軌を一にするものであり，たとえばヘア-マスティンによる理論の創り手（とく

に男性)に対する批判を誰もが自己にも向け，ものの見方，見解の独自性とコ・クリエーション（co-creation：共同制作）とでも呼べるものに自覚的であることを促していると受け取ることができるだろう。

第三のレンズとは，ジェンダー・センシティブなレンズである。ホフマンは，上記のヘア-マスティンの論文やウォルターズ（Walters）ら[5]をはじめとするフェミニストたちの心理学，心理療法の基礎理論に潜むジェンダー・バイアスへの批判を高く評価すると同時に，フェミニストの立場にも批判を加えている。性差別論者に向けた批判は家族と家族療法家たちに意識改革をもたらした貢献を認めつつも，その攻撃や批判が心のあり方についてフェミニストという「専門家」がジェンダー問題という「病理像」をつくりあげる危険性にも自覚を促している。

ホフマンは，とくに，ギリガン（Gilligan）[6]による男性の自立・自律・コントロールを強調する価値観と，女性の関係性・結びつきを強調する価値観を明らかにしたリサーチを支持し，その意味を次のように評価している。つまり，ギリガンの主張は，「フェミニスト」の見方というよりは男女のバランスの取れた文化のレパートリーとしての「ジェンダーにセンシティブな」見方を強調したものであると受け取ることが正当であると主張する。

このレンズは，社会構成主義のレンズでジェンダーをみることによって得られるものでもあるが，とくに男性のみならず女性も自分のジェンダー・バイアスに自覚的になることを勧めていることに意味がある。つまり，人間に不可避なものの見方の偏りとコ・クリエーションを自覚するレンズに加えて，ジェンダー・センシティビティというレンズを持つことは，セラピストがセラピーの中でジェンダーを意識しつづけ，「自分の問題」を家族に押しつけることをなくし，文化の守備範囲を広げることに貢献できるだろう。

3．カーターとマクゴールドリックの心理的発達理論への疑問

1990年代のジェンダーにかかわる議論の流れの中で，カーターとマクゴールドリック[4]の人間の発達課題についての問題提起は，心理療法家に再検討を迫る具体的なテーマとして注目に値する。彼女らの家族ライフサイクル，家族の発達プロセスと発達課題の理論は，家族療法家によってもっとも広く認められ活用されてきたが，改訂された著書第3版では，人種，民族，階級，文化，人生のできごとによるライフサイクルの違いに加えて，ジェンダーの視点から

の個人の発達課題の再定義を求める新たな章を設けて男女のライフサイクルの問題を論じ，社会的，文化的文脈で捉えられる個人・家族の独自性と多様性を認めるライフサイクル論を展開している。とくに，これまで個人の発達課題として信じられてきた「自律と自己決定の神話」が家族や社会の現実といかにかけ離れたものであるかに疑義を呈している。

つまり，北米において望ましい発達課題とされてきた自律性（autonomy）は，力と経済的・社会的地位という男性の特権の上に達成され，言わば家族や社会に依存して得られる特性だと指摘する。また，男性の情緒的相互依存性の否認は，離婚，病気，失業などの人生の苦難に直面したときあらわになっており，発達における「自律と自己決定の神話」を見直す必要性を説く。また，人間の成熟とは，他者と自然との基本的相互依存を認め，そのためのスキルを獲得することだと主張する。相互依存性を認めるスキルとは以下のものである（p.29）。

1）馴染みのある文脈においても馴染みのない異質の文脈においても，安全を感じることができる能力。
2）他者の情緒を読み取り，自己コントロールを働かせ，共感し，他者をケアし他者からケアされることができる能力（Goleman, 1997）。
3）自己を受容すると同時に，他者のもつ違いを受容し，自己の価値観や信念を維持し，自分の信念を支持されなくとも他者と寛容にかかわることができる能力（Bowenによる自己分化）。
4）環境問題・人権問題などの社会政治的課題を評価するとき，他者と次世代を考慮する能力。

以上，心理臨床におけるジェンダー問題の代表的な論議を述べ，心理療法家が深慮すべき視点を提示した。この視点は，フェミニストからの男性的価値観の無意識的保護への批判という形で始まったものの，現在では，それを越えた男女のジェンダー・センシティビティの問題となったと受け取ることができる。つまり，ジェンダーは多くの人々が無意識でありながら日常生活に密かに作用しているゆえに，臨床家は男女を問わず自分の臨床活動をジェンダー，ジェンダー役割，ジェンダー差別，ジェンダー観，ジェンダー・バイアスなどの観点から点検し，自覚しつづけるセンシティビティが必要になってくるという

ことだろう。

Ⅱ　カップル・家族療法に現れるジェンダー問題

　では，カップル・家族療法において，ジェンダーの問題はどのような形で現れ，セラピストはどのようにアプローチする必要があるのだろうか。ここでは，筆者の家族臨床実践 [注1] において経験される日本のカップル・家族の問題に内包されているジェンダー問題を3つの視点から検討していきたい。

1．家族問題をジェンダーの視点からみること

　個人療法はもとよりカップル・家族療法において注目すべき点は，主訴がほとんど個人の症状や問題行動，夫婦・家族関係の問題として提起されることである。つまり，ほとんどの問題や症状は，ジェンダーの社会化の問題が潜んでいるときでも，個人的な問題として，個人の変容を迫るかたちで訴えられる。また，セラピストもジェンダーの問題，自身のジェンダー・バイアスに気づいてないことがあり，ジェンダーの問題を加味した取り組みを怠ることにもなる。

　一般に家族メンバーは，他のメンバーが期待通りの応答や対応をしてくれないとき，自分が理解されてない，拒否された，無視された，愛されていないとか，相手が冷たい，無関心，思いやりがない，愛してくれないといった自分や相手の個人的な問題として捉えがちになる。たとえば，妻は，自分の気持ちや人間関係についての話をうるさがり，関心をもたない夫に対して「人の気持ちがわからない冷淡な人」と嘆く。一方，夫は，描写やプロセスの説明が多く，情緒豊かな妻の語りに「感情的で冗長な無駄話」と耳を傾けない。つまり，妻にとって理屈っぽく，課題志向の夫は思いやりがなく，関係が持ちにくい存在であり，夫にしてみれば問題解決に取り組むことなく嘆き，結論も出さずに同情し合っている妻子は理解に苦しむありようとなる。

　このような相互作用の問題は，セラピーでは，相手を相互攻撃する形か，追及する人－距離をとる人（要求する人－回避する人）といったパターンで現れ

注1）筆者は，「関係療法中心の統合的家族療法」の視点から，個人・カップル・家族へのアプローチを行っており，面接の形式は必ずしも合同家族療法ではないことをお断りしておく。

ることが多い。いずれの場合も，双方ともに相手がおかしいので，変わるべきであって，自分は変りようがないと思い込んでいる。セラピーを受ける前に，もし家族メンバー同士がジェンダー問題に気づかぬまま無関心になると，離別・離婚を選択することにもなる。

このような状況に対して，ジェンダー・センシティブな家族療法家は，家族が問題を個人の問題としてのみ受け取るのではなく，社会的・歴史的に男女の身に染み込んだ無意識のジェンダーの視点からも検討することを勧めるだろう。上記の「無関心で冷淡な夫／感情的な妻」という相互批判は，各自のジェンダーに基づいた失望から発せられているものであり，自分の無意識のジェンダー・バイアスから生じた相手への役割期待による反応として理解を広げる支援が必要になる。

セラピーでは，ジェンダー・ステレオタイプの影響による論理的，行動的で，情緒軽視のメンバーに対しては，情緒を味わい，表現することを奨励し，とくに弱さや怒りへの気づきと表現を助けることが重要である。また，情緒豊かなメンバーにはそのあふれる怒り，落胆，不安をまずセラピストがしっかり受けとめて，緩和を図ると同時に，相手が個人的に冷淡なのではなく，課題達成志向というジェンダー・ステレオタイプの影響を受けている可能性を理解する助けも必要となる。

最近のセラピーでは，男性は情緒性が低く，女性は情緒性が高いとは限らないことにも留意する必要がある。上記のような葛藤は，男女を問わず情緒性の高低,論理性の有無の組み合わせによっても起こる可能性があり,それがジェンダー・ステレオタイプによる期待や失望を内包して起こっている場合もある[7]。セラピストは，自分のジェンダー・バイアスを含めて，まさにジェンダーにセンシティブであることが要求される。

2．変化をシステムのレベルで起こすこと

注目すべき第二の点は，上記の個人の症状や関係の問題の原因を特定の人に帰属させるものの見方をジェンダーの視点から見直すと同時に，システミックなものの見方から相互作用の問題としても検討することである。

たとえば，上記の夫婦は，夫の論理性と妻の情緒性という特徴によって相補的関係を維持してきたが，相補関係のエスカレートによって問題が起こっているとみる。つまり，夫は家族の情緒面を妻に依存することで妻の情緒的反応を

過剰に引き出し，妻は家族の論理面を夫に依存することで夫の論理的反応を過剰に引き出しているとみる。この相手の特徴への過剰依存は，夫の情緒性，妻の論理性の醸成を阻むという悪循環をも生んでいるのだが，夫婦はそのような相互作用の関係はみえず，相手の欠陥を指摘し，変化を迫ることになっている。セラピーでは，夫が怠ってきた自分の情緒に責任をとる習慣と，妻が見失っている冷静な判断の機会をそれぞれが取り戻すことを助ける。

ここでも，セラピストのジェンダー・センシティビティが問われる。論理性・情緒性のいずれかに味方する自己の傾向，自己の社会的パワーの行使の問題など，セラピストといえどもジェンダー・フリーではいられないことに意識的でありたい。

3．関係性の発達の問題を多世代の視点から捉えること

家族の問題，とくにその中のカップルの問題には，多世代伝達の視点からアプローチする必要がある場合がある。親密な関係は早期の親子関係のモデルに影響を受けているといわれるように，家族・カップル関係の問題をジェンダーが絡む三世代の問題として理解すると支援の道が開かれることがある。

問題が，上記の2つの視点——ジェンダー・バイアスへの気づきによる言動の修正と相補性のエスカレーションの切断による柔軟な自己発揮では解決されないとき，セラピストは当事者が個人的に引き受けてきた親子関係の問題を理解することを試みる。たとえば，上記の夫の論理性と冷淡さは，母親の過剰な心配による過保護を避けるための自立の術であり，夫への母親のかかわりは，その母親（夫の祖母）の病弱による死への恐怖から来ているといったことである。また，妻の情緒性の優勢は，女性であること，夫への対抗的表現からばかりでなく，妻の母親の無関心・放任に対する見捨てられ恐怖からくる反応でもあり，また，妻の母親の無関心はその母親（妻の祖母）の支配的干渉に対する拒否反応であるということである。妻は夫の情緒性の欠如と冷淡さにより見捨てられ恐怖を刺激され，逆に夫は妻の情緒的反応により巻き込まれ不安を喚起されて，相互の反応がエスカレートしていると受け取ることができる。

もし夫と妻の問題をジェンダー・バイアスのかかった目でみてしまうと，夫は男にとって重要な自律を遂げたことになり，妻は女の依存に甘んじていることになって，関係性の発達の問題が見過ごされる可能性がある。関係性の発達の問題は，ジェンダーの多世代伝達の視点を取り入れながら，自立と依存の健

康な育成の問題としてみていくことが不可欠である[8]。

Ⅲ　システム理論とジェンダー・センシティビティの統合

　ジェンダーとは，歴史的，政治的・経済的に人々が生活する社会の中でほとんど無意識のうちにつくりあげられた男女の関係のあり方であり，ある社会に不適応を起こさず生きている限り，自分のジェンダー規範やジェンダー・バイアスを意識したり，問題としたりしないでよい。逆に，家族の問題の中には，ジェンダーを考慮せずに解決を図ることは難しく，また，それはシステミックなものの見方をしないとみえてこないものもある。
　ブルックス（Brooks）[9]は，夫婦・家族療法に携わるにあたっては，自分自身に以下のようなジェンダー・センシティブな問いを投げかけることにしていると述べている。引用して本論を締めくくることにしたい。

1) 各々の家族メンバーは，自分のジェンダーに「ふさわしい」とされる言動についてどのような意味あるメッセージを受け取ってきたか。
2) 各家族メンバーの問題は，伝統的なジェンダー・パターンとどれほど一致しているか。
3) 各家族メンバーのセラピーへの参加度（不参加度）は，典型的なジェンダー・パターンとどれほど一致するか。
4) この家族とのセラピーには，自分のジェンダーの社会化の程度がどれほど影響しているか。
5) この家族を取り巻く周囲の文脈が，家族メンバーのジェンダー役割行動に影響しているところがあるだろうか。

引用文献

1) 平木典子：隠された家族病理——ジェンダー差別．日本家族心理学会編：家族心理学年報18　ジェンダーの病：気づかれぬ家族病理．pp. 23-41, 金子書房，2000.
2) Hare-Mustin, R.：The problem of gender in family therapy. *Family Process*, 26 ; 15-27, 1987.
3) Hoffman, L.：Constructing realities: An art of lenses. *Family Process*, 29 ; 1-12, 1990.
4) Carter, B & McGoldrick, M. (Eds.)：*The Expanded Family Life Cycle: Individual, Family and Social Perspectives.* Allyn & Bacon, Boston, 1999.

5) Walters, M., Carter, B., Papp, P. & Silverstein, O.: *The Invisible Web : Gender Patterns in Family Relationships.* GuilfordPress, New York, 1988.
6) Gilligan, C.: *In a Different Voice.* Harvard University Press, Cambridge, 1982.（岩男寿美子監訳：もうひとつの声——男女の道徳感の違いと女性のアイデンティティ．川島書店，1986.）
7) 平木典子：夫婦臨床にみえる日本の家族——ジェンダー・アイデンティティの混乱から追求へ．柏木恵子，高橋恵子編：心理学とジェンダー——学習と研究のために．pp. 209-214, 有斐閣, 2003.
8) 平木典子：女性の発達臨床心理学——女性心理臨床家に今,必要なもの（1）．臨床心理学, 3(5); 736-739, 2003.
9) Brooks, G.R.: Developing gender awareness: When therapist growth promotes family growth. McDaniel, S.H., Lusterman, D.-D. & Philpot, C.L. (Eds.): *Casebook for Integrating Family Therapy: Ecosystemic Approach.* American Psychological Association, Washington, D. C., pp. 265-274, 2001.

5

思秋期女性のストレスと危機への対応

I 思秋期について

　思秋期という言葉は，後期中年期とほぼ同義である。思秋期は，思春期の対語としてつくられたようであるが，思春期ということばが英語のpurbertyを意味し，青年期（adolescence）とは厳密な意味では区別されているのに比して，思秋期と後期中年期の言葉の区別はない。あえて英訳をさがすならばそれは両方ともlate middleであり，日本において最近やっと中年期の呼称に実年という言葉がつくられたと同じように，英語圏においても，中年期は特別な言葉で呼ばれるほどの関心が払われてこなかったようである。

　言葉の詮索が目的ではないが，ちなみに，思春期と青年期は同義的に使われることが多いが，英語に別々の言葉があるように，厳密には異なった意味をもっている。思春期とは，二次性徴があらわれ，生殖が可能となる時期を言い，児童期（少年・少女期）から青年期への過渡期の3年間ほどを指す。つまり，思春期は青年期の初期の3年ほどの呼称であり，青年期の一部に入ると考えてよい。青年期は，思春期に始まり，個人差，文化差はあるが，早くて9歳，遅くて14歳ぐらいからの約10年間を考えるとよい。もっとも最近は，青年期が延びたと言われて，28～30歳ぐらいまでを青年期に入れる学者も多くなった。

　ところで，思春期の対語としてつくられたと思われる思秋期は，さきほども述べたように，中年期，初老期を漠然と指していて，思春期ほどの明確な意味はない。ただ，思春期と同じような明確な意味をもった女性向の言葉には更年期（climatic，またはmenopause）というのがある。つまり，思春期が女性にとって初潮によって代表されるように，更年期は閉経によって象徴される50歳前後の5年間ほどをいう。更年期も思春期と同じく個人差，文化差が著しいが，早い人は45歳，遅くても53歳ごろに迎えるといわれている。

このように考えてくると，女性の場合，意味の上では思春期の対語が更年期で，青年期の対語が思秋期（または中年期）であり，青年期の中には思春期が含まれ，思秋期後期の中には更年期が含まれていると考えることが良さそうである。また，別の見方をすれば，青年期が思春期によって象徴されるように，思秋期は更年期を含むことによって特徴づけられると考えることもできるであろう。

 それにしても，思秋期も更年期も言葉のイメージがあまり明るくないのはなぜであろうか。「秋」が語感的に「終」や「愁」に通じることもさりながら，更年期に至っては，更年期障害という言葉までも連想して，女が女を卒業し，人生の舞台に幕を降ろす薄暮の時といった意識を起こさせることは問題であろう。思春期の「春」が，開花，始まりなどを暗示するのと同じように，思秋期の「秋」が，実りや充実を象徴することにしたいものである。事実，50歳という年齢は，実年の真っ只中であり，人生80年の現今では，人生の半分を少し過ぎたばかりである。そして，更年期といえども，ちょうど思春期で初潮などの第二次性徴によって心身に変化がもたらされると同じように，閉経による自然の変化が訪れるだけであり，障害というほどの大げさなものではない。もちろん，思春期の心身の発達のアンバランスが個人にさまざまな影響を与えると同じように，更年期の変化も精神的，肉体的影響を個々人にもたらす。しかしその変化や影響が思春期の方が軽くて明るいイメージで，更年期の方が重くて暗いといういわれはどこにもないのである。

 それでも，思秋期は女性の生涯の中のいくつかの大きな危機の1つとなっていることは確かである。それは子どもから大人への移行期である青年期が危機（critical point）であると同様に，実年から老年への移行期としての更年期＝狭義の思秋期が，多くの危機を孕む可能性が大だからである。

 以下，思秋期の女性のからだの変化，思秋期の女性の生活の変化，そしてそれらを受けとめる心の問題の順で，ストレスとの関連をみてゆきたい。

II　中年女性のからだの変化とストレス

1．更年期のからだの変化

 女性の身体には，女性独特の3つの生理過程がある。それらは，月経，妊娠，そして閉経であり，この3つの生理過程は，ストレスの源にもなり，またスト

レスの影響を最も強く受けもする。

　思秋期にはこの3つの生理過程の1つ閉経が含まれていることから，更年期のからだの変化に伴うストレスについて考えておくことは非常に重要である。とくに更年期についてはさまざまな憶測や偏見，恐怖や不安が入り乱れて多くの誤解とそれに伴う心理的ストレスが生まれている。この際，まず更年期に起こる身体の変化，そしてそれに伴う精神的，身体的動揺の特徴を正しく理解しておくことが必要であろう。

　さきにも述べたが，更年期の心身の変化や動揺は，基本的には思春期の裏返しだと思えばよい。つまり，思春期に女性ホルモンのエストロゲンとプロゲステロンが産出され，その相互作用に身体が慣れるまでは，月経も不順で，情緒も不安定であったと同じように，更年期に入って，卵巣機能が低下して，とくにプロゲステロンの産出が止り，エストロゲンの産出が徐々に低下し始めると，月経の量が減ったり，周期が乱れたりして，心身のバランスが崩れやすくなる。思春期にも月経前緊張症や頭痛，いらいらが起こると同じように，更年期にも頭痛，肩こり，心悸亢進などが起こるのであり，いずれも3〜5年で身体が慣れていくものなのである。

　それでは更年期に入ると具体的にどのようなからだの変化が起こるのであろうか。

　a．閉経

　多くの日本の女性は45歳から55歳の間に更年期を迎えるとされているが，更年期の身体の変化は，月経の終わる5年ぐらい前から始まるのが普通である。もちろん，人によって個人差があり，変化が10〜15年も前から現れる人もいれば，3年ほどで変化が終わってしまう人もいる。さらに変化は，徐々に，不規則な形でやってくる。つまり，月経血が減ったり，月経持続日数が短くなったりし，また，1回とんだり，間隔が不規則になったりしながら，最終的に月経が止まる状態に進んでゆく。1年間月経がなくて，再び1回とかそれ以上あることも珍しくなく，医師によれば，2年経過するまではわからないと言われている。

　もっとも，この時期の月経不順や月経閉止が必ずしも自然の身体的変化だけでなく，妊娠やストレスによって起こる場合もあり，その区別は必ずしもつけにくい。さらに，更年期だけが原因のさまざまな身体症状といわれるものも，自然のホルモンの変化だけによるものか，その他の要因が加わっているのか判

別しにくいものが多い。ただ，更年期に一般に現れるといわれている症状には閉経のほかに次のようなものがあるので，一応注目しておこう。

　b．潮紅

　第二の徴候は潮紅である。ホルモンの減少は，血液中の化学物質や血管に影響を及ぼし，血管のシステムが適応する過程で，血管運動神経が不安定になり顔面潮紅が起こるのである。これは中年男性にもみられると言われているが，寒気がしたり，からだがほてったりして，発汗，寝汗もあらわれる。潮紅に伴うこれらの身体症状は，その他の症状と同様持続時間，内容，程度に個人差があるが，普通，15秒から1分ほど続き，月経血が少なくなり始めた頃から，月経が止ったあとまで続く。また時たま1回出るだけという人もいれば，2時間か3時間に3～4回出てしばらく出ないといった具合で，頻度も時期もまったく予測不能といってよい。

　ただ，心に止めておくべきことは，潮紅はすぐに消えるものであり，自然の現象なので，エストロゲン剤などで抑えようとせず，自然のままにまかせておく方がよいということであろう。また，フラストレーションやストレスの少ない生活をしている人，栄養に注意し，運動をして健康を維持している人などは潮紅が軽いとも言われている。心身ともに健康であることは，更年期をより楽に過ごす上にも，大切な要素だということであろう。

　c．頭痛など

　更年期に起こりやすい身体症状の第三は，頭痛や肩こり，動悸，めまい，耳なりなどであるが，これらも潮紅と同じく，医学的にはホルモンのバランスがくずれ，血管運動神経が不安定になることが原因で起こると考えることができる。これらも更年期だけが原因でないこともあり，必ずしもすべてを更年期のせいにすることはできないが，心身のアンバランスの影響と考えることはできる。

　d．体重増加

　更年期に現れる身体症状の第四は，体重の増加である。ホルモンの分泌の低下は，空腹感と満腹感を司る脳の中枢機能を狂わせ，食欲を旺盛にするとも考えられている。空腹感や満腹感を頼りにせず，カロリーの摂取量とエネルギー消費量を調節して食事をコントロールすることが重要である。

　e．皮膚と髪の変化など

　第五の身体的変化は，皮膚の乾燥と白髪の増加である。皮膚と髪は日頃の食

生活を最も反映する部分であるので, 基本的には栄養をバランスよく摂取することが重要である。45歳を過ぎると皮膚はだんだん薄くなり, しなやかさや弾力性を失っていくので, 乾燥させすぎないよう手入れをすること, 水分を充分とることなども助けとなるだろう。

その他, 更年期の身体の変化には, 便秘しやすくなったり, 腰背痛が起こったりすることがある。便秘は, エストロゲンの変化に対応して身体の代謝の速度が落ちることなどから一時的に起こるものであり, 食事療法で慣れていくことがよい。また, 腰背痛は, 年をとるにつれてカルシウムが減り, 骨の組織に孔が多くなってもろくなることによって起こるもので, 女性は男性よりも早くカルシウムの量が減ることから, とくに中年期以降の女性に多い症状である。老年期の女性に背が丸くなっている人を見かけることが多いが, これは男女差が現れやすい部分である。

いずれにしても, 栄養をバランスよくとること, 適当に運動や散歩をして身体を動かし, 背筋をしゃんと伸ばして立ち, 歩き, 坐ることが大切である。

2. からだの変化とストレス

以上簡単に更年期の身体的変化と症状をみてきたが, 幾度か指摘したように, 身体内のさまざまな変化はバランスをくずし, そのこと自体がストレスを引き起こして, 神経過敏, イライラ, 興奮, 不安感, 抑うつ, 倦怠, 感情の起伏の激しさ, などを招きやすい。そして, それらの精神的症状は感情を司る視床下部を刺激して, 再びホルモンの分泌状態を変えることになり, ストレスの悪循環が始まる可能性がある。

思秋期のストレスに対応するための第一歩は, 自然に起こっているからだの変化に過敏になって, 過剰な反応を起こして余分なストレス源をつくらぬこと, そして, からだの変化の過渡期には不安定になることをある程度受け入れ, 環境, 生活様式, 情緒などを整えることである。更年期の症状には, ストレス症状もつきものではあるが, それらの症状を気にしすぎて老化を恐れたり, 無力感を感じたりするならば, それがストレスを倍加し, ストレスの悪循環につながってゆくであろう。身体的な変化をいたずらに心理的ストレスを生む源にしないことが肝要である。まして, 更年期は女の卒業という観念に捉われ, 性生活が終わりになることを怖れたり, 終わりにしてしまって悩むなどに至っては問題外と考えたい。

Ⅲ 中年女性の生活の変化とストレス

1．子どもの自立に伴うストレス

　思秋期女性のストレスのもう1つの源は，中年期に達した母親のライフサイクル上の問題である。多くの場合，末の子が青年期を迎え，自立の第一歩を踏み出そうとする親離れの過程と，母親の思秋期，更年期は重なる。この時期の親の課題は，子どもたちの家族外世界，仲間への急速な接近を見守り，一方子どもたちが保護と避難を求めて立ちもどって来る時の心理的安全の場を提供するという一見相反したように見える行動を柔軟にとることである。青年期の子どもは，自主自律の欲求を強くもつ。それ故に既成の権威である親，教師，社会に対して意識的に反抗し，干渉を拒否する。一方，自我の確立は不充分であり，自己の発達も未熟であるため仲間集団への依存性は強くなり，仲間の考え，情報，行動様式など異質なものを取り込んで成長してゆく。つまり彼らは，反逆と帰属の交錯した中で，不安定な心理状態を呈しながら，大人への過渡期を過している。

　その子どもたちに対して，彼らの反抗につき合い，自分とは異なった価値観をもつことを認め，それでも必要な時に安全を保障する人間となることは，親の務めである。この時期に母親が子どもの不在を心配し，同世代の仲間の中に父母代理を発見していくことに信頼をもてない時，子どもに対しては，過保護，過干渉になり，母親自身は心理的ストレス下に置かれることが少なくない。

　とくに，母親の精神的自立が不充分な場合，子どもを世話するという形で保持してきた権威（実は依存）が子どもの自立ではずされ，淋しさとまだ40年以上も残っている自分の人生の将来への不安で内的葛藤を体験する。すなわち，子どもの独立に伴って，母親はその自立の程度に応じて，人生の再編成のためのストレスを味わうことになる。

2．夫婦関係の葛藤

　子どもの自立は，当然中年期における夫婦関係の問題をクローズアップさせる。母親の子どもへの過度の干渉やかかわりは，夫との関係の稀薄さや欠如と無関係ではない。時には，子どもの問題行動や心理的障害の出現は，夫婦関係の危機への警報であるとさえ言われている。

社会的にはますます重要な役割と地位を築いていく夫に対して，専業主婦である妻が，子どもの自立を期にいかに第二の人生を始めるかは，非常に重要な課題となる。さらに，長期間社会を離れていた妻が，新しく社会参加を始めるにあたっては，見知らぬことへの適応という意味でも，大小のストレスを体験するであろう。
　ストレスを少なくくいとめるには，夫も含めた家族の精神的支持と家事その他の分担などが重要である。そして，そのような生活のためにも，結婚当初からの夫婦の話し合い，子育ての過程での家族の協力体制の確立などが必要である。
　専業主婦が，中年期の自分の生活の変化に適応する上でのストレスは，仕事をもつ女性の体験するストレスと共通するものがある。女性の場合，キャリアを築くために仕事をやりつづけることには，長期的展望の中で，多少の厳しさを乗り越える決意をしなければならない。これらのストレスは，同じく仕事をしている男性のストレスとは異なっている。ましてや家庭と仕事を両立させようとする苦労は男性はもたず，もっぱら女性のものであることが多い。中年女性は2倍のストレスを体験することも少なくないであろう。
　もしこの時期の夫婦関係の再確立がうまくいかない場合，最悪の事態として離婚を考えたり，実行したりする可能性もある。最近の統計によれば，50代の離婚が増加の傾向にあるといわれるが，子育ての陰に隠されていた夫婦の問題が，補修できぬほどに大きくて，遂には離婚をしなければならないとしたら，そのストレスもまた大きい（表1，参照）。
　中年期の後半には，夫婦の2人1組システムが再構築され，再び親密な協力関係が再編成される必要がある。一方に独立した子どもたち，一方に晩年の自分たちの老父母を見守りながら，自分たちの老年期を迎える準備をすることは，人生において最も豊かな体験ともなり得るし，寂しく空しい生活ともなり得る。たゆまぬ結婚生活の中での夫婦の協力の積み重ねと柔軟な対応能力の養成が必要である。発達段階に伴う必然のストレス以外に，余分なストレスを付加させないよう日常の生活を整えておきたいものである。

3．実家との関係
　中年期の女性の出合う第三の生活上の変化は，自分たち夫婦の父母とのかかわりをめぐって訪れる。つまり老父母の病弱，老化，または伴侶の死去などに

表1　人生のストレスの多いできごとの評価

できごと	米国人	欧州人	日本人
配偶者の死	100 (1)	66 (1)	108 (1)
離婚	73 (2)	54 (3)	63 (3)
配偶者との別居	65 (3)	49 (5)	46 (7)
懲役	63 (4)	57 (2)	72 (2)
肉親の死	53 (5)	31 (18)	57 (4)
けがや病気	63 (6)	39 (8)	54 (5)
結婚	53 (7)	50 (4)	50 (6)
解雇	47 (8)	37 (9)	37 (8)
夫婦間の調停	45 (9)	40 (7)	27 (15)
退職	45 (10)	31 (17)	29 (11)
家族の健康状態の変化	44 (11)	30 (20)	33 (9)
妊娠	40 (12)	43 (6)	27 (13)
性の悩み	39 (13)	32 (15)	31 (10)
家族員の増加	39 (14)	34 (13)	18 (23)
復職	39 (15)	34 (11)	28 (12)

（　）内は順位,「ストレスと不安」[1]

伴って，同居や看病，看護などの課題が生じてくる。そしてそれらのできごとにまつわるストレスが家族全員に負わされるが，とくに一家の中では，妻が老人のめんどうをみている場合が多く，妻の心身の負担ははかり知れないものがある。

　また，妻だけの体験とは限らないが，父母の死去に伴う喪失体験と悲しみのストレスや，財産問題などをめぐる兄弟姉妹との葛藤などは，さらなる苦しみや痛みをつくり出す。これらのストレスは，時には中年期，初老期のうつ病の発症をもたらすこともあって，軽く見過すことができない問題である。

　表1は，中年期のライフサイクル上体験する多くのことが，ストレスの多いできごとの上位に入っていることを示している。中年期はストレスの多いできごとに囲まれて経過しているわけだが，その中年期が充実の世代になることもまた可能であることを忘れずにおきたい。

Ⅳ　心の持ち方とストレス

　今まで考えてきたことを総合すると，思秋期にストレスはつきものであることが判明したと思う。ストレスとは簡単に言えば，バランスの歪み，刺激に対する生体の反応ということができるから，更年期を含む思秋期にはからだがさまざまな変化を起こしながら，何年もかかってホメオスタシスを回復しようとするプロセスで，多種多様のストレス反応が起こるのは当然であろう。それに加えて，中年期にはさまざまな環境からの刺激や働きかけが多い。思秋期の女性は，内外からの均衡へのゆさぶりを，体と心で受けとめ，もとの均衡にもどそうと必死に反応している。そのプロセスでは連鎖的にひずみや歪みが起こり，ストレスとして心身に影響を与える。

　思春期，思秋期はストレスの多い時期ではあるが，実際，人間は常にストレスにつきまとわれて生きつづけている。とするならば，ストレスを避けるだけで人生が快適になるわけではないであろう。スレトスの中には，人間の成長に役立つものも多い。刺激を受けることによって，心身の緊張がある程度維持され，それを解消しようとすることで目的行動が促進される場合がそれである。

　刺激が一般に耐え得る限度を超えて強かったり，長期間与えられたりすると，人間は欲求不満や葛藤状態に追い込まれる。それは身体のリズムを狂わせ，心身症などの病気のもととなる。したがって，肉体的な症状の継続や，心理的ないら立ちや不安などの頻発には適切な解消の手を打つ必要がある。

　また，ストレスを受けやすい人の身体的特徴としては，体質的に虚弱ですぐドキドキしたり，赤面したりするなどがあげられる。加えて，性格が内向的で，情緒不安定，過去にこだわり，悲観的でまじめ，神経質といった特徴があると，ストレス性の刺激に弱いと言われている。ただしこのような体質上，性格上の耐性の弱さは，個人差であって，男女差はない。

　問題なのは，ストレッサー（刺激の源）についての男女差である。女性特有の生活環境や心理的発達過程，心理的体験過程は，女性ならではのストレスを生む。その最大の要因は，「女性であること」にまつわることが多く，それぞれの人生の危機に女性であることをどの程度受けいれているかと関係がある。

　もし女であることを受けいれてないとすれば，更年期の身体的変化は，気づきたくない人には自分の女の部分を暴露することになるであろうし，家事，子

育てなどが嫌悪の対象以外の何ものでもないことになろう。

　女性を受けいれてない人は，専業主婦であることには不適応を起こし，だからといって仮に結婚しないで仕事に生きていたとしても，女性であるハンディキャップを恨み続けるであろう。まして仕事と家庭の双方に同等のかかわりをしている人は，男の２倍の負担を抱えて，運命を呪いつつ過剰適応しているかもしれない。何にもまして大きなストレス源は，女性であることをどう受けとめているかにかかっているようである。

　もし思秋期に至るまで，自分の女性性を認められないでいるとしたら，まず第一に，女性としての自分に満足感を持てるよう努めることによって，基本的なストレス源を取り去ることである。

　もし，更年期にさしかかった自分が，女ざかりを過ぎる不安や焦操感をもっているとしたら，別の考え方をするよう努力する必要がある。思秋期は実りの時期であり，成熟した女性への足がかりをつかむ時期だという風に。

　そして，中年期の身体的，環境的変化からくるストレスには，リズムのある規則正しい生活を送り，スポーツなど他人と一緒に楽しみながら，心も身体もリラックスする習慣を身につけ，小さいことをくよくよせずに開放的に生きることで対応していこう。とくにとりかえしのつかぬことにいつまでもこだわり後悔したり，自分を必要以上によく見せようと見栄をはったり，相手の言うことを何でも聞き入れたりすることは，ストレスを増やすもとになる。後悔したり不安を先どりしたりしても，結果は変わらないし，なるようにしかならないという合理的な考え方を身につけること。そして，変に自分を抑えて妥協して欲求不満や怨念をふくらませるより，自分のために「ノー」を言う権利を大切に使うこと。これらは，多くの中年女性が長年かかってつくりあげてきた習慣の中に，たっぷりストレス源として巣くっている姿勢であり，そこから解放される道を探る必要がある。

　そして最後に，ストレスが生じたら，それを発散させる方法を身につけよう。それらの中には，定期的な運動のほかに，リラックス体操をしたり，愚痴をこぼせる友人に相手をしてもらうことによって解消したり，自分の時間をつくって，好きなことをするために使うなどがある。

V ストレスによる障害が起こったら

　最後に，もし不幸にしてストレスをうまく発散することに成功せず，ストレス過剰のために心身症や神経症におちいったとしたら，どうすればよいかを考えておく。その手がかりとなるのは，頻繁に継続的に起こるストレス症状であり，次のようなものが考えられる。

頭痛	過呼吸
胸やけ	アレルギー反応
吐き気	食欲不振
冷や汗	肩こり，腰痛
めまい	動悸
もの忘れ	血圧の上昇
ぜんそく	頻尿

　一読してわかるように，これらの症状には，更年期の症状に重なるものが多くある。したがって，それらのストレス症状が，自然の身体の変化によって生じているものか，別の行動的，環境的要因からくるのかを見極める必要がある。その症状が起こる状況や自分の行動をしばらく観察し，もしある特定の状況や行動によって起こっていると判断される場合は，その要素を減らしたり，軽くしたりして，余計なストレス源をなくす方法をとってみることである。
　そして，もしそれでも症状が続くならば，心身症の疑いがある場合は心療内科か心身医学専門の内科医を，もし神経症の疑いがある場合は，精神科医かカウンセラーを訪ねて援助をうけるとよい。心身症の場合は，生活指導も含めて，心身両面からの総合的援助がなされるであろうし，神経症の場合は，心理的ストレスをカウンセリングや心理療法，時には安定剤などの薬物によって軽減しながら，日常生活への再適応をはかっていくことになるであろう。

　女性の思秋期はまさに危機である。危機を英語ではcrisisとかcritical pointと言うが，それは，「臨界の」とか「別れ目」といった意味での危機であり，その意味も含めて更年期をcritical ageと言ったりもする。思秋期のストレス

も，誰もが体験するいくつかの人生の別れ目の1つと考え，あたりまえのできごととして乗り越える耐性をもちたいものである．

引用文献

1) Spielberger, C. D. : *Underdtanding Stress Anxiety.* Harper & Row, New York, 1979. (池上千寿子，根岸悦子，平木典子訳：ストレスと不安——危機をどうのりきるか．鎌倉書房，1983.)

参考文献

1) DeRosis, H : *Women and Anxiety.* Delacoorte Press. New York, 1979. (斎藤　学訳：女性の不安．誠信書房，1983.)
2) Lowenthal, M. F. : *Middle Age : The Prime of Life?* Harper & Row, New York, 1979. (池上千寿子，根岸悦子，平木典子訳：中年期——充実の世代と危機．鎌倉書房，1982.)
3) Reitz, R : *Menopause : A Positive Approach.* Penguin Books, New York, 1979. (池上千寿子，根岸悦子訳：積極的に生きる更年期．鎌倉書房，1983.)
4) 辻田ちか子：女の性，あなたの場合は？——成長期から老年期まで．新潮社，1983.
5) Witkin-Laanoil, G : *The Female Stress Syndrome : How to Recoganize and Live with it.* Newmarket Press, New York, 1984. (木村　駿訳：女性のためのフィーメイル・ストレス・シンドローム．扶桑社，1984.)

Ⅱ　アサーション

6

自己理解・自己受容・自己実現
——自己カウンセリングのすすめ——

I 自己カウンセリングとは

　自己カウンセリングとは，自分とうまくつき合えるようになること[1]である。自分とうまくつき合えるようになるとは，R・ニーバー（Niebuhr）の祈りを実行することである。

>「神よ，
>変えることができるものを，変える勇気と，
>変えることができないものを，受け容れる冷静さと，
>そして，
>変えることができるものと，変えることができないものを
>見分ける知恵を与えたまえ。」

　「自己カウンセリング」とは，カウンセラーが，一般に問題や悩み，症状を持つ人に行う心理的・専門的援助を，自分に対して行うことである。更に詳しく言うと，カウンセリングを受けたり，カウンセリングの勉強をしたりすると，自分や他者・世の中のありように対する理解が深まり，認識が広がって，自分とも他者・世の中の出来事ともうまくつき合うことができるようになっていくように，自分をよく知り，自分とうまくつき合うことを日常的に実行することである。その中には，必要な時に他者に相談することやカウンセリングを受ける選択や決断をすることも含まれており，それは自己カウンセリングの1つの大切な実践である。
　われわれの日常には，問題や悩みがないということはない。ウィークランド（Weakland, J.）が「問題がある状態の時，人生は同じ問題の繰り返しになって

いる。問題が解決すると，人生は次々と違う問題がある状態になる」と言っているように，問題の軽重，状況の緊迫度の違いはあれ，誰もが毎日，解決の試みをしたり，他者の助けを借りたりして，問題や悩みに対処している。自己カウンセリングができるようになる，すなわち自分とうまくつき合えるようになると，同じ問題や悩みにくり返し振り回されることは減り，次々とやってくる問題を自分なりに対処し，解決しながら，毎日を過している。

　自分とのつき合いは一生である。自己カウンセリングのコツを知って，自分とうまくつき合ってみてはどうだろう。そして，日常生活をより楽にし，対人関係をより楽しいものにすることを試みて欲しい。

II　自分とうまくつき合うこと

　自己カウンセリングとは，自分とうまくつき合えるようになることだと述べた。そのためには，自分をなるべくありのままに理解し，受け容れようとすることが必要である。

　自分とつき合えるようになるプロセスは他者ときちんとつき合えるようになるプロセスとほぼ同じである。われわれが他者とつき合おうとする時は，まず相手に近づき，よく知ろうとするだろう。その人がリラックスして，自然でいられるようにするために，なるべく緊張や脅威を与えないように，やさしく，ゆったり接し，相手を大切にする努力をするだろう。できれば，飾りや嘘のない，ありのままのその人とつき合いたいので，まず相手の特徴や性格傾向をよく理解しようともするだろう。逆に，相手とつき合おうと思わない時に，われわれは相手を好き嫌いで判断したり，無視したり，排除したり，時には相手に敵対したり，攻撃したりするものである。

　自分とうまくつき合うためには，自分に近づき，よく知ろうとすることが先決である。しかし，いざ自分とのつき合いになると，人はなぜか自分をよく知ろうとしない。よく知ろうとすると，自分の嫌な部分や，悪いと判断される部分が見えてくるので，それを怖れるからかも知れない。とくに，人を好き嫌いや良し悪しで判断する人は，自分にもそれと同じことをする傾向になり，自分につらくあたったりする。そうならないようにするために，自分を知ることを避けるのかもしれない。逆に，人に対しては厳しく批判しても，自分には甘い人もいる。いずれの場合も，自分をありのまま理解したり，正当に評価したり

せず，自分とうまくつき合っているとは言えない。

　自分を十分に知る前に自分を好き嫌いや良し悪しで判断していると，嫌いな部分，悪い部分を排除したり，無視したりしやすく，自分全体とのつき合いはかなわない。いくら排除し，無視したとしても，その部分は自分の一部としてありつづけ，決してなくなるわけではない。もし，その嫌いな部分を指摘された時，ひどく傷ついたり，落ち込んだりするとすれば，それは，密かにその部分を気にしていたことであり，ありのままの自分，自分らしい自分を理解することを怠り，その部分も含めて自分とつき合ってこなかったことになる。

　つまり，好きであれ，嫌いであれ，自分のさまざまな側面をよく知らないでいると，わからない自分とはつき合いづらいだろうし，どのように変えたり，どのように受け容れたりすればよいかもわからないことになるだろう。相手をよく知らないとき，つき合いは表面的なものになり，親密感もわかず，相手を大切にする気持ちにもなりにくいように，自分をよく知らないと，自分を守ることも，発揮することもできないばかりか，変えるべきこと，変えないでよいことも区別できず，自分を成長させることは難しくなる。とくに，自ら自分をよく知ろうとしないならば，他者の批判や意見に左右されたり，自分の先入観や偏見などで自分を判断することになりやすい。自分を知ることは，嫌な面もいい面も含めて全体を知ることになるのだが，結果的に，その自分を大切にするしかないことに気づくことでもある。

　自分とつき合うためには，まずありのままの自分を理解し，自分らしさを十分に知ろうとすることである。自分とは，良くも悪くも自分であり，その自分を受け容れることなしに，自分を育てることも，自分を生かすことも不可能だからである。

Ⅲ　自分の何を知ればよいのか

　自分を知るためには，自分を対象化してみることが重要である。対象化するとは，自分をもう1人の自分がみる試みをすることであり，それには3つの鍵がある。

1．自分の感情に気づく

　自分を知るための第一の鍵は，自分の感情にある。

人は，ある状況や人に対して，各人独特の気持ち・感情を起こすものである。この感情・気持ちは，誰もが同じではない。たとえば，大きな爆発音に対して，ある人は「うるさい！」と腹立たしい気持ちになり，他の人は「怖い」と萎縮し，「心配だ」と気をもむ人，「なんだろう？」と好奇心をかき立てる人もいるだろう。それがその場のその人らしさの表現であり，その人の特徴が出ている。その反応に良し悪しはない。また，その感情を持った結果，それぞれの人がどうするかはまた別のことであり，同じ反応を起こすとも限らない。「こんな時，自分はこんな気持ちになる」ときちんと受け止めることは，自分らしさを知る第一歩になる。

感情をきちんと把握することと感情的になることは違う。感情をきちんととらえられないと，感情に巻き込まれて，感情のままに振る舞うことになる。これが感情的になることである。感情を把握することは，その感情を持っている自分を受け止め，その感情を味わってみることである。そうすれば，それをどんなふうに表現すればわかってもらいやすいかを考える余裕も，一番ぴったりくる言葉を探したり，表現したりする工夫もできる。感情の把握と表現には，唯一無二の自分がいるので，その自分をわかってもらうことが，自分らしさをわかってもらうことにつながる。

2．自分のものの見方を知る

自分を知るための第二の鍵は，自分のものの見方や考え方を知ることである。われわれは，生まれてこの方，生まれたところ（家族，学校，地域社会，県や国など）の人々がもつものの見方や考え方，知識を受け取り，それらを吟味し，受け容れて，自分のものの見方や考え方をつくりあげていく。ものの見方や考え方は生まれ，育った社会の影響をかなり受けて形成されていく。そして，それらは，ものごとに対する自分の感情や反応の仕方にも影響を与える。したがって，その見方や考え方をどこから，どのようにして受け継いでいるかを検討してみることは，自分を知るための不可欠な作業である。

カウンセリングでは，人は好むと好まざるとにかかわらず，自分の物語をつくり，それを生きているが，時に自分にふさわしくない物語を強要されて生きることがあると考えられている。ものの見方や考え方の中には，人から押し付けられたものや，自分にはふさわしくないものがあり得て，それを生きているとするならば，おそらく問題や悩みは尽きないことになるだろう。他の考え方

を発見することは，自分とつき合いやすくなる大きな助けになるだろう。

　自分が生きにくいとき，あるいは自分らしくないと思えるとき，自分のものの見方や考え方を検討するとよい。そのためには，自分とは違った考え方や見方をしている人に会い，その考え方や見方を知ってみようとすることである。その際，とくに違った考え方や見方を排除することなく，じっくり耳を傾けてみること。自分の見方や考え方を広げ，より自分らしい考え方を得るチャンスになる。たとえば，「世の中には，正しい答，真実があるはずだ」と思っている人は，違った考えや意見に出会ったとき，「自分が正しいのか，それとも相手か」と戸惑ったり，自信がなくなったり，相手が間違っていることを証明したくなったりするだろう。逆に，「人のものの見方や考え方は，環境などの社会的な影響を受けてつくられるもので，結局，人は自分のつくりあげた色眼鏡でしかものをみることはできず，その色眼鏡で見たこと，考えたことを語っているに過ぎない」という考え方を持っていると，いつでも他者の意見や考え方に開かれ，違った考えや意見に対して怖気づいたり，嫌悪したりすることはなくなるだろう。

　違った考え方や見方に出会ったときは，すぐ賛成したり，反対したりするのではなく，まず理解しようとすることが重要である。違った見方や考え方は，間違いではなく，違った社会的影響やその人の性格から形づくられた，その人独自のものの見方なのである。それを知ることは，自分の中に異なった世界が広がり，それは自分がより自分らしくなることに役立つかもしれない。じっくり理解した後で，自分に合うものは自分の考え方の一部に取り入れてもよいし，合わないものは捨ててもよい。そうすることは自分の成長や自分を変えることにつながっていくだろう。違った考えをもつことは，どちらかが間違っているのではなく，人がみな違うこと，だから理解しあうことの重要性があることを示しているに過ぎない。正しさを争うのでなく，違いを認め合う関係を築くことが自分とも他者ともうまくつき合うことにつながる。

3．自分の言動に気づく

　自分を知る第三の鍵は，自分の言動に気づくことである。自分の言動に気づく鍵は，自分の言動に対して他者がどう反応するかを待つ心をもち，相手の反応をきちんと見て，それを大切にしようとすることから始まる。そして，意図したことが理解されなかったり，期待とは異なった反応が返ってきたりしたと

き，慌てたり，引っ込んだり，相手のせいにすることなく，自分のどんな言動が，どのように受け取られたのか，自分の言葉と行動は一致していたか，迷いや矛盾も正直に，きちんと伝えたかなど，ふり返り，確認することが大切である。違いを持つ人同士が理解しあうことは複雑なプロセスであり，じっくり取り組む努力が要る。このプロセスは，自分の気持ち・感情をつかむこととも，自分の考え方，ものの見方を知っていることともかかわっている。

Ⅳ　自分を知るとどうなるか

　自分とうまくつき合うためには，自分を知ることが重要なのだが，自分を知っていくと，どんなことが起こるのだろうか。

　自分を知っていくと，自分らしくない自分を変えたくなるだろう。しかし，それまでつきあってきた自分，どうにかやっている自分を変えることには躊躇が伴う。慣れ親しんだ自分のやり方やものの見方，考え方を変えることは，初めての体験や見知らぬ状況に出会うことと同じほどの勇気がいるし，それが成功するかも確実ではない。そんな時，人は冒険をすることを控えてしまう。

　ニーバーは，変えることができることを変える勇気が欲しいといっている。自分の可能性を調べ，変えることができることを変えようとする勇気をもつことは，より自分らしくなるきっかけになるだろう。そして，自分を変える努力をするほどに，生きやすくなり，それは成長につながる。

　しかし，勇気をもって変えることに踏み切り，いくら努力しても変わらないこともある。自分にないものを求めているとき，自分らしくない方向に変わろうとしているとき，変化の努力は実らないだろう。そんな時は，あらためて自分をふり返り，不可能なことをしていないか明らかにし，もしそうであればあきらめることも必要であろう。自分の限界をしっかり見極め，変えることができないことを受け容れること，その冷静さを持つことをニーバーは勧めている。

　そして，何よりも重要なことは，変えることができることと変えることができないことを見分ける知恵を持つことである。その知恵を身につけるためには，自分を知ろうとしつづけるしかない。

　掛け値なしの自分を理解することは，ありのままのその自分を受け容れることにつながる。それができるようになれば，その自分を育み，成長させようと

したくなる。そうすることが自己カウンセリングであり，無理なく一生自分とつき合い，前向きにアサーティヴに生きることである。

引用文献

1) 平木典子：自己カウンセリングとアサーションのすすめ．金子書房，2000.

7

アサーションを生きる

はじめに

　21世紀は，あらためて人間が真の人間性を取りもどすためのあり方について，議論が紛糾する世紀になると思われる。いまや，人類は，科学や文明の発展に見る人間の可能性と，多くの人的災害や心の問題の深刻さと悲惨さに直面して，途方にくれている。多方面からの議論やアプローチは，「真の人間の幸福とは何か」をあらためて問い直している。おそらく21世紀は，科学の進歩と人間のかかわり，科学の進歩の中での人間関係のあり方などが，何にもまして大きな課題となっていくのではないだろうか。

　科学技術の進歩は，人間に便利で豊かな生活を保障したかに見えた。それは人々の生活の格差を減らし，全体として安定した，ストレスの少ない世界の到来をも錯覚させた。しかし，能率偏重，成果主義社会の出現は，ストレスを増大させ，それを緩和し，癒す機能を果たすはずの人間関係までも，ストレスの源となっている。おそらく，21世紀の人間は，たとえ精巧なコンピューターが手順をミスなく組んだとしても，心のプロセスを抜きにしてものごとが進み得ないことを知ることになるだろう。また，科学技術の発展が，絶対的な真実や正解をもたらすという期待は，心のプロセスという複雑なメカニズムを持つ不完全な人間がかかわっている限り，実現不可能な願望や神話であることも思い知らされるにちがいない。そして，学問研究の関心は，人の心の複雑なメカニズムの解明にますます集まっていくのではないだろうか。

　21世紀には，人間らしい生き方とは何かをめぐって，さらなる知恵と想像力を働かせる必要性が高くなると思われるが，そのひとつとして，筆者は，アサーション〈自己表現〉の考え方と方法が役立つと考える。本論では，まず，21世紀の人間の生き方がどのようになっていくかを心理学，とくに心理臨床

の面から予測し，次にアサーション〈自己表現〉トレーニングを紹介して，アサーションという生き方について考えてみたいと思う。

I　21世紀の人間関係を生きるために

　今述べたように，21世紀には，これまでにもまして人の心のありよう，そして人間関係の側面が重視されていくと思われる。なぜなら，人間生活のグローバル化によって世界規模のモビリティ（人の動きの速さと距離）の高さは必然であり，また，医療・衛生管理の発展によって長寿が実現したからである。人の動きが速く，広範になると，さまざまな人々が，さまざまなところで交流し，居を構え，生活をすることになる。また，長寿社会では，異なった時代の異なった習慣やものの見方，価値観を持った人々が接触して，生活を共にすることにもなる。この2つの動きと変化は，多様な（男女，多文化・多国籍など）人々と，多世代（4〜5世代）の人々の交流や対話が多方面にわたって行われることを意味する。つまり，違った背景と考え方，行動様式を持った人々が，理解しあい，かかわりあうことが起こり，これまで，一定の地域の人々が，一生つき合うという形で形成された習慣や伝統に頼り，暗黙の了解の中で進めることができていたコミュニケーションは，スムースに進まなくなるだろう。それは，誤解や不満を招き，人間関係の葛藤やストレスが増大することを意味する。それを乗り越えるためには，自分と相手の理解をいちいち確かめ，分かり合う努力をする必要がでてくる。人は，ますます迅速に，激しく，長距離を，移動することができるようになっていくにもかかわらず，人間関係には，細やかで，より多くの時間とエネルギーを注ぐ必要に迫られるのではないだろうか。

　つまり，21世紀の人々は，今までにもまして「違い」と「不完全さ」を意識し，それらを意識することに慣れていく必要があるだろう。そして，人が違うことと，不完全であることに慣れていくためには，絶え間ない〈自己確認〉と〈自己表現〉が必要であり，それなくして人の幸せはありえないといっても過言ではない。

1．「違い」を理解し，受容するために

　多様な人間が交流し，共にものごとを進める必要があるとき，おそらくほとんどの人は，「違い」や「差異」を気にするのではないだろうか。そして，人

は「違い」や「差異」を意識したとき，大きく2通りの反応をする。

1つは，「違い」に対する消極的反応である。つまり，「違い」を脅威・異物・雑音などと受け取り，自分と違っている対象を，自分に脅威を与えるものとか，自分に合わないもの，雑音と同類のものとみなす場合である。そのとき，人はそれに近づくのを避けたり，関心を寄せなかったりするだろう。「違い」が脅威になったとき，人は脅威から逃れるために，対象から離れるとか，対象を追い払おうとするだろう。また，「違い」は脅威ではないが，違っているものはわかりにくく，「雑音」同様取るに足りないものになることもある。雑音はうるさいし，関心を払いたくないものになる。いずれにしても，「違い」が脅威や雑音になったとき，違っている対象は，理解されず，排除されやすい。

「違い」に対するもう1つの反応は，「違い」に対して，より積極的になる反応である。「違い」を新鮮さとか珍しさとして捉え，自分がまだ出会ったことのない新しいものとか，めったに出会うことのない貴重なものと思えるとき，人は，未知に対する好奇心を燃やし，もっと近づこうとする。自分と異なったもの，自分にないもの，経験したことがないことを知りたいと思えるとき，人はそれに近づき，どこがどんなふうに違うのか，どこが同じなのかをよく理解しようとする。つまり，このような対応ができる人は，人間は人間として共通のものもあるが，個人差もあって，それが当然だと思える人である。そして，「違い」を理解することは，人間理解の幅を広げ，深みをますことであることを知っているので，「違い」が脅威や雑音にはならないのである。また，「違い」を理解しようとするプロセスでは，初め「違い」と思っていたことがさほど違っていなかったり，逆にほんとうに違っていることがよくわかったりして，対話の大切さに気づき，その結果，相手を受容しやすくなったりもする。

多くの人間関係のつまずきや問題，心理的症状や障害，また喧嘩や争いごと，戦争などは違いの理解，受容の欠如によって起こっているといっても過言ではない。21世紀の人間の生活には，違いを意識し，きちんと表現できるようになるための〈自己表現〉能力と違いを理解するための〈聴き，共感する〉能力，そして人を〈人として大切にする能力（受容力とか人権意識）〉が必要であり，それらを養うこと，養うための支援がこれまでにもまして必要になるだろう。

2．「ヒューマン・エラー」を自覚するために

21世紀の人間は，今さらでもないのだが，あらためて「人間が不完全であ

ること」を再確認する必要があるだろう。科学の進歩と学問の発展は，いつかは完全に真理がわかる世界，完璧が成就する世界がくることを人間に期待させた。そして，コンピューターは完全に近い，間違いのない世界の実現を保証したかに見えた。確かに，「手順」通りにものごとが進む世界では，完璧なマニュアルを作ることが可能であり，その通りやっていけば月へロケットを飛ばし回収することさえできるようになった。多くの科学技術の発展は，完璧な世界が実現するかのような錯覚を起こさせたのも確かである。

　しかし，医療ミス，交通事故，原発事故などでわかったことは，いかに完璧な「手順」があっても，ものごとはうまく進まないこと，どこにも「ヒューマン・エラー」という要素が潜んでいることであった。つまり，人がかかわっている限り「手順」にもヒューマン・エラーが加わることはあり得るわけであり，「手順」を指示すればそのとおり進むとは限らないのである。むしろ，「手順」は，作った人から実施する人に渡ったとき，同時に事故も手渡したと考える必要があるのだろう。「手順」とは，そもそも「その手順の意味」があってできたものであるのだが，多くの場合，その「意味」は伝えられず，「手順の指示」どおりにものごとが進めばよいことになっている。しかし，「手順」は人間による何らかのコミュニケーション手段を通して伝えられるので，そこにはヒューマン・エラーが生じる可能性が常に潜んでいるのである。

　ヒューマン・エラーには，たとえば病気の診断を間違えたとか，薬を渡す人を間違えたといった当人が意識できないものがある。それは言わば「正しいミス」としてそのまま放置されたり，次の人に受け継がれたりして，大きな事故が起こってはじめて気づかされることになる。また，手元の狂いとか不注意による運転ミスのようないわゆる失敗は，目的と結果が明らかに異なることで，意識化されやすく，是正される可能性は高い。しかし，それとて，二度とそれが起こらない保証はなく，また，注意が喚起されたとしても，他者にうまく伝わらなかったり，誤って受け取られたりすることもある[1]。

　つまり，ミスは，意識されたとしても，されなかったとしても，人間の知覚，判断，予見，期待などの心理的特性が作用する限り，なくなることはないのかもしれない。にもかかわらず，「早く・完璧に」ものごとを進めるためにつくられた「手順」は，皮肉なことにヒューマン・エラーへの注意・警告を軽くしてしまった。人々が，完璧を目指すあまり，「人は不完全であり，失敗をする」という自覚なしにものごとが進められ，人間の心理や「意味」の世界の軽視に

よる大きなミスの頻発が起こっている。

「人は不完全であり，失敗をする」という，いわば「人間である権利」を認め，それを基にしてものごとを進めること，そしてこの事実はどんなに科学が進歩しても免れ得ないことを確認することなしに，今後の人間の生活は成り立たないだろう。科学技術が進歩すればするほど，「手順」の世界に「意味」をプラスすること，人間の心理特性を加味することが必要であり，21世紀の人間の課題は，そのことをあらためて確認することではないかと思われる。

とくに，「意味の世界」の確認のためには，人々は考えや懸念，疑いや疑問を表現しあうことがますます重要になってくる。さらに，ヒューマン・エラーを是正する方法だけを開発するのではなく，それを受け止め，それに対応する術を考えていくことも必要になってくるだろう。人の心の動きを確かめ，限りないその動きを表現し，受け止め合うことなしに，人間の生活は成り立たないというあたりまえの事実をあらためて再確認したい。細やかな人の心の動きを，アサーティヴに交換することは，人間にしかできない最後の機能かもしれない。

「違い」を理解し認め合うこと，そして「ヒューマン・エラー」の再確認には，そこに潜む人間の心理のメカニズムを多方面から解明していく作業が必要であろう。

Ⅱ　アサーションとは

アサーションとは，簡単にいうと「自他尊重の自己表現」である。つまり，人権を大切にした生き方とその表現ともいえる。自分の考えや気持ちを自分に確認して，他者になるべく分かりやすく知らせようとし，伝えたあと相手はそれをどのように受け止めたかを確認しようとする対人関係のあり方といえる。

1．3つのタイプの自己表現

アサーションの基本は，3つのタイプの自己表現を知ることから始まる。つまり，非主張的（non-assertive），攻撃的（aggressive），アサーティヴ（assertive）である。

ａ．非主張的自己表現

これは，自分を抑えて相手を立てているような自己表現である。自分の意見

や気持ちを言わない，言えない，言ったとしても相手にわかるように伝えないといったことである。その結果，自分の言い分や思いは相手に伝わらないことになる。たとえば，自分の主張を控えて，相手の思いを通してあげようと譲ったとしても，主張を控えたことによって違う主張をもっていたことも譲ったことも相手には理解されない。その結果，欲求不満が残ったり，自己否定的な自己像をつくることになりやすい。

　非主張的自己表現には2種類の心理が働いている。

　1つは，個人の心理的傾向による自己表現の欠如である。自分の思いや考えを表現すると相手に不愉快な思いをさせる可能性があるとか，そんな思いをさせると嫌われる可能性がある，あるいは，相手と違った意見を言うと葛藤やもめごとが起こり得るなど，相手に不愉快な思いをさせまい，嫌われないようにしたい，もめごとを避けたいといった個人の思いによって，自己表現を止めようとする心理である。それは，自分の考えや気持ちを表現した結果起こり得ることに怖れを感じ，対応に自信がなく，相手に合わせていることが安全だと考える傾向を示しているかもしれない。

　もう1つは，社会的・文化的言動の枠組みから来る非主張的表現である。経験や権威のある人に対して自分の意見を言うことは控えるべき，地位や役割が上の人を立てるべき，女性は従順で控えめであるべき，年上の人には従うべきといった常識や風習は，地位や権威のない人々，未熟で，若い人や女性に，自己表現を制約するように働く。それらの常識や風習を破るような人は，認められないばかりか，不利な立場に立たされる可能性もある。社会で不利な立場に立つことを避けて適応し，認められていこうとすると，社会の常識や習慣，周囲の期待に従う形で非主張的になっている状況である。

　非主張的になっている自己表現には，それなりの言い訳や理由があり，自分を守ったり，他者に配慮したりしていることもある。ただ，自分の思いやありようを大切にしているかというと必ずしもそうではなく，自分に不適切なあり方を引き受けてしまっていることもある。また，習慣や自分の思いにとらわれていて，必ずしも他者が期待していない言動をとっていることもあり得る。とくに，自分らしさを発現できないという意味では，欲求不満が残る自己表現である。

b．攻撃的自己表現

　これは，自分の考えや気持ちを相手に伝えるが，その影響，相手の反応を無

視,あるいは軽視して,一方的に自分の言い分だけを通そうとする自己表現である。したがって,相手を言い負かす,一方的に命令する,操作しようとするといった言動になりやすい。たとえやさしく,ていねいな語調で伝えたとしても,おだてて相手を思い通りに動かそうとするとか,相手の反応を待たず,あるいは無視した言動をとっていることは,攻撃的である。つまり,大声で怒鳴ったり,威圧したりしなくても,相手に自分の言い分を押し付ける自己表現は,攻撃的な自己表現に入る。そこには,人間としての平等な立場や人権の視点が抜けていて,権威や権力,地位,年齢,役割などに頼ってすべてを思い通りに運ぼうとしているかの言動がある。

攻撃的自己表現にも2種類の心理が働いている。

1つは,非主張的な自己表現と同様,個人的な好みや行動傾向を反映したものである。自分の考えは正しい,優れているという思い込みや,自分の言い分を絶対に通したいという欲求,あるいは自分の考えや気持ちが通らないことは自分がダメということの証になるといった不安が心理的に働いていて,他者の考えや気持ちに目が向かず,結果的に他者を軽視,あるいは無視する言動になっていることがうかがえる。また,相手の考えや気持ちに多少目が向いたとしても,それを打ち消そうとか,それが取るに足りないことを証明しようと反論していれば,それも攻撃的な気持ちから発した言動である。つまり,コミュニケーションがあたかも意見の勝ち負けを決めているかのようなものになり,最後は自分の意向を通すこと,自分が勝つことを求める。ある意味で,相手に甘えた自己主張のあり方とも言える。

もう1つは,社会的・文化的背景から来る常識とか習慣から発せられる攻撃的自己表現の心理である。非主張的自己表現の第二の心理と同様,無意識のうちに「攻撃的」になることがあたりまえとか,社会で許されていると思っているため,自分の攻撃性を自覚することがない。そこには,権威,権力,地位,役割,年齢差,性差などの特性があれば,ほとんど自動的に自分の意見や考えは通るものと思い込み,発言している。たとえば,母親が子どもに向かって,子どもの断る権利を認めず命令して,思い通りに子どもを動かそうとしている場合とか,上司が部下の事情もわきまえず残業や休日出勤を押し付ける場合である。

いずれの場合も,攻撃的になる人なりの正当な理由がないわけではない。ただ,もしかしたら相手にも同様の理由があるかもしれないことに思いが及ばな

いとか，人間の存在そのもの（人権）は，地位や年齢差，権威などによって左右されることはないことを知らないとか，または，自分だけが大切で他者は取るに足りず自分に従って当然といった心理を持つように育てられたなどの理由で，他者への配慮が身についていない人がとる言動である。他者の従属的態度，他者の支えなしには自分の存在が維持されないことになるため，自分の主張を通しながらも不安や不信が高く，対等で親密な関係はもとより，安心したかかわりをもてることはなく，自律的な生き方ができているとは言いがたい。

c．アサーティヴな自己表現

「アサーション」とは，先にも説明した通り，上記2つの中間的・黄金率的自己表現である。自分が考えていること，気持ちなどが明確に捉えられ，それを適切に，相手にわかりやすいように伝えてみようとする自己表現である。同時に，相手もそのように自己表現することを許容し，相手の考え，気持ちを理解しようとする。相手の言い分だけを通して自分の言い分は抑える非主張的自己表現とか，逆に自分の言い分だけを相手に押し付けて相手のことは無視するといった人間関係ではなく，自分も相手も大切にする人間関係をつくるための自己表現である。

人間関係の場面で，「非主張的」対応の多い人，"No"を言ってもかまわない場面で言えないとか，気安く頼みごとができない，相手から断わられることを怖れるといったやり取りをしている人は，ストレスが溜まり，自分を苦しい立場や惨めな状況に追い込みやすい。このような「非主張的」自己表現は，個人のメンタルヘルスにあまり良い影響は与えないことがわかるだろう。

逆に，対人関係の場面で，「攻撃的」対応をすると，それをやっている人はある程度自分の思い通りにものごとを進めているかもしれないが，他者からは信頼されず，敬遠され，寂しい生活をすることになるだろう。さらに，「攻撃的」上司や仲間が多いところでは，被害的な気持ちを持つ人が多く，コミュニケーションにひずみがでたり，人間関係が疎遠になったりするだけでなく，仕事や生活にミスやストレスが蓄積されていく可能性も高い。

アサーティヴな自己表現は大きく2つの側面を大切にすることから成り立っている。

1つは，「自分の自己表現」を大切にしようとする側面である[2]。そこにはさらに2つの段階が含まれていて，まず，自分の考えや気持ちを表現する前の段階，すなわち自分の意見や感じを確かめる段階がある。自己表現したいとき，

自分は何を表現したいのか，どんな気持ちでいるのかを確認しなければ，自己表現はできない。つまり，他のことや他者に気をとられていたり，他者を優先させていたりすると，自分の意見や気持ちを確かめられなくなる。とりあえず，自分を確かめることに集中することが第一歩である。第二の段階は，その意見や気持ちをなるべく素直に，率直に言語化してみようとすることである。自分が持ち合わせている語彙，表現法を使って，確かめた気持ちや考えをなるべく自分らしく表現してみようとし，それを試みることである。

アサーティヴのもう1つの側面は，「相手の自己表現」を大切にしようとすることである。たとえば，私が自己表現をした後，相手がそれをどう受け止めたかを見届けようとする気持ちがあることである。そこには，相手が私の言い分を理解し，それについて相手の思いを確かめ，そして表現するプロセスがある。「自分の自己表現」をした人は，相手のそれを待ち，聴くことがあってはじめてアサーティヴなやり取りは成立する。そこでは相手の存在を認め，相手も自分と同じように大切にしようとする思いが表現される。

このようにして，個人が，アサーションを体得することは，「自己確認」，「自己表現」，「他者の受け止め」という人間存在の基本的循環の創造を促進することになる。アサーションは，個人のストレスを解放し，精神的健康の予防に役立つだけでなく，個人の創造性やアイデアの開発，自己内思考と感情の活性化が図られる。さらに，他者との開放されたコミュニケーションを可能にするので，より親密で，自律的な関係の創生にも役立つ。さらに，アサーションは，コミュニケーションの促進のみならず，違いの尊重，相互支援の活性化にも役立つだろう。

アサーションでは，違いを恐れず，しかし互いに相手も自分も大切にするかかわりをすることになるので，気になること，わからないこと，確かめたいことを言ったり，確認し合ったりすることがあたりまえになる。それが自然なかかわりになったとき，ヒューマン・エラーの防止，失敗の予防にもつながるのではないだろうか。

Ⅲ　アサーション〈自己表現〉トレーニングの内容

このような意味を持つアサーション〈自己表現〉トレーニングは，5つの領域の学習と訓練によって構成されている。

第一は，アサーションの基本を理解することであり，具体的には，アサーションと非主張的，攻撃的な自己表現を区別できるようになることである。3つのタイプの自己表現の違いを学び，それらが区別できるようになることが目的である。

　第二は，アサーションを人権として学ぶことである。アサーションは，言論の自由，自他尊重の精神に裏付けられた自己表現であるので，この領域では，アサーション権を確認し，確信することによって人間としての自信を獲得する。人権尊重とは，誰もが「やっていいこと」をお互いに認め合うことであり，誰もが侵すことのできないもの，自分で守ってよいことをアサーション権として確かめるプロセスが自信を高める。

　第三は，ものの見方・考え方がアサーティヴであるかをチェックする領域である。アサーティヴなものの見方・考え方が欠けていると，アサーティヴな自己表現はしにくいことを踏まえ，自分の認知の癖を確かめ，非主張的認知と攻撃的認知をアサーティヴな認知に変える作業をする。ここでは，第二の領域の基本的人権を認識し，他者の人権を侵すような攻撃的な言動や，自己の人権を自ら踏みにじっているような非主張的言動をふり返る。また，先に述べた非主張的，あるいは攻撃的な自己表現に働く心理，社会的，文化的通念や風習などをチェックし，それらによって自動的，無意識的に取っている非主張的，攻撃的言動を意識化する。また，自分や他者を苦しめるような言動の背景にある非合理的考え方や自動思考を探すことによって，自分の人生観や価値観を再確認する。

　第四は，実際に，アサーティヴな言語表現を探る部分で，時，場所，相手に沿った自己表現，自分にふさわしい言語表現の方法を練習し，獲得する部分である。そして，第五の領域の非言語表現と重ね合わせることで，アサーティヴな自己表現が成就することになる。

　訓練では，これらの5領域を講義，演習，実習でカヴァーすることで，考え方としても，実際の自己表現としても（つまり認知的にも行動的にも）アサーティヴになることが目ざされることになる。訓練の実際は，対象，日程，トレーナーの力量やトレーニングの目的によって異なり，さまざまなプログラムが考えられている。詳しくは，文献[3]を参照していただきたい。

Ⅳ　アサーション・トレーニングの留意点

　アサーション・トレーニングは，人権という人間存在の基本から人間関係上の実際的な自己表現方法までを網羅するという意味で，広さも深さもあるトレーニングである。したがって，このトレーニングでは，実践すればするほど，人間の尊厳と一つひとつの言語表現とのつながりの深さを実感する。また，自己表現は人間が生きることの基本であり，あらゆる場面で欠くことができないものであるので，家庭・学校・職場・コミュニティなどの日常的生活場面でも，医療・心理臨床・福祉・司法などの専門的援助場面でも活用可能な心理的アプローチである。アサーションほど，かかわる領域の広さと，人間が生きることの深さに根ざした実践・訓練はないのではないかと思われる。とするならば，トレーニングには，理論・訓練方法・現場での実践の一貫性が意識されなければならない。つまり，理論，訓練方法，そして実際場面でのアサーティヴなやり取りは，isomorphicnature（異種同型性）が生かされたものでなければならず，そのためには，トレーニング実施者は以下の点に留意する必要があるだろう。

1 ）アサーション理論を人権尊重の立場から実践する用意があること。つまり，言っていることとやっていることに矛盾やずれがないような訓練方法がとられることである。たとえば，人権尊重を説きながら，参加者を尊重していない方法をとっていないか，自他尊重の自己表現といいながら，トレーナーの言い方や考えを押しつけていないか，常に意識することが必要である。
2 ）心理教育的プログラムとして組み立て，できれば体験学習を取り入れる。トレーナーは，それができる訓練を受けた者で，できれば，グループによる心理的・教育的アプローチに明るい人であることが望ましい。

　以上，21世紀の生き方を考えるにあたり，人が到達し得る最大の相互尊重のあり方としての「アサーションという生き方」を検討し，それが今後，人類が「違いを理解・受容」し，「ヒューマン・エラーへの感受性と許容性」を高める上で役立つ可能性をのべた。

それは，21世紀には，もしかしたら，心理臨床的人間へのアプローチが，理・工学や経済学にもまして重要になってくることを意味しているかもしれない．その意味で，21世紀は，心理的，臨床的人間研究とアプローチの中から，人間の生き方に大きく貢献する考えや実践が出てくる必要がある世紀になるのではないだろうか．

引用文献

1) 大山　正，丸山康則編：ヒューマンエラーの心理学——医療・交通・原子力事故は何故起こるのか．麗澤大学出版会，2001.
2) 平木典子：自己カウンセリングとアサーションのすすめ．金子書房，2000.
3) 平木典子：アサーション・トレーニング——さわやかな〈自己表現〉のために．日本・精神技術研究所，1993.

8

職場のメンタルヘルス向上のための
アサーション・トレーニング

はじめに

　アサーションは，基本的に自他尊重の自己表現であり，日常のどこでも，誰に対してもなされることが望ましい。ところが，アサーションができるか否かは，状況や相手によって異なることが普通である，そこには，苦手な状況とか相手といった個人的な事情が絡まっている場合もあるが，常識や習慣といった社会的背景に左右されている場合もある。つまり，社会の常識とされているが，実は無意識のうちに基本的人権を自他共に侵しているような自己表現である。

　それは，とくに力や役割関係，知識や経験の有無などによってアサーション権を侵していると認められる時に多い。たとえば，子どもの自己実現を制して親の希望する進路・配偶者選択を強要する場合や，部下の個人的状況を無視して一方的に残業を命令するなどである。虐待やセクハラ（パワハラ）などもその典型例であろう。このような場合，個人的にアサーションを努力するだけでなく，社会的状況を視野に入れたアサーションの見直しが必要となるだろう。

　その意味で本論では，学校や医療看護，職場といった力と役割が絡む関係，知識と経験の差がある領域において，それぞれの特色・問題に応じてアサーション・トレーニングのあり方・効用を考えてみたい。

　次に取り上げる職場におけるアサーションの問題は，最近の職場のストレスの問題，うつ，自殺などの増加によって，とくにメンタルヘルスとの関連で見直されるようになってきた。本論では職場の人間関係とメンタルヘルスの問題の視点からアサーションを取り上げる。

I　職場という環境の特色と問題

　働いている人は，一日のうち，起きて活動している時間の半分を仕事に使っていることになる。ところが，現代は眠る時間以外を全部仕事に使っている人もいる。また，家庭に仕事を持ち帰ることはなくても，仕事のストレスを持ち帰ることも多い。仕事をしている多くの現代人は，起きている時間の半分からほとんどを課題達成，問題解決，成果追及に使っているといっても過言ではない。

　一方，産業カウンセリングに持ち込まれる問題や相談，あるいは仕事をしている人々の愚痴や悩みのほとんどは人間関係にまつわるものである。つまり，仕事上のストレスや問題には，仕事にかかわる人間関係の問題がからんでいると考えられる。

　人間にとって職場とは，仕事の場であると同時に人間関係の場でもあるわけだが，その特色と問題は以下の3点である。

1．仕事を中心とした人間関係の問題

　人が仕事を成し遂げていくには，種々の人々とかかわらざるを得ず，その相手は上司・同僚・部下のほか，時には，いわゆる「お客さん」と呼ばれる不特定多数の外部の人々である。職場とは，仕事を中心にして人々がかかわる場であり，極端な言い方をすれば，かかわる相手を好き嫌いで選ぶことはできない。ただし，人間関係が悪いところでは，仕事をスムースに進めることは難しい。仕事を成し遂げるためには，家族や友人関係とは異なる職場にふさわしい人間関係が確立される必要がある。職場では，仕事の基盤となる人間関係の確立にも，相応のエネルギーと配慮を働かせる必要があるということである。

2．役割関係のある場の問題

　加えて，職場の人間関係には，役職，権威，権力，年齢，知識，経験などの差による役割関係や，時には男女差による関係もあり，その違いによる人間関係の問題も生じやすい。固定的・形式的な役割の受け取り方によって，人権を無視，あるいは軽視したかかわりを自覚していない職場は多い。そのような職場では，理不尽で，納得のいかない攻撃的，あるいは受身的なやり取りが交わ

されている可能性がある。依頼すべきことを命令する上司，それに『ノー』を言えない部下，といった構図である。不愉快でストレスフルな日常の繰り返しによる仕事の能率の低下がありえるので，役割関係をアサーションの視点から見直す必要が出てくる。

3．成果主義に偏重した場の問題

職場には，独自の目的と課題があり，その達成度が問われる。そして，仕事をする人には，その成果にふさわしい報酬が払われることになっている。

一方，人間の性格・能力・適性などには違いがある。職場とは，それらの違いを巧妙に組み合わせ，統合することによって成果を生み出そうとしている場であり，そのあり方が問われる場でもある。成果主義の職場は，仕事の目的と課題に直結した能力のみを重視しがちになり，人々の多様な能力や特徴を理解し，活用する方向を見出せないでいる。とくに，人間関係能力の育成には，知識・技能の能力向上ほどエネルギーを注いでいない職場が多い。結果的に，その職場は成果も上がっていない。

これからの職場では，単に知的・技術的能力だけでなく，人の違いを理解し，受け容れ，活用する人間関係能力を育成すること，つまりメンタルヘルスに心を配ることがますます重要になってくるだろう。

Ⅱ　職場のメンタルヘルスの問題とは

現代の職場の問題は，ストレス過剰の問題と言われている。そして，それはとくに職場のメンタルヘルスに大きな影響を与えている。いま，メンタルヘルスの対策には企業も行政も医療も相応の対応を始めているとはいえ，うつ状態・うつ病といわれる症状を始めとして，不安の高いノイローゼ，心身症，その他の精神障害など過剰なストレスによる症状は多発しており，とくに中高年の自殺の増加は，大きな社会問題にもなっている。

1．ストレス過剰の問題

とくに過剰ストレスによる症状には，共通した職場の環境要因があるといわれており，個人はもとより，職場全体としてもその解消に取り組む必要がある。ストレスについての詳しい解説や環境要因に関する細かな分析については，他

書に譲るとして，ここでは，過剰ストレスによる心理的メカニズムについて簡単に解説しておこう。

　ストレスには善玉と悪玉がある。つまり，人は適度の刺激や緊張に対しては心地よさを感じるものであり，たとえば好きな音楽，日の光，いい香り，達成可能な目標やノルマなどは，人を前向きにさせる善玉ストレスとなる。一方，悪玉ストレスとは，不愉快なできごと，エネルギーを消耗するような課題などが過剰に，継続的に長期間にわたって襲いかかることであり，自分の能力や限界を超えている状態をいう。とくに，課題や問題による自他への要求が大きく，解決や支援の見通しが少なく，急速な変化への対応が必要な場合は，エネルギーの過剰消費と孤独を強いられることになる。

　このような過剰ストレスは，心身の防衛反応のメカニズムを狂わせて，いわば伸びきったゴムのような状態に陥らせ，状況への柔軟な対応も適応もできない状態に追い込む。結果は，胃潰瘍，うつ病などの心身の不調である。

　最近のうつ状態に陥る職業人の中には，上記のように仕事の加重や過重責任により，テクノストレス，燃え尽き状態，情報洪水などの症候群（さまざまな病気の集合体）を訴えることが多いということである。一見，仕事上の問題が影響しているようだが，実はそこには人間関係の要素が必ずかかわっている。

　たとえば，まじめで能力のある人には，周りの期待も仕事も集中しがちになる。まじめな人はそれに対応してますますがんばる。仕事が嫌いではなく，責任感が強い人は，自分の状態に気づかず，倒れるまで働いてしまう。とくに，うつになりやすい人は，家に帰っても状況や問題を反芻し，人が不公平であったり，つき合うことが困難であったりすることにどう対応したらいいのか一人で考え込む。考え込んでも，問題が解決することはめったにないばかりか，考えれば考えるほど自分の不甲斐なさ，状況の理不尽さに戸惑うばかりである。

　このように葛藤や問題を反芻すること自体，われわれの心理状態を混乱させるのみならず，心身のストレスを上昇させる。つまり，心拍は上昇し，コレステロール値や血糖値はあがり，ひいては心臓や背中の痛み，消化器系の症状，心臓発作などを起こし，うつ的，被害妄想的になったりする。バブル期からバブルがはじけた現在まで働きつづけている中年期の有能なサラリーマンがうつや自殺に追い込まれている問題の1つに，このような職場のメンタルヘルスに関する無理解と無関心がある。つまり，人間を課題解決・成果達成のマシーンと考えているかのごとき働かせ方をし，人々が関係を持つことで理解し，把握

できる仲間の状態や，危機状態にかかわるチャンスを失っている。もちろん，過剰ストレスをなくす方途などには思い及ばない。実際，多くの職場の課長は，部下の状態把握の方法，危機に際しての対応法に苦慮し，途方にくれているというのが現実である。

2．メンテナンス機能低下の問題

　このような職場のありようは，働く人々の健康と安全な生活を維持するためのメンテナンス機能が低下している社会の問題を反映している。3章でも述べたように，メンテナンスとは，維持・修復・回復の意であり，人間や物事が平常を維持し，当たり前に機能している状態をいう。仕事の場は，課題や生産などのタスクに取り組む場であるが，その基盤には健康で平常が保たれている人間の存在が必要である。職場のメンテナンスには，コミュニケーションが成り立ち，人間関係が安定していることが必要であり，それらに問題があるときは，それらを修復する作業が求められる。

　メンテナンスが維持されている人は，まず，バランスよい食事と十分な睡眠が確保され，葛藤や問題があってもそれを回復できる人間関係がある。しかし，豊かで便利な生活が保障され，生活のメンテナンスは維持されている日常があるように見える日本で，実は，メンテナンスが侵されているのである。その一部は日本人の働き方，成果主義によるところが大きい。

　働く人々の多くは，健康に障害が及ぶような生活を強いられている。残業が月80〜100時間に及ぶ危険信号の持ち主は，一向に減る気配はなく，この人々の生活は，以下のような悪循環を招いている。残業が月80時間を超えるということは，帰宅が夜中になり，必然的に睡眠時間が減る。通勤に時間がかかる場合は，1日4〜5時間の睡眠になることも少なくない。その結果，朝食をとらない，とってもごく簡単に済ませ，昼・夕は塩分と油分の多い外食となり，メタボリック症候群の準備状態をつくっている。もちろん，疲労は重なり，職場のみならず家族とのコミュニケーションもタスク中心の必要最低限のやり取りになる。ストレスは蓄積し，心の安定を回復する時間も方法も失っている。

　つまりタスクに偏重した生活を送っている人々は，基本的安定や平常を取り戻す営みのないまま，課題・成果に振り回され，うつをはじめ，さまざまな不健康状態に陥りはじめている。

　職場でほとんどの仕事人は課題達成にエネルギーを使い切っていて，自分の

健康と安寧はもとより,仲間のそれを守るメンテナンスに心を配る人はいない。ようやく最近,メンタルヘルスの問題が噴出し,保健師やカウンセラー・医者の仕事が増えてメンテナンス機能の回復が必要であることに気づき始めている。

これは,職場内で,メンテナンス機能,人間関係能力を発揮する必要性と,そのためのコミュニケーション・スキルやメンテナンス能力の向上の必要性を示している。

先に職場とは,仕事を中心とした人間関係の場であると述べた。また,目的を達成し,相応の成果を上げることを課題とする場でもあった。職場がそのような課題を達成するためには,その基盤となるメンテナンスがしっかりしていることが不可欠となる。メンテナンスなしに課題に取り組むことは不可能であり,それが危ういところで成果を上げようとしても,疲弊,うつ,自殺が増えるのは当然であろう。

メンテナンスは,基本的には個々人が自分の責任で心がけることである。しかし,職場がもつべき責任は,メンテナンスを妨害する課題とストレスをかけないことである。そのためには,仕事をする人間は,メンテナンスの基礎となる人間関係を維持し,相互理解を深めるための関係維持能力を持つ必要がある。また,仕事の指導能力だけでなく,一人ひとりに合った仕事の仕方や特徴の生かし方を見極める能力を持った責任者も必要であろう。つまり,上司やリーダーには,監督・評価・助言・問題解決の能力だけでなく,人をつなぎ,所属感を高め,安心感をもたらす職場づくりの能力も必要となる。

Ⅲ　メンタルヘルスに必要なアサーション

メンテナンス機能が低下し,メンタルヘルスの問題が増加している職場には,人間関係維持・向上のためのアサーションが役立つ。つまり,職場では,知的・論理的思考や問題解決の技術にかかわるアサーションはもとより,人間関係や心の健康を維持するアサーションも不可欠なのである。

メンテナンスのアサーションとは,人の心を落ち着かせ,心地よくし,前向きになれるような善玉ストレスでもある。それに対して,課題達成のためのアサーションとは,状況をしっかり分析し,問題を見定め,客観的に妥当な解決

策を決めて実行するといったやり取りである。人間関係にかかわるアサーションとは，自分や他者の気持ちを考え，存在そのものを受け止め，応答し，協力，協働しようとする姿勢と言動である。それがないとき，相手に対する決め付け，無関心，正解志向による論争などが生じ，人の違いや独自性を活用した仕事ができなくなる。

　もし，人々が健康や平常に配慮し，関係づくりのスキルを磨くならば，労わり，励まし，慰め，支持，称賛，感謝などの言葉かけが増え，メンテナンス機能が高められていくであろう。これらの言葉かけは，ほんの瞬時にできることでありながら，どれだけ人の心を豊かにするかわからない。自他尊重のアサーションとはこれが基盤になっているのである。

おわりに

　仕事の場においてアサーションができないことは，実は，企業の業績向上にとっても個人の成長・貢献にとっても重大な損失である。アサーションができない人は，不安であり，また，不適切感が高い。アサーションを身につけ，できるようになっている人は自信に満ち，状況をよりよくしていくことに長けている。課題達成と関係維持のアサーションのバランスを取り戻す職場づくりを心がけたい。

9

葛藤から協力への道程（DESC）

I　アサーションと葛藤について

　アサーションは，基本的には自分の思いをできるだけ率直に，素直に伝え，相手の思いもきちんと受け止めようとするコミュニケーションである。これは，わかりやすいコミュニケーションと相互尊重の人間関係づくりの基本原則であり，ひいては心身の健康の要でもある。

　ところが，このような自己表現をしていけば，人間関係に葛藤がなくなるというわけではない。アサーションは，確かに自分の気持ちや考えを率直に伝えるので，非主張的であるよりは相手に理解されやすく，受け容れられる可能性は高くなる，また，攻撃的に一方的な言い方をしたり，物事を他者に押しつけたりするよりは，相手からの抵抗も減るだろう。しかし，アサーションとは，相互に率直な表現をし合うことなので，初めから葛藤をなくそうとする方法ではなく，むしろ葛藤が生じたとき，それをどう解決するかを考え，話し合う方法だと考えたほうがよい。つまり，アサーションには葛藤解決をめぐる方法が含まれているのである。ここでは，人間関係の葛藤のありようについて考え，アサーションではそれをどのように解決していくのかを検討する。

1．人権としてのアサーションに伴う葛藤

　人にアサーションをする権利があることには，必然的に葛藤が伴う。たとえば，Aさんが「明日，映画を見に行かないか」とBさんを誘うとする。そのときBさんは，行く気になるかもしれないし，行きたくない，あるいは行けない事情があるかもしれない。アサーションでは，「人は誰でも欲しいものを希望し，表明してよい」（依頼する権利）ので，Aさんの希望表明は正当であるし，同時に，アサーションでは，「誰でも罪悪感や利己的な感じを持たずに依頼を

断ってよい」(断る権利)ので, Bさんが「明日は, 行けない」と断るとしても, それも正当である。

つまり, 人が率直なコミュニケーションを行うと, 両者が合意することもあれば, 事情や状況によって合意できないこともあり得, そこには一時的に葛藤が起こる。このような状況は日常生活では当然であり, 誰もがそれを乗り越える必要があるのだが, コミュニケーションがとれず, 葛藤がエスカレートしたり, 葛藤を怖れてアサーションを避けたりする。

2. アサーティヴでないことによる葛藤回避

非主張的, あるいは攻撃的自己表現には, 葛藤回避の効果がある。つまり, 相手に同意し, 反論を唱えないで非主張的でいれば葛藤は起こらないし, また, 強引に相手に命令したり, 押し付けたりしても葛藤を回避できる。一般に, 人は人間関係における葛藤を避けたいとき, 非主張的になるか攻撃的になりやすく, いずれかを選んでしまう人も多いのである。非主張的, あるいは攻撃的自己表現の害がよほど強く現れない限り, 問題とは感じない可能性もある。とくに攻撃的な自己主張によって得たいものを得ている人は, 実は親密な関係を失っていることや信頼されていないことに気づかないこともある。

非主張的になっているとき, 人は相手に同意しあるいは逆らわないことで葛藤を避け, その場を何事もなく収めることができる。さらに, 「No」を言わないことは, 相手を立て, 相手を大切にしているメッセージともなる。人に嫌な思いをさせないことで嫌われないだろうとか, 相手を大切にしたので自分も大切にされるだろうといった自己弁護で, 自分の気持ちを紛らわしてしまう。また, 攻撃的になっているとき, 人は強引にでも自分の思いを通し, 相手を押さえようと自己主張するわけなので, それが成功すれば(相手が非主張的に折れてくれれば)葛藤は起こらないし満足する。

非主張的な人が欲求不満がたまったり, 八つ当たりをしたり, 「キレ」たり, 心身の不調, 対人関係拒否などに陥ると, 非主張的な態度が問題であったことに気づく。攻撃的な人も, 自分の主張が通り, 物事は滞りなく進んだとしても, 信頼されず, むしろ敬遠されたり, 嫌われたりして, 孤独や不安に直面せざるを得ないときになって, 自分のあり方に疑問を持つのである。

非主張的な人にしても攻撃的な人にしても, 葛藤に直面することは先の見えない経験をすることであり, 不安や恐れを伴う。当然の結果として, アサーテ

ィヴになることに躊躇することもあるだろう。

3．変化による葛藤の生起

　人が変化し成長することには葛藤が伴う。たとえば，非主張的であった人が，アサーティヴになると，それまでよりも自己主張をするようになるので，「No」を言うことも増えるだろう。ほとんど自分の主張が通り，合意してもらっていた相手にしてみると，その変化は驚きであり，また，つき合いにくくなったように感じるかもしれない。同様に，これまで攻撃的で強引に自分の意向を押しつけ，思い通りに相手を動かしていた人が，アサーティヴになると常に自分の意見が通ることは減るだろう。それは慣れない体験であり，心地よくないかもしれない。

　継続しているつき合いの中で，非主張的な人，攻撃的な人がアサーティヴになることは，自分にとっても相手にとっても変化を体験することであり，変化に即した対応を要求される。そして，これまでの対応では追いつかなくなることもあるだろうし，予想外の葛藤が生じることもあるだろう。つまりアサーティヴになることは，それまで経験することのなかった状況に出会うことでもあり，葛藤解決をはじめとして，新たな言動ができるようになっていく必要がある。

　以上のような理由から，アサーションを身につけるには，第一のステップとして，率直に，素直に自己表現ができるようになることが必要であるが，次のステップは，アサーティヴに自己表現したときの葛藤への対応の準備をすることも必要となる。原則としては，葛藤が起こったときも，お互いにアサーティヴに対応すれば，解決は導き出されるのであるが，実際，慣れない対応には不安や困難が伴い，成功するとは限らない。葛藤が生じたとき，あるいは葛藤が予測されるとき，誰でも相応の準備や練習をしておくことは重要である。対人関係の葛藤が生じたとき，どのように歩み寄りや合意を目指すのか，どのようにお互いに満足いく結論を得ていくのか，その基本を理解しておこう。この基本を身につけることは，葛藤解決のみならず，自然にアサーションができることにもつながっていく。ここではバウワー（Bower, S.）が発案したDESC法という台詞づくりを紹介し，葛藤場面のメカニズム，合意への道程について考えてみたい。

II　DESC法による台詞づくり

　DESCとは，合意を必要とする状況・場面に有効な4つのステップであり，アサーティヴな台詞づくりの方法である。バウワーのDESC法[2]とは次の通りである。

1．DESCとは

　DESCとは，台詞づくりの4つのステップの英語の頭文字を組み合わせたものである。日本人には必ずしも馴染めるものではないが，いったんこのプロセスを覚えてしまうと英語の頭文字は問題でなくなり，「デスク」と記憶できるので，ここでもDESCで説明することにする。

　D＝describe（描写する）
　状況や，対応する相手の言動を客観的に描写する
　E＝express（表現する）
　状況に対して自分が感じていることを表現する
　S＝specify（提案する）
　相手，または自分の特定の言動の変化について提案する
　C＝consequences（結果・成り行き）
　提案した言動が実行されたとき，あるいは実行されないときの結果について述べる

　DESCは，問題の状況に対するアサーティヴな台詞の主たる要素を網羅している。これらの要素を台詞として準備すれば場面に対応し，また，必要に応じて言語化しやすくなる。

　表1に，あなたが列に並んで順番を待っているとき，横から人が入ってきた場面を例にとってDESCを考えてみよう。
　表1の例でわかるように，同じ場面で対応するにも，左の台詞と右の台詞では，事の成り行きがかなり異なってくるのが予測できるだろう。違いのポイントは何だろうか。

表1　不適切な台詞をDESCにのせる

不適切な台詞	適切な台詞
描写する（D） 「あなた割り込まないで！」	「ここは並んでいるんですよ」
表現する（E） 「まったく失礼で，嫌な人ね」	「次は私の番だと心待ちにしていたところなんです」
提案する（S） 「そこ，退いて」	「後ろに並んで下さいませんか？」
結果（C） 「みんなの迷惑です！」	「そうしてくださると，私も並んでいる人も気持ちがいいです」

2．何を描写するか

　同じ状況を描写する（D）にしても，不適切な例では，相手の言動に対して，自分の憶測と解釈でその動機を「割り込んだ」と決め付けている。相手は，割り込むつもりがあったかもしれないが，並んでいることに気づかなかったかもしれない。2人の間で問題状況を明らかにするためには勝手な想像や解釈をやめて，相手の様子やその場の状況「並んでいる」ことを客観的に簡潔な言葉で描写して伝えることが重要である。実際，人の動機をわかることは難しく，勝手な想像で相手を責めると否定されてしまうのが落ちであろう。客観的描写とは，責められたと思ったとき「あなたが責める」ではなく「あなたが○○○というと，責められたと思う」であり，目に見えたこと，聞こえた台詞をありのままに伝えることが重要である。

　客観的描写をすると，現実を共有し，話し合いの基礎をつくることができる。

3．気持ちの表現

　また，（E）の表現の不適切な例では，「あなたは失礼で，嫌な人だ」と一見相手に対する気持ちを述べているようだが，それは「割り込まれた」という前提に基づいた思いである。客観的描写ができてないとき自分の気持ちも汚染されてしまう。一方，適切な例では，そのとき，自分が置かれた状況で私はどん

な気持ちがしていたかを率直に伝え，自分の状況を理解してもらおうとしている。「自分の順番が遅れるとがっかりする」といってもいいだろう。不適切な表現は，「あなた」に対する決めつけとレッテル貼りであり，適切な表現は，「私」が感じていることの伝達である。このような自分の率直な気持ちの表現を「私メッセージ」，あなたを主語にした表現を「あなたメッセージ」と呼ぶ。「あなたメッセージ」は，誤解による決めつけが起こりやすい。実は「私があなたを失礼で，嫌な人だと思っている」のであって，その人がそうであるとは限らない。

話し合いをする前に混乱が起こってしまわないようにするためには，自分の考えや気持ちは，自分のものとして表現するようにしたい。

4．提案は命令ではない

相手にとってもらいたい言動を提案する（S）ときは，提案として言語化することが重要である。不適切な例の台詞は，命令であり提案ではない。提案は，相手に選択の余地を与える表現であり，お願いをしている響きがあるが，命令は一方的に指示していることになる。割り込んだという前提で腹を立てられ，「そこを退け」といわれると，相手は申し訳ないという気持ちよりも，誤解された，決めつけられたという思いが募ることもあるだろう。その不満は，気持ちよく並ぶ気を起こさせないかもしれない。

5．結果を考える

結果（C）については，相手が提案を受け容れてくれたら，「こんないい結果があります」といったことをまず伝えてみることがいい。「退かないとさらに罰を与えるぞ」というような言い方をされると，たとえば並んでいることに気づかずうっかり割り込んでしまった人は，まず「お前の行為はダメ」，そして「だから×」と二重の非難を浴びることになるだけでなく，詫びる機会も与えられず，救われない気持ちになるだろう。人は時に失敗することがある。そんなときをも念頭に入れて対応したい。一方的に悪意と決めつけてしまうと，いい結果を想像することも伝えることも難しくなる。

もちろん，相手が提案を受け容れてくれないことも考えておく必要がある。たとえば，「お断りしなくて，ごめんなさい。とても急いでいるので入れてくれませんか」といわれるかもしれない。そのときは入れてあげてもいいし，再

び,「私も急いでいるのですが,並んで待っていたので,やはり並んでくださいませんか」ということもできる.

　DESCは,すべての台詞をこの順に述べなければならないということではない.たとえば,「ここ,並んでいるんですよ」と伝えれば相手は了解して,後ろに行ってくれるかもしれない.行ってくれなかったら,その他の台詞を伝えてみることもできるし,状況に応じて順序も変わっていいだろう.

Ⅲ　協力,歩み寄りの道を拓く

　複雑な交渉ごとに臨むときや葛藤に備えるには,これらの台詞を前もって準備するとか,日ごろから練習を積んでおくことが役に立つ.とくに,客観的に描写するところに自分の気持ちや想像を交えないこと,そして「私メッセージ」には自分の主観的な感じを自分の気持ちとして伝えることを練習しておきたい.

　先に,葛藤は人間関係に当たり前のことだと述べた.したがって,日ごろから葛藤が起こる可能性をも予期しながら自己表現し,また,一時的な葛藤を余計に複雑にしないよう心がけることが重要なのである.多くの絡まり合い,抜け道の見つからない葛藤は,相手の言動を理解する前に,勝手に憶測や想像で解釈し,その解釈で相手を決めつけ,その前提に乗って,自分の気持ちを述べ,さらに相手への提案を命令にして伝えてしまうことによって起こっている.

　提案は受け容れられないときもあることを心得ておこう.そのときの他の選択肢を考えておけば,新たな提案ができ,相互の歩み寄りも可能になり,自分にも相手にも満足できる結論を導き出すことができるだろう.

引用文献
1） 平木典子：アサーション・トレーニング——さわやかな〈自己表現〉のために.日本・精神技術研究所,1993.
2） Bower, S. A. & Bower, G. H.：*Asserting Yourself : A Practical Guide for Positive Change.* Addison-Wesley, Cambridge, Mass, 1991.

10

依存性人格障害とアサーション療法

I 依存性人格障害とは

1. DSM-Ⅳの定義と診断基準

　依存性人格障害（Dependent Personality Disorder）は，DSM-Ⅳにおいて不安・恐怖が前面にたった人格障害群の1つとされ，回避性人格障害，強迫性人格障害と並んでC群（Cluster C anxious cluster）として分類されている。

　依存性人格障害の基本的特徴としては，愛着欲求と依存欲求が極度に強く，そのために従属的なしがみつき行動をとり，分離不安が高いことがあげられている。

　DSM-Ⅳ[1]では，依存性人格障害を「世話をされたいという広範で過剰な欲求があり，そのために従属的でしがみつく行動を取り，分離に対する不安を感じる。成人期に始まり，種々の状況で明らかになる」と述べ，その診断基準を，次の8つの特徴的症状のうち，少なくとも5つを満たすこととしている。

1）日常のことを決めるにも，他の人たちからのありあまるほどの助言と保証がなければできない。
2）自分の生活のほとんどの主要な領域で，他人に責任をとってもらうことを必要とする。
3）支持または是認を失うことを恐れるために，他人の意見に反対を表明することが困難である。
4）自分自身の考えで計画をはじめたり，またはものごとを行うことが困難である（動機または気力が欠如しているより，むしろ判断または能力に自信がないためである）。
5）他人からの愛育および支持を得るためにやりすぎて，不快なことまで自分から進んでするほどである。

6）自分自身を世話することができないという誇張された恐怖のために，1人になると不安，または無力感を感じる。
7）親密な関係が終わったときに，自分を世話し支えてくれる基になる別の関係を必死で求める。
8）自分が世話をされず放っておかれるという恐怖に，非現実的なまでにとらわれている。

また，中根・岡崎[2]によるICD-10の依存性人格障害の特徴は「自分の人生における大小さまざまな意志決定を他人まかせにする恒常的受け身の傾向，人から見捨てられないかとの極度の恐れ，無力感と不全感，年長者および他者の希望を無抵抗で受け入れること，および日々の生活における要求に対する反応の弱さを特徴とする人格障害である。活力の欠如が知的ないし感情的分野の中で現れることもあり，他人に責任を転嫁しやすい傾向がある」と解説されている。

このような基準や解説があるにもかかわらず，依存性人格障害の診断は難しいとされており，その点についての考察もさまざまになされている。

2．依存概念のルーツ

ヒーシュフェルドら（Hirschfeld et al.）[3]は，「依存」概念のルーツに注目し，DSM-Ⅳの依存性人格障害の概念を定義する上では，精神分析理論，学習理論，そして動物行動学理論が貢献したと述べている。すなわち，精神分析理論による依存の構造的基盤として，依存対象との本能的欲求充足を得ようとする口唇性格があるという考え方，学習理論における，依存は学習と経験の結果獲得された態度という考え方，そして動物行動学における，依存とは特定の個人と愛情の絆を形成しようとする愛着行動という考え方である。

3つの理論には共通点もあるが，それぞれ動機的，認知的精神内界のメカニズムを強調する点，異なった状況や時期の強化によって起こる行動を強調する点，そして精神内界の動きでありながら同時に長期的に特定の対象に向けられた愛着行動でもある精神内界と行動の双方でとらえる点，で異なってもいるため，概念規定が難しいとされている。

3．他の障害との重複

ヒーシュフェルドらはさらに，依存性人格障害は，境界性，回避性，演技性

人格障害と概念的に重複するところがあり，区別が難しいとして，区別をつけるための観点を以下のように詳説している。

依存性・境界性人格障害ともに見捨てられ恐怖によって特徴づけられるが，両者の行動パターンはかなり違う。境界性人格障害では，見捨てられ恐怖は怒りと操作を誘発するが，依存性人格障害では従属としがみつきを誘発する。境界性人格障害者は，どんな状況でも1人でいることができないが，依存性人格障害患者は，保護と支持が得られる強い人に密着し，つながりをもつことができるかどうかが問題である。また，対人関係パターンにおいて，境界性人格障害者の特徴は，強烈で，不安定な関係であるが，依存性人格障害者には，そのような特徴はない。

回避性人格障害と依存性人格障害の共通点は，不適切感・批判に対する敏感さ・保証欲求である。しかし，行動面で，回避性人格障害においては，恥・拒絶に対する恐怖による社会的臆病さや引っ込みとして現れるのに比して，依存性人格障害においては，中核に過剰な愛着欲求があることによる分離恐怖と従属，しがみつきとして現れる。

演技性人格障害と依存性人格障害の共通の特徴は，保証と承認の欲求である。しかし，演技性人格障害では，承認・賞賛そのものへの欲求があるのに比して，依存性人格障害では，自己の判断や能力に対する不信からくる他者の保証欲求がある。つまり，依存性人格障害者には，自分の言動が正しいことを保証してくれる他者が必要なのである。

同様に，大野[4]（p.140）は，境界性，回避性，演技性人格障害は依存が問題になる人格障害であり，依存性人格障害と概念的に重複するが，以下のように区別するようにと述べている。

「境界性人格障害患者は見捨てられる恐怖が強く，怒りながら，そして他の人を動かしながら激しく依存するのに対し，依存性人格障害患者は頼りにしている人など限られた対象から見捨てられる不安が中心であり，服従的に依存する」。

また，「回避性人格障害患者は拒絶されたり批判されたりする不安が強いのに対し，依存性人格障害患者は愛着に対する欲求が強い」。そして，「演技性人格障害患者は受け入れられ誉められようとするのに対して，依存性人格障害患者は自信がないために他の人の助けを求める」。

また，スペリー（Speny）[5]によれば，依存のスタイルは女性では従属的な

形で現れやすく，男性では妻に依存する夫や秘書に主要な仕事を任せているボスのように独裁的な形で現れることが多いとしている。いずれの場合も，依存的な関係が脅かされると不安やうつを引き起こす。

4. 依存性人格障害の形成

スペリーは，さらに依存性人格障害が，生理的，心理的，社会的（bio-psycho-social）側面から形成され，維持されるとして次のような統合的形成過程を説明している。

まず，依存性人格障害者は，生理的にエネルギー・レベルが低く，気質的にはうつ傾向がある。幼児・児童期には，恐れ，悲しみ，引きこもりが強い。

心理的には，自己認知，世界観，人生の目標にその特徴が見られる。自己認知は「私はいい人だが，不適切で，弱い」であり，自己否定的で，無能感，自己不信が強い。世界観は，「他の人は私の面倒を見るためにいる，なぜなら私は無力だから」というもので，「だから，万難を排して他者にしがみつき，依存すること」が人生の目標となる。

この障害の社会的側面は，両親・家族・環境的要因によって説明できる。依存性人格障害者は，過保護な両親のもとで育てられて，「あなたは何もきちんとできないから，信用できない」という禁止令をもらい，同胞や仲間とのつきあいにおいても，魅力のなさ，不器用さを示し，とくに思春期・青年期に競争に不向きなことを知らされる。そのため，自己の価値下げ，自己疑惑を確認することとなる。自己疑惑，競争的活動の回避があるので，友人関係において自己犠牲的で従順になり，引き替えに自信のある人から世話され，決定してもらうことができる。このようにして依存性を自動的に維持することになる。

このような形成過程を通して，依存性人格障害者は，行動面，認知面，情緒面で以下のような特徴を示すことになる。行動面では，おとなしく，受け身的，非主張的である。対人関係面では，人あたりが良く，自己犠牲的で，従順だが，しがみつきがあり，他者の保証が必要である。他者への追従と依存は，生活の大部分で相手が責任を取ってくれることを巧妙に要求することになっている。

認知の面では，暗示性が高く，容易に説得され，利用されやすい。批判力，認識力が低い。

情緒的・感情面では，不安定で，不安が高い。自信がないので，1人でいることは非常に不快である。他者からの見捨てられと不承認の恐怖にとらわれ，

表1 依存的パーソナリティ・スタイルと依存性人格障害の比較[5]

パーソナリティ・スタイル	人格障害
・決定をするとき，他者の意見や助言を求めるが，最終的には自分で決定する。	・日常の決定ができず，他者から過剰な助言と保証を得ようとし，重要な決定を他者に任せる。
・自分にとって重要な人と礼儀正しく，同調的で，如才なく接し，注意深く調和を保つ。	・排除を恐れるため，間違っていると思っても相手に同意する。
・権威者を尊敬し，チームの一員である方を好むが，自分で課題を始めたり，完了したりできる。	・計画を始めたり，自分でことを進めたりすることが困難である。
・他者が喜ぶように配慮し，また喜ばせるのが上手。時に，自分の人生の鍵となる人のためには自分の不快に耐えて，善意を実行することがある。	・他者からの好意を得るためには不快で屈辱的なことでも，自らすすんでする。
・1人でいるよりも，他者といる方を好む傾向がある。	・一人では不安・無力で，一人になることを必死に避ける。
・人間関係に熱心で，関係を維持することに努力する。	・親密な関係が終わると恐慌や無力感を感じ，頻繁に，見捨てられ恐怖にとらわれる。
・批判に応えて，言動を修正することができる。	・批判や不承認によって傷つきやすい。

気分は不安と恐怖，憂うつ，悲しみで満ちている。

II 依存的パーソナリティ・スタイルと依存性人格障害

　依存性人格障害のセラピーにおいて参考になるのは，スペリー[5]の指摘する依存的パーソナリティ・スタイルと依存性人格障害の違いである。彼は，依存的パーソナリティは，依存的パーソナリティ・スタイルを健康的な極，依存性人格障害を病的な極とした延長線上のどこかに位置づけられるものであるとして，依存スタイルと依存障害の区別を表1のような一覧表で示している。
　次に筆者が20年ほど前に，初めて出会った依存性人格障害の女子学生の言動の特徴とカウンセリングが必要でなくなったときの適応状態を紹介する。比較してみると，依存性人格障害と依存的パーソナリティ・スタイルの違いがわかるであろう。なお，カウンセリング・援助方法については次節で述べるので，ここではケースを通してクライエントの特徴を中心に紹介する。

1．依存性人格障害が際立った時期の言動

　Aさんが最初に来談したのは，大学の1年に入ってまもない頃であった。Aさんは，サークルの友人が，自分よりも親しく楽しそうに話す相手がいるのを見てパニックになり，大学に行けなくなってしまった。家に引きこもっていたが，それにもいたたまれなくなり，母親に相談したところ，カウンセリングを勧められたので，大学の相談室に電話をした。カウンセラーに来室を勧められたが，友人に会う可能性のあるキャンパスで再度パニックを起こすことを恐れて，相談室へは遠回りをして裏道を通ればたどり着けることを説得されるが，家を出ることができなかった。ついに，救助欲求がより高くなったある日，キャンパスの片隅にある相談室を訪れる。

　身だしなみは清潔で，優雅な印象を与え，もの柔らかなおとなしい話し方で，想像過多に，サークルの友人からの見捨てられた悲しみ，傷つき，頼りなさ，不安を語る。その体験以来，寂しいので高校時代の友人たちに電話をして，慰めてもらっているが，それぞれに大学や就職先での新たな人間関係などで忙しく，自分の「愚痴がうるさいのではないか，この人たちにも嫌われたらどうしよう」と不安である。

　家では，これまでどおり母親が大学に行けないことを心配してくれ，面倒をみ，話を聞き，アドバイスもしてくれる。母親とはとてもいい関係で，買い物はいつも一緒だという。母親はセンスもいいし，着るものはすべて母親に選んでもらい，「自分は母親のようなやさしい人になりたい」と語る。

　一方，授業は受けたいし，できれば一緒に話をしたり，買い物に行けるような友人も欲しい。まもなく定期試験でどうなるか心配で，不安になるという。

　パニックへの恐怖と不安が非常に高いので，嘱託の精神科医へリファー。医師とカウンセラーの援助が始まる。

　依存性の高さは，相談室の受付の女性に助けを求めて頻繁に電話をかけたり，カウンセラーには臨時の面接を申し込むなど，大丈夫だと思われる依存対象に対して激しくすがりつく言動として表現される。週1回の面接を2回にするなどの対応で，関係の保証をする。

　カウンセリングの初期におけるAさんは，常に日常生活で体験する対人関係の懸念と不安を訴えつづけた。それをどうにかしたいと来談しているようでありながら，解決にはほとんど関心を示さない。自身で決断し，行動できるようになるための援助よりも，セラピストとの関係を維持すること自体が最大の関

心であり, あたかも主訴を忘れてしまったかのような言動を取っていた。

2. 依存対象が広がった時期

やがて, 徐々に相談室内の談話室で, 来談を待ったり, 談笑したりしている学生と不安や無力感を分かち合うことができるようになり, キャンパスを歩けるようになる。

ただし, 相談室内での仲間関係での浮き沈みは激しく, また, ある仲間に同伴されて入部したサークルでも不安定になるとその仲間に対するしがみつき, 不信などが交錯し, カウンセリングでの訴えが激しくなる。その間, 見捨てられたと思った高校時代の仲間の誘いに一喜一憂し, 恐る恐る会って, 終わったと思っていた関係が自分の誤解だったことで安心したり, その中の1人が冷たかったと落胆したりなど不安定な心理状態も続く。

1年後には, 相談室, 談話室を基地にして, 徐々に授業に出席できるようになり, いくつかサークルを転々としながらも, 安心できる数人の友人を得る。

この頃から母親との葛藤が始まる。それまでも, 厳しい父親に対する恐怖と反感は訴えられており, 父とはほとんど口をきかぬ状態であり, 母が父の面倒をみることを不思議がっていた。その頼りになる母親が, 兄の病気をきっかけにより多くのエネルギーを兄に注いでいることに嫉妬し, 母と口論するようになる。そのたびに不安定になるが, 面倒をみる必要のある兄という共通の対象を得ることで, 協力関係ができると安定する。一方, 母親の世話の仕方は, 兄に対しても自分に対しても非常に気まぐれであることに気づき, 母親と距離を取ろうとするようになる。

4年次には, 卒業に必要な科目を多く履修しなければならない仲間たちと慰め合い, 支え合って課題中心の時間を過ごす。

多様な援助と本人の努力・消耗の繰り返しを経て, 就職をあきらめてどうにか卒業にこぎ着く。

この時期は, カウンセリングの中期と考えることができるが, カウンセラーとの信頼関係を基盤にして, 人間関係が広まっている。また, 自分のものの見方の歪みに気づくようになり, 客観的な観察能力と自己信頼が高まっていく。危機状況への耐性もいくらかでき, 週1回の定期的な面接で不安を乗り越えられるようになっている。

依存性人格障害のクライエントには, 大学生活における季節の移り変わり,

学期の切れ目，人の入れ替わり，卒業などの変化は不安のもとでもあるが，同時にそれらを体験することが問題解決，自己決断の練習のチャンスにもなる。その意味で，Aさんにとって卒業は大きな危機であったと同時に，自分でものごとをなし遂げた実感を得た貴重な体験でもあった。しかし，卒業時には，卒業後の安定も家族からの自立も獲得できていなかった。

3．不安が低減したときの言動

カウンセリングの後期は，大学外部の相談機関で引きつづき筆者が担当した。

Aさんは，相談を受けながら習いごとに通い，安定した日常が過ごせるようになる。この時期にアサーション・トレーニング[6]を勧めると，ようやく受ける気持ちになる。アサーション・トレーニングでは，新しい状況で，メンバーを変えながら参加者同士の話し合いをさせられることで，かなりの不安を体験するが，カウンセリングとの並行により切り抜け，それが大きな自信となる。一方，アサーションの効果がありすぎてか，大学時代のただ1人の友人と大げんかをするが，数カ月後には仲直りをすることができて，さらに自信をつける。

父親嫌悪を距離を取ることで緩和し，母親が頼りにならないことを受け入れることができるようになると，自立することの必要を感じ始め，まず収入を得るために派遣社員として就職。最初は会社での人間関係が最大の関心事で，上司や仲間に攻撃と不安を向け，仕事が手につかぬ状態でありながら，3つ目の会社に派遣されてから安定して仕事ができるようになる。

その後，結婚相談所に登録，配偶者選びにも最初は多少のすがりつきや見捨てられ不安を示すものの，それほど大きな落胆はなく，失敗を体験しても一方的に自分のせいだと思い込まなくなる。ある人とのつきあいが安定したにもかかわらず，自分の方が結婚に踏み切れないことを認識することで，再び心理的に自立することの必要性を痛感し始める。この頃より，面接の回数を月1回に減らし，一人住まいを考えられるようになる。4カ月後に，これからも人間関係では苦労するかもしれないがどうにかやっていけそうだと言って，本人自らの意志でカウンセリングを終了する。

カウンセリング終了後は，派遣社員として仕事を続け，カウンセラーには夏冬の挨拶状で現況を伝える程度になる。

カウンセリングの後期，とくに終了間近のAさんは，依存的パーソナリティの人といった特徴で描写することができる。
　3つ目の会社に派遣された頃から，少人数の事務所であったこと，秘書的な仕事であったことも幸いして，Aさんの動きはかなり変化した。Aさんは，社長，上司の指示を守り，気配りよく仕事をこなし，人柄と能力を見込まれる。Aさんの気づかいの細やかさ，几帳面な仕事ぶり，物腰の柔らかさは周囲から受け入れられ，高く評価されていることを隣の事務所の人から聞かされる。気難しい社員に文句を言われたり，依存的な社員に余分な仕事を頼まれたりするが，自罰的にならず，アサーティヴな言動で乗り切り，適切な距離を取って相手と話し合えるようになる。
　結婚相談所で紹介されたある人との交際においても，面倒みが良く，最大の努力をして相手を思い遣る。その一方で，相手から助言や助けを得たがり，頻繁に電話をかけたりもする。相手から好意をもたれるが，結婚を申し込まれる予感がした途端，それまで相手をつなぎ止めることに必死になっていたが，実は自分が結婚に踏み切れないことを自覚する。Aさんは，相手を世話し，相手に依存することでしか将来を見ていない自分，自分の心理的自立がまだ不十分であること，また，相手がそんな自分との結婚を望んでいることに気づき，つきあいをやめる決心をする。
　Aさんの自己認知も次のように変わった。自分はやさしく，世話好きで，面倒みがよい人なのだ。きれいなものが好きで，人には気持ちよく過ごしてもらいたいし，その努力はしたい。自分からリーダーシップをとることはなくても，相手にいつも従う必要はないだろう。しかし，母と兄との関係のように，相手を依存させながら相手に依存する関係はもちたくない。

　本事例は，筆者にとって初めての依存性人格障害のケースであったこともあり，前半のカウンセリングでは，カウンセラーの支持を中心とした，自己内省・自己理解を促進するカウンセリングであった。そして，外部との関係がつくれるようになった後半に入って，アサーションの考え方と方法による認知・行動両面からのアプローチを試みた。筆者の経験では，このような方法の組み合わせは，依存性人格障害のクライエントには適していると思われる。また，今ふり返ると，Aさんにアサーション療法を少し早めに取り入れることで，心理療法の期間を短縮できた可能性もあるように思う。

次に、依存性人格障害者のカウンセリングを中心に、アサーション療法について紹介する。

III　アサーション療法の実際

1．アサーション療法の特色

　アサーション療法（assertion therapy）とは、自他尊重の自己表現（アサーション）をめぐって行うセラピーであり、認知行動療法の理論・技法の一手法と考えることができる。ただし、このアプローチの特色は、認知の問題に加えて、とくに「誰もが自分の考えや気持ちを表現してよい」という人間性心理学と人権尊重の側面を取り入れているところである。つまり、誰もが人間として大切にされ、自分らしく生きてよいという人権の基盤を確認することが、クライエントの認知を助け、自己表現を促進し、問題解決に役立つと考える。

　「アサーション」とは、一言でいえば「自分も相手も大切にした自己表現」であり、「自分の意見・気持ち・考えを率直に、素直に、状況に適切な方法で表現すること」である。つまり、自分の言いたいことを明確化し、それを率直に表現すると同時に、相手の反応・言いぶんにも耳を傾けようとすることである。

　クライエントの中には、地位や年齢、職業、経済力、社会的背景、性などの差によって、他者から人権を否定されて生きざるをえなくなっている人や何らかの理由で人権を自ら否認・否定したような生き方を選んでいる人がいる。そんな人は、認知が否定的であり、その結果、自己否定的、自信欠如の言動に陥っている。また、その言動が否定的自己認知を強化するといった悪循環を招いてもいる。アサーション療法では、クライエントが、認知的にも言動上でも自他尊重の自己表現の重要性を理解し、身につけ、自分らしさを大切にして生きることができるよう援助する。

　その意味でアサーション療法は、自己評価が低く、自己不信に陥りやすく、自己の考えや感情を抑圧し、不安が高く、そのため社会適応の困難や問題行動、心理状態を見せるDSM-IV、人格障害のC群（不安群）の3つの人格障害に有効であると考えられる。

　とくに、依存性人格障害のクライエントは、先にも述べたとおり、自己に対する基本的見方が否定的で、それゆえの依存欲求と、同時に社会から見捨てら

れる不安・恐怖が強い。「自分は無力で，見捨てられたらたいへんだ」という認知にもとづくパターン化された少ない言動のレパートリーで，必死に社会を味方につけようとあがいているので，必然的に自己表現が非主張的になりがちで，自己主張をしたり，自立的な言動をすると，相手から嫌われたり，否定的反応が返ってきたり，見捨てられたりするのではないかという恐怖をもちやすい。また，相手を立て，相手に従おうとする従順さが通じなかったり，無視されたりすると，自分をわかってもらえない焦燥感や，依存欲求が満たされない葛藤をもつ。自己主張をしないことが依存を継続させると思い込んでおり，それが理解されないことや誤解を生むことには気づいてない。

このようなクライエントに対しては，治療関係がある程度安定し，カウンセラーが依存と信頼の対象として確立したら，アサーション療法を取り入れ，認知と行動の両面からアプローチすることが有効である。

アサーション療法では，認知と行動の変化を得るために，4つの視点からアプローチする。その第一は，アサーションとそうでない自己表現のあり方を区別し，理解すること，第二は，自己表現と人権の関係を確認し，自己信頼を獲得すること，第三に，考え方，もののとらえ方のアサーションを点検すること，そして第四にアサーティヴな言動の獲得である。クライエントの状況によって，どの領域からアプローチするかを決めるのは，カウンセラーの判断によるが，次に，依存性の強い人のアサーション療法という観点から，4つの領域について解説する。

2．自己表現の3パターンの区別

アサーション療法では，まず自己表現を3つのパターンに分けて理解する。3つのパターンとは，非主張的（non-assertive），攻撃的（aggressive），アサーション（assertion）である。

非主張的自己表現とは，「自分の考えていることや気持ちを表現しない，できない，しても相手に通じるような言い方をしていない」というパターンである。

この言動の特徴は，相手を優先し，配慮して，自分の気持ちや意見を表現せず，結果的に自分を後まわしにするところである。その言動の裏には，相手を立てるべきである，自分は取るに足りない，出しゃばっては嫌われるといった思い込み（認知）がある。自己表現を控えているので自分の思いは相手に通じ

ておらず，相手から予期せぬ反応が返ってきたり，無視されたりする。後味の悪い思いをするのだが，それは自分の自己表現のせいだとは気づいてない。その結果，落ち込んだり，自信を失って行く場合と，腹が立ったり，イライラしたりする場合がある。

攻撃的自己表現とは，「自分の言いぶんや気持ちを主張するのだが，相手を無視して押しつけ，自分の欲求や言いぶんを強引に通す」パターンであり，たとえば，どなったり，脅迫したり，地位や権力を振りかざして自分の命令を通そうとするとか，おだてたり，皮肉を言ったり，遠回しの言葉を使って，相手を自分の思いのままに動かそうとするとか，慇懃無礼に相手を操作しようとする，といった言動である。攻撃的自己表現の特徴は，自分の言いぶんや気持ちは大切にしているのだが，相手を無視あるいは軽視しているところである。その言動の裏側には，自分の年齢や地位などを利用して相手の弱みにつけこみ相手を操作しようとか，どうしても自分の言いぶんを通そうとする気持ちがあり，自分の方が正しいとか，自分が優先されるべきだという思い込み（認知）がある。

非主張的な言動と違って，自分のやりたいことや言いぶんは通るのだが，相手の犠牲の上に立った欲求充足であり，後味は良くないはずである。このパターンには，非主張的に言いたいことが言えなかったあげく，怒りをためて，当の相手や他の人に八つ当たりをするような場合も含まれる。

アサーションとは，先にも述べたが，上記2つの黄金律ともいえる自己表現で，「自分を大切にするが，同時に相手のことも配慮する対応」である。自分の言いたいことを攻撃的でなく明確に伝えるが，相手の言いぶんも聴こうとすることであり，その結果，話し合いがなされ，自分の主張が通ることもあれば，相手の主張を受け入れることもあれば，お互いに歩み寄ることもあるかかわりである。お互いを大切にした結果，結論にお互いが満足し，さわやかな気持ちでやりとりを終える可能性が広がる。

アサーションの特徴は，かかわり合っている人々が，とりあえず今の気持ち，考えを正直に言ってみることから始めようとするかかわり方である。つまり，自分の意見には，賛同と反対とその中間の返事が返ってくることを予期したかかわりであり，賛同が得られたときと反対されたときの対応を自分なりに考えておくかかわり方でもある。アサーションは，自分の気持ちや意見を明確にとらえて，伝えようとするが，それを通そうとするわけではない。相手にわかっ

てもらえるように，なるべく素直に，率直に表現し，そこから双方が納得のいく結論や歩み寄りに到達するための話し合いを始める。人間関係は，"イエス"からでも"ノー"からでも始められることをわかっている自己表現である。

このようにみてくると，依存性人格障害の人は，非主張的自己表現が特徴であることがわかる。自己主張や自立は，他者からの見捨てられ，依存対象の喪失を招く恐れがあると思っていて，相手の指示に従い，意向をうかがい，同意的言動を取ろうとする。しかし，自分の善意が理解されないこともあり，また，相手から不当な欲求を押しつけられることもある。いずれの場合も，相手から世話をしてもらいたい欲求は満たされず，不安と無力感を強化させることになる。

依存性人格障害の人に，自己表現の3つのパターンを伝えることは，まず，カウンセラーとクライエントの関係をよりよくすることに効果がある。きちんと自己表現をすることは，カウンセラーにわかってもらいやすくなり，誤解や行き違いが減るので，見捨てられる心配が減り，率直に話せるようになる。また，その練習のプロセスでは，他人を優先し，他人のことばかり気にかけていたことで，自分の気持ちや考えが明確に把握できないようになっていることにも気づく。それを探る手伝いをていねいにすることで，自分の気持ちが明確になり，それを率直に表現すると，相手にわかってもらいやすいので，大切にされる可能性が広がることが体験できる。カウンセリングの場で自分の考えをはっきりさせ，自己表現ができるようになると，カウンセラーの率直な意見も受け入れやすくなる。つまり，率直な表現はクライエントを見捨てる意図から出たのではなく，よりよい関係のためのものであることがわかる。

クライエントの依存欲求をある程度満たしながらも，無条件に依存させるだけでなく，少しずつ直面できるようにするには，カウンセラーとクライエントの関係を柔軟にする必要がある。それには，クライエントが3つの自己表現の違いが区別でき，率直なかかわりができるようになることが助けになる。

とくに，クライエントが，アサーションと攻撃的自己表現は違うこと，アサーションは，はっきり，率直に言っても，同時に相手の意向をも聴く姿勢があることを理解することは，重要なポイントである。また，攻撃的な人に対して，拒絶されることを恐れて不愉快なことに従っても「あなたを大切にしてくれない」可能性は高いので，非主張的な態度の結果，不愉快な思いをしたあげく関係が崩れるよりも，初めから素直に「ノー」を言うことで，不安を低くできる

ことを知ることも重要である。

3．アサーション権の確認と自己信頼の獲得

　自己表現には，問題になる表現とそうでないものがあるのは確かであるが，一方，非主張的自己表現は，自信の欠如や相手への過剰配慮によっても起こり，また，攻撃的自己表現は，自信過剰や他者不信・差別意識などから起こりうる。アサーションには，どう表現するかといった方法の問題だけではなく，それ以前の問題，つまり，どんなときに自己表現してよいかといった判断の問題が潜んでいる。

　その判断基準となるのが「誰にもアサーションしてよいという権利がある」というアサーション権の理解と確認である。自他尊重の自己表現とは，いいかえれば，自他の人権を侵さない限り，自己表現してよいということであり，そのためには，アサーションにかかわる人権とは何かを理解し，それに確信をもつことが重要となる。

　依存性人格障害の人は，依存を主とした対人関係の状況や立場に長くおかれているので，無意識のうちに自己の人権を否定したり，人権は自ら守る必要があることを知らずにいる。アサーション権が自分にも相手にもあること，自分の権利のためには自分が立ち上がるしかないことを認識する必要がある。たとえば，次のようなアサーション権に気づくことは非常に重要である。

1）誰もが，人間として尊重される権利がある。自分が無視・軽視されても，それは自分が劣っているからでもダメだからでもなく，相手の事情によるので，大切にしてもらいたいことを伝えてみてよい。
2）誰もが頼みごとをし，また断ってよい。頼みたいときは頼んでみてもよく，しかし，相手の事情によって断られることもある。逆に，あなたの事情で断ることもできる。それに怒りや罪悪感をもつことはないし，それは人間関係を壊す要素にはならない。2つの権利は時に葛藤することもあり，そのときは，話し合えばよい。
3）誰もが，人間として過ちをおかす可能性があり，そのことに自分なりの責任をもってよい。人間は不完全なので，失敗をすることはある。それに対して，自分ができるかぎり責任を取ったり，償うことができる。
4）誰もが自分の行動を決め，それを表現し，その結果に責任をもってよい。だから，自己表現しないと決めることもできる。

5）誰もが，自分らしく，自分に合った生き方を選ぶことができる。これは自分にも他者にも当てはまるので，ときには話し合い，歩み寄ることも重要である。

依存性人格障害の人が，このようなアサーション権に気づいていくことは，救いでもあり，恐怖でもある。救いとしては，相手から断られることを恐れ，自分が断ることはできないと思い込んでいるとき，双方の事情によって双方にその権利があり，断ることは人間関係を断ち切ることではないと気づくことや，失敗や過ちをし，葛藤を体験することは人間としてあたりまえのことであり，そのことにお互いが責任を取り合い，助け合っていくのが人間関係だと理解することである。ものごとの判断の基準に人権という視点があり，それによってお互いを大切にすることができるということがわかると，安心し，見捨てられ恐怖が低くなる。しかし，一方で，相手の人権を大切にすることは，自分の依存欲求が満たされないこともあり，また，相手と要求の葛藤が起こることもあることを知らされるわけで，「誰も自分を助けてくれなかったらどうしよう」といった不安も起こる。このような思いをもった場合は，次の認知の問題を検討するとよい。

4．アサーティヴな認知の獲得

アサーティヴな言動には，ものの見方，考え方が影響する。この領域は，認知療法・論理療法の貢献が大きいところであり，重要なテーマとして，認知療法で「スキーマ」，論理療法で「思い込み」と呼ばれている知覚・認知の構えについて検討する。とくに非論理的・非現実的な固定化した思考パターンとされている認知の歪みの検討が，アサーションの助けになると考えられている。

人間は生まれ育った環境の影響や自分の性格傾向によって，自分の感情や行動を構造化して思考パターンをつくるが，それが現実的・合理的でないことがある。しかし，それに気づかず，信念や価値観になると，問題や症状を引き起こす。

たとえば，「誰からも愛されなければならない」という非合理的思い込みは「私は人に嫌われたからダメな人間だ」とか，「あの人は嫌いだから，無視してもよい」という構えをつくり，「人は有能で，ものごとを完璧になすべきだ」という非合理的思い込みは「こんなこともできないなんて，自分は失格だ」と

か,「有能でない奴は,軽んじてよい」という構えを生む。また,「人が間違いや悪いことをしたら,非難される」という思い込みは,「失敗したから,きっと嫌われる」とか,「間違いをするような人は,厳しく咎めるべきだ」という構えを,そして「人を傷つけるのは非常に悪いことだ」という思い込みは,「そんな人は非難され,排除される」という構えをつくる。いずれの構えも,自己不信と他者非難をつくり,不安や恐怖,落ち込みを生む可能性がある。

依存性人格障害の人には,「自分は無力で,人の助けがないとだめだ」とか「私は人にやさしくできるが,壊れやすく,適切な能力がない」などの非合理的思い込みがあり,自分の判断が必要なアサーションの場面に直面すると「人に頼らなければたいへん」という自動的思考により,他者依存の言動をとる。その言動は,さらに依存性と非主張的言動を強化し,思い込みを正当化するといった悪循環を招く。

この領域からのアプローチでは,まず依存する他者が不可欠だといった非合理的思い込みが不安や恐怖,依存的言動に影響を与えていることに気づかせ,その種のパターンを確認する。次に,日常生活の中で,パターンによって陥った状況や悪循環を覚えておき,その合理性や妥当性を一緒に考える。そして,非合理的思い込みや認知を現実的な説明に変える助けをする。たとえば,「人の助けを得ることが必要なときもあり,助けてもらうと助かることもあるが,いつも助けてもらわなくてもできる」とか,「人はいつでもあなたを助けられるとは限らないので,そんなときに1人でできるようになっていると安心だ」といったことである。このようにして,未発達な自信や自我を高め,アサーティヴな言動ができるようになることを助ける。アサーティヴな思考や言動ができたときは,適切な支援と強化を行い,合理的認知とアサーティヴな言動の循環を促進する。

第四の領域であるアサーティヴな言動の獲得では,具体的な行動を探ったり,訓練して援助する。しかし,自ら行動をすることに不安や恐怖をもっている依存性の高いクライエントには,認知を合理的にすることを先にし,その後でアサーティヴな言動を教える方が,アサーティヴな認知と言動の循環がつくりやすく,セラピーがより安定する。その相互作用の良い循環をつくり,支えることがアサーション療法のねらいである。

この援助の成果は,その人なりの無理ない考え方と生き方を確保すること[7]であり,依存的パーソナリティ・スタイルの人は,それを生かした生活ができ

るようになることである。

引用文献

1) American Psychiatric Association：*Quick Reference to The Diagnosis Criteria from DSM-IV*. American Psychiatric Associatlon, Washington, D. C., 1994.（高橋三郎，大野 裕，染矢俊幸訳：DSM-IV精神疾患の分類と診断の手引．医学書院，1995.）
2) 中根允文，岡崎祐士：ICD-10「精神・行動の障害」マニュアル——用語集・対照表付き．医学書院，1994.
3) Hirschfeld, R. M. A., Shea, M.T. & Weise, R.：Dependent personality disorder. W. J. Livesley (Ed.)：*The DSM-IV Personality Disorders*. The Guilford Press, New York, 1995.
4) 大野　裕：人格障害の類型C群　クラスターC．福島　章，町沢静夫，大野　裕編：人格障害．金剛出版, pp. 134-166, 1995.
5) Sperry, L.：*Handbook of Diagnosis and Treatment of The DSM-IV Personality Disorders*. Brunner/Mazel, New York, 1995.
6) 平木典子：アサーション・トレーニング——さわやかな〈自己表現のために〉．日本精神技術研究所，1993.
7) 平木典子：自己カウンセリングとアサーションのすすめ．金子書房，2000.

Ⅲ　家族臨床

11

家族療法と人間関係

I　家族の定義の難しさ

　いま，家族を定義することは非常に困難になった。一昔前までは，家族とは「夫婦の配偶関係や親子きょうだいなどの血縁関係によって結ばれた親族関係を基礎にして成立する集団」と考えられてきたが，そのような定義に馴染まない家族が増えてきた。単身家族，子どものいない家族，ひとり親家族，同居していない家族，同居していても結婚していない家族，再婚や養子縁組により血縁でない家族，同性愛者の家族などさまざまである。このように家族の定義が難しくなっていること自体が，家族の人間関係の問題を生み出し，また問題の多様性を象徴していると考えられないこともない。現在，家族療法の対象となる家族はそれらすべての中のメンバーであり，その意味で，さまざまな形態やあり方を含んだ家族の人間関係を考える必要がある。

　ただし，ここでは，それらすべてを含む家族の人間関係を論じることはしない。本論で使う家族という表現は，核家族や三世代家族などごく一般的にイメージされる家族と，その延長線上にある人々の集まりを意味することにする。そして，そのような家族の人間関係の危機と回復について，家族療法の視点から論ずる。

II　家族の人間関係の特色

　家族の定義が困難になってきたにもかかわらず，家族内の人間関係には，その他の人間関係とは異なった，家族特有の共通点がある。

　その第一は，家族の人間関係は，人の生存・成長に不可避なものだということである。人は養育者なしには生き・成長していくことはできない。カップル

のもとに未熟な状態で生まれる乳児には，生理的欲求が満たされ，安全と健康が保障され，安定した平穏な生活が維持されるような人間関係が必要である。それは主として家族が受け持ち，その意味で家族は健康で，相互支持的な生活を維持するための機能を持っていることが必要であり，関係維持のための機能を含めメンテナンス機能を求められる集団である。

第二の特色は，第一の特色から導き出されることであるが，人間関係が主として生活を共にする中で育まれるということである。現代は，さまざまな理由で単身，あるいは数人で別居を余儀なくされる家族もあるが，子どもの養育が必要な期間，家族は共同生活することが一般的である。共同生活という形態をとることの主たる目的は，生活そのものを共有することであり，そこで成果をあげるような課題があるわけではない。家族の関係には情緒的，関係維持的な志向が働き，親密性や結びつきが強調される。換言すると，家族には，親密性や結びつきを体験する重要な集団という特色がある。

特色の第三は，世代の異なった人々がつくる，継続的な人間関係だということである[1]。一定の目的をもって決まった年齢の人々が集まる学校や職場とは異なり，家族は，主として血縁関係にある二世代以上のメンバーによって成り立っており，乳幼児から老親までを含む多世代の人々がかかわりあっている集団である。そこには，時代や文化の影響をうけた異なる価値観や生活習慣を持つ者同士の相互作用があり，好むと好まざるとにかかわらず心理的遺産を含めた家族文化の継承や断絶にまつわる人間関係が存在しうる。また，その人間関係の影響は，幾世代にもわたって意識的，無意識的に受け継がれていく性質を持つ。

家族関係には，メンテナンス機能，心理的つながりの要素，多世代にわたる継承的人間関係の要素が特徴として存在するということである。

Ⅲ　家族関係の問題とは

以上のような家族関係の特色は，一般にどの家族にも共通するものであり，これらが侵されるとき，家族関係の問題が生じると考えることができる。高度に経済・産業が発達し，情報・消費が生存の鍵となっている社会においては，とくに現代的家族関係の問題がさまざまな形で出現している。まず，上記の家族関係の特色をめぐって起こっている問題について，簡単に考えておく。

1. メンテナンス機能の喪失による関係の問題の続出

　第一の問題は，家族メンバーの健康と安全な生活を維持するための基本的メンテナンス機能の喪失による問題である。メンテナンスとは，回復・修復・維持という意味であり，それは人間や物事が普通の状態を維持し，当たり前に機能する状態を保つことである。メンテナンスは，人間関係が安定しているか，問題があるときそれを修復することができるかも含めて，毎日の生活が安全に，健康に進められる状態を維持する状態を指す。

　豊かで便利な生活が保障されている現代は，当然健康で安全な生活は保障され，食や住に困ることもほとんどなく，一見，メンテナンスはできているように見える。ところが，いつでも，どこでも空腹を満たせる社会になって，朝食をとらない人，単独でバラバラに済ませる家族は増え，夕食も家族がそろうことは少なくなっている。

　子どもは早期教育と称してさまざまな習い事に通わされ，学齢期になると学校と塾・習い事・運動チームへの参加などいわゆる「ダブルスクール」の生活を送っている。大人ももちろん職場で課題達成にエネルギーを使い果たし，帰宅も遅く，休む時間も家族と交流する時間もない。メンテナンス機能を果たす子どもなどいないので，共働きの夫婦は両者とも，あるいは妻のみがその機能を負って疲弊している。家事というメンテナンスの仕事は，家族生活を維持するための基本的機能は，誰かの課題のように扱われて，子どもはいくつになっても分担するどころか，自分のメンテナンスもおぼつかない。一人暮らしや結婚生活に入って，自分のメンテナンスができないことに気づかされるのである。

　もちろん，家族の日課や行事は省略され，あるいは無視され，目前の課題をこなす家族メンバーは，バラバラに動き，ゆとりのない，希薄な関わりの中で生活している。メンテナンスを分け持つことのない家族は，相互に健康を見届けようとする思いも生まれず，そのような配慮をこめた人間関係も培われにくい。

　メンテナンスの欠如は，現在家族が訴えるほとんどの問題・症状に表れているといっても過言ではない。食に困る社会には見られない摂食障害，お互いに助け合わなければ安全な生活ができない国には起こらない育児ノイローゼや虐待，食事や家族の行事などで顔を合わせるチャンスが頻繁にあれば早期に発見されるであろう心身の病気やうつ，突然の自殺，不登校や非行などは，すべて

メンテナンス機能の不全を表現していないだろうか。

　成果や課題が重視される社会では，課題達成していない人，成果をあげてない人は軽視され，落ちこぼれていくことになる。家族の中で，もしメンバーが課題達成の度合で評価されるとするならば，それができない子どもや老人は当然のように受容の対象にはならなくなるだろう。

　このような心性のもとで，問題は個人の症状・悩みとして現れるだけでなく，人間関係，家族関係といった関係の問題を深刻にしていく。相手が自分の思い通りに動かないことで起こる夫婦喧嘩・エスカレートする責め合い・離婚，子女に対する虐待やドメスティック・バイオレンス，いじめや凶悪化する子どもの犯罪などには，人間関係のメンテナンス機能が失われていることを見て取ることができる。人間関係の維持・回復というメンテナンス能力を失いつつある家族と社会は，人間関係の悩みであふれており，大学，企業，民間の相談機関のカウンセリング件数の第1位は，人間関係の悩みとなる。

2．親密な人間関係の欠如による孤独・不安・怒り

　第二は，効率性，生産性，機能性の高い生活環境の中で，心地よい生活を保障されながら，あるいは保障されているがゆえに起こる人間関係の希薄さの問題である。先に述べたように，家族メンバーの一人ひとりが同時に多様な，いくつもの要求と課題に応えなければならない状況に追い込まれている日常で，人々は人間関係に使う時間に加えて，人間関係を維持するための能力，スキルを失っている。つまり，「早く，たくさん，完璧なものづくりとその消費」を奨励し，志向する社会は，家族全員に年齢相応の効率性，生産性，機能性を発揮することを迫る。限りなく上昇を目指す社会には決して解決し尽くすことのない問題が山積するのだが，それを気づかない人々は，限りない課題達成を志向しながら慢性的な睡眠不足と疲労を抱えている。逆に課題への取り組みに失望している人々は，フリーターや一時的な派遣の仕事で時間を過ごし，人材活用の価値観の両極化が起こると同時に，両者が交わることはない。

　家族とは，一人ひとりの存在を認めることで成立する集団であり，その人に何ができるかは次善の問題である。この世のどこか，とくに家族に所属し愛されることで，人は自分の存在を大切にすることができる。存在が認められることにより，各自は持てる能力や適性を生かした課題の遂行が可能になる。違いを認め，自分を認めることができて初めて自他尊重に基づいた自己実現も可能

になる。人は支え合い，助け合うことと自分にふさわしい課題を達成することによって，安定した生活を送ることができるのである。フロイトは人が健康な生活を送るうえで，大切なこととして「愛することと働くこと」をあげたといわれるが，現代社会は，「愛すること」なくして「働くこと」を偏重している。

いま家族は，健康と安定を維持するためのメンテナンス機能を失っているだけでなく，存在と安定の心理的基盤である親密性や結びつきをつくり出す時間を共有できず，関係づくりのスキルも磨かれず，親密さや結びつきの象徴でもあるあいさつや言葉かけができなくなっている。少人数の核家族の中でさえも，人々は自分が受け容れられているかどうかわからない不安や孤独を味わっている。成果や業績だけが認められて，その人の存在そのものが受け止められないとき，人は業績追求マシーンになるか，生きる意味を失う。関係がもてないことからくる存在の不確かさは内心の不安と不甲斐なさとを，課題にしか関心のない周囲の人との苛立ちと怒りの関係を引き起こし，ストレスのもととなって，うつや自傷・他傷を引き起こしている。

3．多世代の関係の軽視による耐性の脆弱性

前記「1・2」の問題からも推測できるように，メンテナンスを軽視し，人間関係の親密さ，つながりが欠如している家族では，それらによって生まれ，世代を継承して受け継がれる人々の生きる知恵や文化の伝承が失われ，むしろそれにまつわる葛藤や問題を回避する傾向を高めている。

結婚したカップルは，異なった家族習慣を持ち込んだことによって，具体的な問題解決のプロセスを体験するだけでなく，幾世代にもわたって受け継がれた心理的遺産（性格傾向，生活態度，生活習慣など）や無意識の価値観への適応のプロセスを体験していく。一方，家族は，親密な関係を求めるがゆえに問題を生々しく扱うことが多く，その痛みや傷つきは，親密な関係の中でこそ癒されたいがゆえに，ジレンマに陥る。しかし，とくに継続して生活する人々の中で起こる葛藤や問題を回避することは，次なる問題を生むので，直面し，解決に取り組まない限り問題はエスカレートするばかりである。

人は，長期に続く家族関係の中でこそ，関係の問題の深い意味とそれへの取り組み方を学ぶことができる。人間関係に必要な適度の耐性の育成は，課題達成の集団ではなく，継続する関係を維持し，回復しようとする集団の中で培われるのだが，それが失われている現代社会は，課題達成に必要な人間関係の問

題にも取り組めなくなっている。

Ⅳ　家族関係の問題の回復・創造

このように考えてみると，家族関係の問題の回復は，上記の3つの問題にまつわる家族機能を回復することと考えることができる。

1．夫婦連合の回復

現代日本によくある機能不全の家族関係パターンの1つに，夫婦連合の欠如による三角関係化の問題がある[1]。お互いに対立，あるいは疎遠な夫婦（両親）の一方が，子どもに自分の味方になることを要求し，子どもが無意識のうちに，あるいはいやおうなしに一方の親を裏切ることになる状態を言う。

とくに，産業化社会では，仕事で家族との関係が薄くなりがちな父親のいる家族で，母親が子どもを巻き込んで，母子対父（二対一）の関係を築き，世代を超えた母子の連合関係を硬直化させる。子どもと結婚してしまったような母親と仕事と浮気しているような父親の家族関係は，夫婦間葛藤の未解決な問題を隠蔽し，一時的安定は得ているものの，問題解決は先延ばしにされており，その間に子どもへのメンテナンス，夫婦の親密さは失われていく。その関係の中で，子どもは母を利用して父に対抗し，自分の欲求を通そうとしたり，父親代わり（親役割代行）をする羽目に陥ったり，時には離婚の片棒を担ぐこともある。また，青年期になって友人関係がより重要になったとき，母を見捨てることに葛藤を感じたり，逆にあえて情緒的遮断をして母子の関係を断ち切ろうとしたりする。ただし，情緒的遮断をした子どもは，母との密着した，依存的な関係を失うことで不安定になり，他者との関係に母との関係と同じものを求めたり，自律的な関係を築くことができなかったりする。

家族の問題の中核には，現代社会を反映した夫婦（カップル）の問題の解決が必要であり，婚前カウンセリング，夫婦療法，結婚についての心理教育が重要になるであろう。

2．家族内コミュニケーションの回復

最近の家族によく見られるもう1つの機能不全のパターンは，家族内コミュニケーションが欠如，あるいは不明確で，とくに支持的・共感的メッセージが

少なくなっていることである。家族内でも課題遂行，論理的思考，簡潔・迅速を促す会話が横行し，プロセスや気持ちを伝え，迷いや戸惑いの時間を持つことは軽視されている。とくに日常生活の中で労わり，慰め，励まし，称賛，感謝のコミュニケーションは極端に失われ，存在を気に留める関係は見えない。家族は，情的世界を共有することが最もできる場であるにもかかわらず，それができていない。社会全体が成績や成果だけを重視する中で，家族関係のメンテナンス機能の弱体化は，子どものさまざまな症状や問題行動，親の苛立ちや虐待，職場におけるうつや自殺の増加を招いていると見ることができる。

このようなコミュニケーションの偏りの結果，さらに問題のパターンとして，現代の家族はもとより，学校・職場においても問題を解決するためのコミュニケーション・スキルの欠如が現れている。「公園デビュー」をめぐる母親たちの密かな葛藤とこれ見よがしな仲間はずし，夫婦喧嘩の修復不能による葛藤のエスカレーション，コミュニティとの関係に入れずに閉鎖的に孤立していく家族，情報伝達と噂話で終わる虚しい会話に不安を感じて切ることができない電話やメールのやり取り，関係が切れることを恐れて「ノー」が言えない友人関係など，家族の中で培われなかった関係づくりのためのコミュニケーション・スキルは，家族はもとより，社会全体をコミュニケーション不全の悪循環に巻き込んでいる。

家族内コミュニケーションを回復する1つの方法は，家族の日課・行事の意義を見直し，回復することである。

自然に出来上がっていく家族内の日課や行事は，①エコロジカルな文脈での家族全体のプロセスが表現され，②個人レベルと家族レベルの機能の交差点を表現し，基本的な人間の適応を示すと考えられる[2]。一見，日課・行事は，形式的，一時的な関与とコミュニケーションであるかに見えながら，実は繰り返されることで続いていくコミュニケーションとコミットメントの象徴であり，生活上，関係上の強力な結合役である。そして，家族が生命と文化を継承していくには，コミットメントとコミュニケーションが必要なのである。

引用文献

1) 平木典子：家族との心理臨床. 垣内出版, 1998.
2) Fiese, B. H., Tomcho, T. J., Douglas, M., et al.：A review of 50 years of research on naturally occuring family routines and rituals：Cause for celebration? *Journal of Psychology*, 16(4)；381-390, 2002.

12

家族ロールプレイという訓練法
―― 重層的人間理解を求めて ――

I 学生相談とTグループ

　本誌（「精神療法」）が発刊された1974年，筆者はある私立大学の学生相談所専任カウンセラーとして，1日7～8人のクライエントと面接をする日々を送っていた。大学の学生相談は修学から人間関係まで「何でも相談の窓口」という看板を掲げながら，実際は，スチューデントアパシー・摂食障害・対人恐怖などの心理相談に加えて，当時，その診断も，アプローチも暗中模索であった「境界例」（現在の境界性パーソナリティ障害）と呼ばれた症状を持つ学生の来談が相次ぎ，筆者も含めて適切な対応を知らないカウンセリングセンターのスタッフは，不安定で激しい対人関係に巻き込まれるという状況に陥っていた。
　一方，アメリカの大学院で修士を取得して帰国し，1967年から始めた筆者の臨床活動は，1970年前後の学生紛争の最中にある学生たちとのつき合いでもあった。大学対学生の闘争という構図の中で，学生対学生の理論闘争に怯える者，「卑怯者」と呼ばれることを覚悟して，密かに闘争の仲間と決別する者，授業が再開されたからと言って一度反旗を翻した大学に戻ることを潔しとせず進退に悩む者など，闘争の表には出てこない学生たちの苦脳と痛みを鮮明に記憶している。
　そんな中で，筆者が臨床訓練の場・指導者を探すことは，日本の大学院を出ていないこともあって非常に困難であった。精神疾患とその心理療法については青年期を専門とする2人の嘱託医から学ぶことが多かったが，その他で唯一毎年重ねていた訓練は，Tグループであった。とくにトレーナーの経験は，人と人とのごまかしのない真のかかわりを直接，まともに受ける体験学習であり，

毎年出会った数多くのメンバーたちは，一人ひとりが筆者のトレーナーであり，真摯なつき合いとは何かを教えてくれる厳しいスーパーヴァイザーでもあった。

とくに，トレーナーはその役割を取ることで，リーダーや権威者がメンバーとの相互作用の中でつくりあげる微妙な関係の過程をより具体的・集中的に体験することができる。トレーナーをめぐるメンバーの動きは優れて情動的，かつ投影的でありつつ，他方でメンバーは，トレーナーの共感的でない応答，ジェニュインでないかかわりに敏感に反応し，指摘する。そこで双方に体験される痛みや苦しみを伴った相互理解の経験は，とりもなおさず臨床活動の過程で逃れることのできないセラピストとクライエントの相互作用による治癒や支援の営みを示してくれることになる。

II 学生相談から家族療法へ

大学が落ち着きを取りもどし，パーソナリティ障害をII軸に分類したDSM-IIIが発刊された1980年代に入って，筆者は学生の修学や対人関係の相談に父母や家族の影がより色濃く反映することが気になり始めた。学生の心理的自立は30歳ごろまで延長されることが議論され，親子関係・家族関係の問題で来談する学生も多くなっていた。そんな学生への対応の必要性と自己の臨床のさらなる洗練のために1980年に始めた家族療法の学習・訓練は，その後の臨床活動にも，臨床教育・訓練にも多大の影響を与えることとなった。

家族療法が提示する遺伝子から地球までをも包含するシステミックなものの見方，考え方は，それまでの臨床実践で気になりながら散在していた体験を一気に整理・統合する理論的枠組みを提供してくれた。同時に，臨床実践において今・ここの人間の認知・行動・情動と人々の関係の世界にかかわるためには，臨床家はその直感と積み重ねられた経験をフルに動員して，重層的・関係的に人間を理解し，それを表現する必要があることを再確認させた。

III 家族療法から家族ロールプレイによる臨床家訓練へ

1990年代に学生相談から，大学院における臨床家訓練に移って，臨床理論を教えると同時に，学生の臨床家としての成長にかかわることになって，再び，

クライエントや家族の持つリソースを引き出す臨床家の関与のあり方を教えるという課題に直面することになった。

自分が実践と理論の間を往復しながら自分の臨床を洗練させていくことだけで精一杯だったところに，それを伝えることが加わって，あらためて先輩たちの訓練法を見習う必要に迫られた。そこで助けになったのが，ゲシュタルト・セラピーの技法と家族療法のライブ・スーパーヴィジョンの方法であった。

これらの方法に共通しているところは，①今・ここの気づきを基にして，自己（セラピストもクライエントも）のリソースを引き出すこと，②ゲシュタルトを把握して，今・ここで必要なかかわりをすること，であろう。その要素を訓練に組み込む試行のプロセスで編み出したセラピストの基本的かかわりの訓練法が家族ロールプレイである。

Ⅳ　家族ロールプレイによる訓練の実際

ここでは，ある心理臨床家の家族ロールプレイの場面を取り上げ，そこで実現する重層的人間理解とセラピーへの技法訓練の効果について考察することにしたい。家族ロールプレイとは，筆者が考案した心理臨床家の自己理解と家族理解を目的とする訓練法で，教育分析的効用と家族療法の技法訓練を兼ね備えた訓練法である。

その目的と方法は，心理臨床家を目指す6名前後のメンバーが各自の家族との関係をロールプレイすることにより，家族関係を体験的・認知的に学習することである。手続きと方法は，各メンバーは自分の課題としたい家族との関係を具体的場面として提示し，他のメンバーがその場面の登場人物の役割を取り，監督（スタッフ）の演出に従って家族ロールプレイをし，ふり返る。

家族ロールプレイの進め方は，トレイニーが自分の家族（源家族でも，現在の家族でもよい）におけるかかわりをテーマに，それを再演して，家族とのかかわり，未完の葛藤を体験し，自分の体験の意味，unfinished businessをふり返り，考えるというものである。

【事　例】

トレイニーは，25歳の女性A。テーマは両親との関係で「両親を好きなのに，冷ややかにしか接することができない」「どうつき合ったらいいか，どう

つながることができるのかわからない」という問題を提示。家族は4人（父，母，兄，本人）で全員仕事を持つ。自分の思いを伝えてみようとする居間の場面。各登場人物の性格描写，Aの心に残る家族とのできごと，家族関係の特徴などの説明を聞き，質疑応答をして役づくりをする。

Aのほか，B（父），C（母），D（兄）を決め，それぞれにダブルの役（影の役で，それぞれの斜め後で，共感的に理解しつつ自分の前にいる人を見守る）をつける。

場面の抜粋：
A：なんかね，皆と話がしたかった。お父さん何考えているか全然わからないから……何も言ってくれないから，気遣ってくれるのはよくわかるけど本当は何を考えているか言ってくれないし……お父さんは私をどういう風に見てたの？
B（父）：お父さんはお前が可愛いし，嫌われないようにしたいと思うけどね……。
A：お父さんはどういう風に生きたいの？（父：うーん）わたしが嫌うとかいうのじゃなくて。
B（父）：お父さんもちゃんと話をしたいよ。
A：私もしたかった。
B（父）：してくれなかったじゃないか。
A：だって，お父さん，いつも何も言ってくれないんだもん。
B（父）：どう言っていいかわからないんだよ。
A：いつも私のご機嫌とってて……じゃあ，私はどうすればいいの（涙声で）。
B（父）：こんな風にお前が言ったのは，初めてだしね，どういうことを思っているか言ってくれないし，お父さんにはわからないんだよ。ただ，今，わからないって言ってくれたし，話したいと言ってくれて，嬉しいけどね。
C（母）：嬉しいの，お父さん。そんなこと今まで言ってくれなかったじゃない。ねえ，Aちゃん（泣きながら）。
B（父）：でも，話したくてもなんだかいつもお前たちの中に入れなかったし……。
A：おにいちゃんは，いつももっともらしいことを言ってくれるけど，言ってることもわからないではないけど，でも私の方がずっとお父さんやお母さん

のいやなもの一杯見て,自分をどうしたらいいか全然わからなくて,いつもいい格好しててずるいと思ってた……。
　なんか私はいつもいやな役ばかりとっていた気がする……。
C（母）：でも,お母さんにとっては,Aちゃんとお兄ちゃんでは,すごい差なんだよ。Aちゃんはそんな役立ったなあって思うけどね。お母さんは,Aちゃんがいたからたくさん手伝ってもらって,救われたしね。
A：私は全然,救われなかった。
B（父）：Aにはお父さんとお母さんのことでつらい思いを一杯させたなと思う。でもお父さんも身体をこわして以来,どうしようもないというか……お前たちが頼りないと思っているのもよくわかるし（涙声で）……。
A：わかってて何も言ってくれなかった……。
D（兄）：僕は忙しかったし……でも,誰かが両方の言い分を聴く人にならなければならないと,お前は思ったんだね。それをわかってほしかったんだね。
A：おにいちゃんはいつもポーッと帰ってきて,もっともらしいことを言って,そしてまた我関せずを決め込んでしまう。そんなこと誰だってできるじゃない……。
D（兄）：それしかできなかったんだよ。でも,いまAが言ってくれたんで,少しわかった気がする。
B（父）：おじいちゃんやおばあちゃんがいたときは,お父さんも何がなんだかわからないままに,あたったりしたし……でもお母さんと前よりもうまくやれるような気がしているんだけど……Aには一杯押しつけてな……Aはお父さんとお母さんにどうして欲しいのかなあ……。
A：もっとおんぶしたり,抱っこしたりして欲しかったし,わかってほしかった。
C（母）：お母さんはお父さんの役割をしてたからね。お父さんがそんなこと考えていたのも知らなかったし……。
A：誰に頼っていいかわからなかった。
B（父）：頼りにならないお父さんでごめんな……（辛そうな涙声で）。
A：いつもけんかばかりして……お互いに悪口ばっかり言って……信頼関係なんかつくれないよ……。
B（父）：病気にならなかったら……Aに頼りになる父親であり続けていたか

った……お母さんには迷惑をかけているし，悔しいというか……情けないというか……。
A：お母さんが苦労してきたのはよくわかるし……仕方がなかったというのもお母さん何度も何度も言ったし……それに私も何とかわかっていたし……でも言ってはいけないことを一杯言ってきたし……。
D（兄）：やり場がなかったんだね。ごめん。今言っても仕方ないことだけど，でもAがいたからお父さんとお母さんはどうにかやってこれたんだってこと……。
A：じゃあ，私は何なの？　何なの私は！
B（父）：お父さんにとって，大事な娘。
A：ずるい，そんなのずるい！　何で生まれてきたのかわからない！（泣き出す）
C（母）：ごめんね。Aが引き受けてくれたからすごく軽くなったの。だからすごく感謝してるよ，お母さんは。
A：感謝じゃ，私やっていけない。
B（父）：Aがここまで一生懸命やってきてくれたことを，お父さんは申し訳なかったと思うし，ありがたかったと思うけど，もうしなくていいと思う。これからはお母さんと頑張ってやるから，もうお母さんの代わりをしなくていい。
A：もうやらなくていいの。もう私でいい訳？
B（父）：うん，もうAはお父さんのかわいい娘で，お母さんの代わりはしないでいい。
D（兄）：今，どうだ？
A：ほっとした。
B（父）：お母さん（母：はい），Aに僕たちは謝らんといかんのじゃないか。一言，悪かったとどうしても言わなくてはならないのじゃないか。
C（母）：（泣き出す）そんなことは言わなくてもAはわかっていますよ。言葉ではないでしょう。
B（父）：わかっていてもやっぱり言わなくちゃいけないのではないかと思うけどね。
C（母）：一言ではとても言えません。
A：お母さんの性格は昔からとてもよく知ってた。私も「ご苦労様でした」と

お母さんに言いたい。お父さんの気持ちも聞けて，とても嬉しい。
(ストップ)

V　事例の考察

　訓練としては，この後のふり返りで各自の体験をさらに言語化し，分かち合うことが重要であり，監督の役割も重要である。しかし，本論では，この家族ロールプレイの逐語により，ロールプレイそのものが持つ意味とこのような訓練の臨床への意味を探ることにしたい。
　Aは父親が病気をして以来，父の消極的な態度に憐憫と苛立ちを，母にはその労苦と夫（父）への苛立ちに対する同情と反発を感じていた。そのために果たしてきた役割とアンビバレントな気持ちは，錯綜したまま言語化されないで鬱積していた。それを家族ロールプレイで試みたことは，現実の家族では実行しないかもしれず，起こらないかもしれないことを体験したことになる。しかし，Aには自己理解・家族理解・人間への洞察とカタルシスをもたらしたことはたしかである。さらにこれまで言語化しなかった自己の内なる世界を語ることにより自己の内なる世界に切りをつけることができたと同時に，語ることによって引き出される他者の思いを知り，その促しによってさらに自己の内なる世界を広げ，関係の世界を創っていった。
　この体験は，たとえロールプレイの中で起こったこととは言え，決して後戻りすることはない体験であり，新たなAのありようを開きうる体験になったと言えるだろう。臨床の現場でセラピストは，ひとつにはクライエントがこのような体験を得ることができるように対応することであり，それによってクライエント自身が周囲ともある程度のバランスを保って生活ができることである。
　このロールプレイでプレイヤーの表現に託されている他のプレイヤーへのメッセージは，それぞれが自覚するしないにかかわらず，それぞれに異なった意味をもって伝えられ，それが調整の必要性を促すと同時に，結果として幾重にも重なった意味を伝えていくことになる。ここには，一対一の関係だけでは得られない体験のダイナミックスと，より日常に近い関係の中で得られる相互理解の道がある。
　ここには，役割を生きることで，感情・認知・行動と人間のかかわりの世界を統合的に体験する場がある。臨床という場は，このような幾重にも重なった

意味のやり取りと，そこから生まれる意味の共有の場であり，そこから変化への手がかりを探り，得ていく場である。臨床の訓練が，このような体験の場であるための工夫は，今後ますます必要になっていくであろう。その試みのひとつを紹介して，臨床から得られる知がどんなものかを考えてみた。

　いま，われわれの生きている現実やゲシュタルトを把握しようとすると，目前にいるクライエンとの痛みや苦しみの背後にスピルオバー状態の仕事と消費の世界，環境破壊，終わることのない戦争などが見えてくる。そして，それは人間が論理の世界に走りすぎて，理不尽ともいえる人間の複雑な仕組みを重層的に理解しようとする現場の知の活用を置き去りにしている人間の傲慢さを感じないではいられない。その意味で，臨床の知の限界をも含めた人間の知への問いが必要なのかもしれない。

13

エビデンス・ベースト家族カウンセリング

はじめに

　家族カウンセリング・家族療法は，別名「関係療法」とも呼ばれる。家族療法というと，一般に家族を対象とした心理療法と受け取られがちだが，より正確に定義すると，関係（家族も含まれる）の問題を解決しようとする心理療法である。家族療法では，個人の症状や問題は，その個人や個人を取り巻く環境のどちらかによって引き起こされるのではなく，個人にかかわるあらゆる部分の相互作用，相互依存関係が表現されていると受け取る。したがって，関係のところで起こっている問題を理解し，関係を変えることで問題解決を図ることができると考える。
　個人の症状や問題が関係によって生起し，維持・増幅されているという観点は，個人の行動や症状は，引き起こされていると当時に，何かを引き起こしているということを意味しており，たとえば家族のある状況を維持すると同時に，ある家族の状態がその症状の形成と維持に密接にかかわっているということになる。個人療法と家族療法の違いを少し単純化して要約すると，内省を中心とした個人療法が個人の心理内界のイメージの変化をねらい，行動療法が個人の具体的な行動や症状の変化を目指すとするならば，家族療法は関係の問題と変化をテーマとしたセラピーということになる。つまり，家族療法は，機能不全の関係そのものと，関係によって症状・問題が増幅していると考えられる問題に対して，他のセラピーが及ばなかった解決の視点と方法を提供することになる。
　この3種類のセラピーを簡単に図示するなら，図1のようになる。
　図中のAは，ある個人が受け取った刺激が，個人内の気質，性格傾向，認知，イメージ，無意識などと相互作用している個人の心理内的力動を示している。

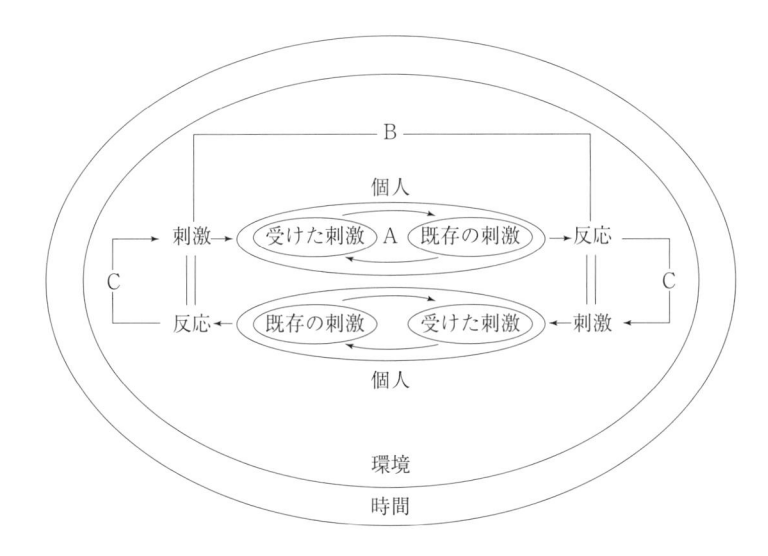

図1　3つのセラピー統合モデル[2]

この部分のメカニズムと障害については，主として精神分析など内省を中心とした心理療法理論が解明し，介入法を開発してきた。Bは，個人の動きを個人への刺激と外への反応との関係で捉え，個人の言動を具体的，客観的，数量化可能なデータで理解していこうとする部分である。この関係については，動物や人間の行動の観察と実験などにより導き出された学習理論・行動療法理論が解明し，変化の技法を提示している。最近では，ある認知が特定の言動を誘発し，それを維持するといった観点から，個人の言動や問題をAとBのかかわりとして理解し，そのメカニズムにアプローチしようとする認知行動療法が注目され，効果のある心理療法として広く活用されている。図のCは，2人の人間の相互関係・相互作用の部分であり，人間のかかわりの循環と対人間力動を示している。対人関係を強調した心理療法，家族および集団心理療法，集団力学などが解明を試みてきた円環的・循環的因果律のメカニズムであり，この図では関係をつくる最小単位である2人の対人間力動が示されている。そして，対人関係の場では，A，B，C各層の力動が同時進行的に複数の相互作用を起こしていると考えることができる。また，これらの相互作用は，それを取り巻く環境と相互作用し，時間の流れの中で進行している。

個人が家族など複数のメンバーとかかわると，対人間力動は複雑になると同時に，個人は家族，学校，職場など同時に複数の集団にかかわっているので，多様な人々との相互作用を持つことになる。複数のメンバーを擁する家族や集団では，複雑な関係の問題が生じることが想像できる。

I　エビデンス・ベースト家族カウンセリングの対象

心理療法をこのような視点から鳥瞰すると，エビデンス・ベースト（以下EBと略す）家族療法は，関係のところで捉えられるエビデンスをめぐって効果を発揮する心理療法と受け取ることができるだろう。もっとも，家族療法の理論には，心理内力動や世代を越えて伝達される心理的遺産とも呼ばれる力動，ナラティヴ（個人や家族の物語）を重視する学派などがあり，すべての家族療法がエビデンスに基づいて行われるとは限らない。

本論では，問題や症状があらわれたとき，それ自体やそれを抱えている個人にアプローチするのではなく，関係のところで起こっている問題に注目し，そこに変化をもたらすことで，症状や機能不全の関係を改善する家族療法の考え方と方法を紹介する。ここでは，症状や問題は機能不全の関係を示すサインであると同時に，その関係は症状や問題の維持に寄与していると捉える。したがって，関係を変えることによって，症状や問題が解決することが予測される場合，そこにアプローチすることになる。とくに，関係の悪循環とも呼ばれる問題は，機能不全の関係をつくるだけでなく，個人の問題行動や症状に影響を与え，問題を維持・増幅させることがある。EBの家族療法では，関係のところで捉えられるエビデンス，関係に影響を与えているエビデンスに注目し，その変化を促すことで症状や問題・関係の改善を図ろうとするのである。

その意味で，個人療法のセラピストは個人のイメージや行動にかかわるのに比して，EBの家族療法では，必ずしも症状や問題には直接かかわらず，そこにかかわる人々の相互作用に注目し，相互作用のところで起こっている問題を解決してみようとするところに特徴があるといえるだろう。

II　関係の査定（Relational Diagnosis）の必要性と問題

家族カウンセリングでは，上記のような見方から，関係のアセスメントをす

る必要性を説く。

　家族療法が開発された初期の段階で，ミニューチン（Minuchin）は，子どもの細気管支の収縮が家族の間で交わされるやり取りに左右されること，心身症的糖尿病患者のFFA（分離脂肪酸）が他の糖尿病の患者と比べると家族の葛藤時に高まり，低下するのに長時間を要すること，拒食症の子どもの摂食拒否が，両親との間の支配の問題をめぐって起こることなどを報告し，家族へのアプローチが効果的で，必要であることを主張した[3]。たとえば，FFAは，情緒的ストレスの生じた5～15分以内に高まるため，情緒的興奮を測定する有効な生化学反応であるが，ミニューチンは，家族診断面接中に子どものいる家族にFFAのテストをし，比較した結果，図2に示されるようなことがわかった。これは3群の糖尿病の子どもたちが，ワンウェイミラーを通して両親の言い争いを見ているときのFFAの値である。この子どもたちには，その前の段階で生理学的不安定性の違いはないことが判明している。結果は，心身症的糖尿病の子どものFFAの反応が極度に高く，回復期に入って他の子どもたちのFFAがほとんどベースラインにもどったにもかかわらず，高いレベルのままであることがわかる。つまり，心身症的糖尿病患者は，家族という状況において，その反応が異常に高いことになる。

　ミニューチンらは，さらに2人の姉妹が糖尿病という家族のFFA反応の測定でも同様の結果が示されたことを報告している。2人は，同じ新陳代謝上の欠陥を持ち，ストレスに対する「生理学的不安定性」には明確な違いがないことがわかっていたが，臨床上は非常に異なった問題を示していた。

　17歳の姉は，家庭で服用するインシュリンには反応せず，3年間に緊急入院を23回も繰り返す「過度に不安定な糖尿病患者」とされ，12歳の妹は医学的治療で安定が維持できる状態であった。そこで，2人に対してストレスに対する反応を測定する面接が実施された。両親の葛藤場面をワンウェイミラー越しに観察したところ，FFAは姉の方が高めであったが，2人とも上昇した。次に両親と一緒の部屋に入ると，姉と妹はまったく違った役割を取り始めた。両親は，争いながら上の娘を自分の味方につけようとし，その結果，姉は一方の親の言うことを聞くと他方の親を敵に回すような形になり，進退窮まってしまった。その間，妹は両親から忠誠を求められるようなことはなく，葛藤に挟まれることなく対応できていた。面接が終わると，妹のFFAはすぐに元に戻ったが，姉のそれは1時間半高いままであった。一方，父母のFFAは2人だ

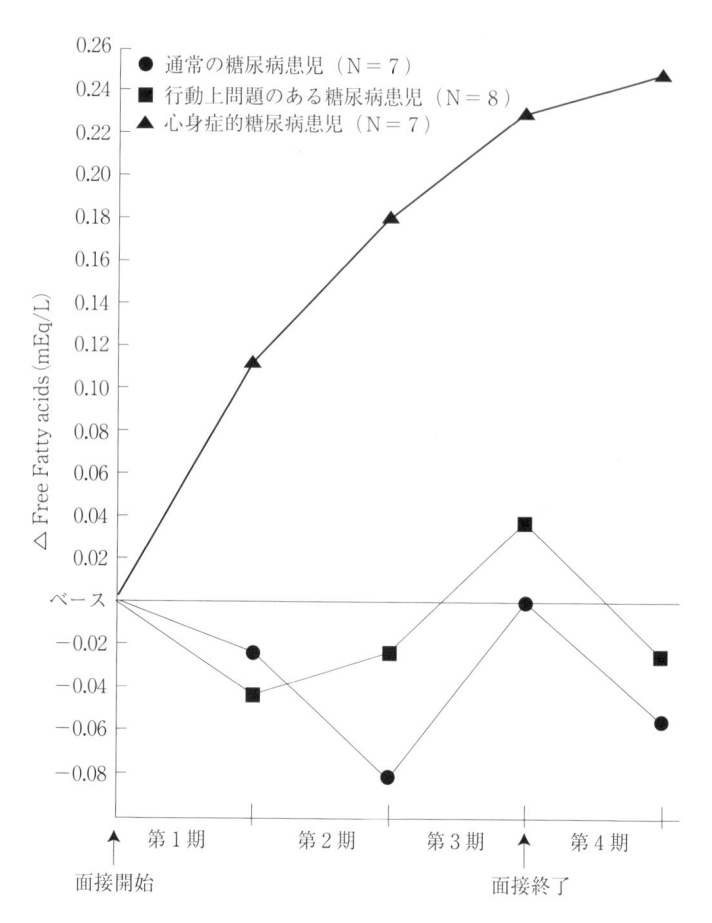

図2 家族面接中に見られる糖尿病患児のFFAレベルの変化[3]

けの争いの間は上昇したが,子どもたちと一緒になると減少の傾向を示した。

この家族では,夫婦の葛藤は親として子どもにかかわるような場面では減少するか回避されて,子どもたちは葛藤迂回のメカニズムに一役買うことになる。とくに上の娘は,FFAの上昇・症状の維持といった代価を払って両親の葛藤を治めていることになる。

最近のこの種の研究においては,統合失調症や躁うつの再発や入院が家族のEE(expressed emotion＝批判とか大声で叫ぶような議論などで表現される否

定的感情）と関係があることがわかっており，治療の中に家族療法や家族心理教育を導入してEEの低下と，症状の軽減を図っている。

DSM-Ⅳ[4]では，Ⅰ軸（臨床疾患）に，主として当該の障害にかかわる個人の疾患を中心に診断分類がなされているが，最後に「臨床的関与の対象となることのある他の状態」において，「対人関係の問題」がようやく分類され，簡単な説明が付されるようになった。それらには，V61・9精神疾患または一般身体疾患に関連した対人関係の問題，V61・20親子関係の問題，V61・10配偶者との関係の問題，V61・8同胞との関係の問題，V61・特定不能の対人関係の問題が主な臨床的関与の対象としてあげられている。また，これらが存在していても臨床的関与の主な対象でない場合は，Ⅳ軸（心理社会的および環境的問題）にあげておくことになっている。

また，引きつづくセクションでは，「虐待または無視に関連した問題」として，V61・21小児への身体的虐待（被害者は995・53），V61・21小児への性的虐待（被害者は995・53），V61・21小児への無視（被害者は995・52），成人への身体的虐待・性的虐待（V61・12加害者が配偶者，V61・83加害者が配偶者以外，995・81被害者の場）が取り上げられている。これらも人々の関係のところで起こっているという意味で，関係の診断とみなすことができる。ちなみに，DSM-Ⅲ-Rまでは，関係的要素を持った情緒障害はまったく無視され，問題を持つ関係の疾患名も標準化された査定システムもなかった。共有されるべき疾患名の欠如は，臨床上，法制上，そして健康保険制度上の困難をもたらし，この領域の問題を持つ人々が必要なケアを受けられないという状態が続いていた[5]。とくに，日本では，1980年代初期になってようやく家族療法が臨床家に理解され始めたという事情によって，アメリカでは大きな議論になっていた関係の診断について，ほとんど知られていないだけでなく，関心ももたれていない。現在でも関係の診断を行う医師は非常に少ないのではないか。もっとも，社会構成主義者，解決志向アプローチの家族療法家などは，診断し，病名をつけること自体に異論を唱えていること，DSM-Ⅴには「関係の査定」が分類される予定であることを付記しておく。

Ⅲ 関係の問題の査定と援助

先のミニューチンの研究からもわかるように，親の葛藤や情緒的興奮は子ど

もが会話に入ってくることで静まるが，子どもはある症状や問題を維持するという犠牲を払うことになる。さらに，子どもの症状や問題が存在することは，夫婦の関心を子どもに集中させ，2人の葛藤を回避することに役立つことにもなる。このような場合，家族関係の変化を起こすことにより症状を変化させることが考えられる。

さて，次に関係の問題を査定し，カウンセリングするEB家族カウンセリングの事例を紹介しよう。

【事 例】

来談したときは，高校2年から引きこもりが続いており，頻尿と顔をゆがめたり，大きく手を振り上げたりするチックが頻繁に起こる21歳の男性（以下IPと呼ぶ）の家族の事例である。両親が長年にわたる変化の起こらない状況に苛立ち，家族療法を受ける決心をして来談している。来談時の両親の主訴は，IPの引きこもりを治すことで，少しでも外出したり，活動したりしてほしいというものであった。IPの主訴は，頻尿のため夜眠れないので昼間起きていることができない。したがって頻尿を治してほしいというものであった。数回の家族面接の結果，判明したことは，IPが幼い頃喘息があったことで，両親とも夜も眠らずあやしたり，医者に走ったりしたこと，小学校には父の車で送ったりして，欠席しないように頑張らせたことなどが語られた。つまり，IPの養育に関して父母は一致してかかわってきており，家族療法も彼らにとっては抵抗のあるものではなかったのである。

ただし，日常生活では夫婦の不一致は多く，IPの症状や問題にかかわるとき以外は，些細なことで不一致が起こっていた。母親は物事を几帳面に，決めたとおりに進めなくては気持ちが落ち着かず，たとえば，食事時にIPや父親を置いて外出したことは一度もないこと，生活の細部にわたって準備万端怠りなく先取りして，いちいちIPと父親に注意を与えること，一方父親は，妻の言うとおりに「はい，はい」と従っているが，本意ではないことなどである。夫に，妻の指示についての受け取り方を聞くと，「どうしてこれほど細かく面倒を見ないと気がすまないのか不可解」と言い，妻が外出しているときは，妻から日ごろ指示され，実行していることをほとんど無視して，自分のやりたいようにやっているという。それを見たり，知ったりした妻は，さらに注意を細かく繰り返し，守らないことに不満を言う。それに夫は，ニコニコ笑いながら

反応するといったことが30年近く繰り返されているということであった。

　IPは，母親の不安を受け継いだように，父親の無頓着さを心配し，他方でとくに母親が勧める外出や若者らしい活動にはまったく反応しない。ともかく頻尿が治らないことには何も始まらないと主張する。彼の頻尿に関しては，父親は母親から聞いて知っており，「昼間寝ているのであまり気にしていない」と語る。母親はIPが朝早く起きて，真っ先に居間のカーテンを開けるときは，ほとんど寝ていないときだとわかると言う。また，父親が出勤するとIPは寝るので，ほっとするとも言う。

　この面接は，父母の永続している葛藤がIPの脆弱性にかかわることによって回避される一方で，脆弱な状態のままストレスフルな状況に追い込まれたIPが，21歳の時点で引きこもりに加えてさまざまな症状を呈していると査定して開始された。

　まず，家族とは，IPの頻尿にかかわることから開始することを契約した。父母には，IPの頻尿に関しては以後IPの前で話したり，心配したりしないこと。気になる場合は，父母だけの話題にすることを約束してもらった。以後，父母の面接は月1回とし，IPには父母には内緒で，夜トイレに行く回数を数える宿題を出して，毎週の来談を促した。当初は，セラピストの予測どおり，IPはその宿題をしてこなかった。そこで，何回ぐらい行っていると思うかをたずねたところ「10回ほどか……」と答えた。「頻尿の人はもっと多いかもしれないが……」と返して，正確な回数の数え方を本人に考えてもらい，起きるたびに記録をするか，朝起きたときに思い出しておよその数を記録するということにした。その方式で1週間の記録ができるまでには2週間必要であったが，できたときは，平均4～5回であることが判明。本人の思っていたよりもはるかに少なかったことで，以後彼はそのことをほとんど気にしなくなり，しばらくしてカルチャーセンターに出かけることを始めた。

　結果的に，IPが少し動けるようになったことで父母が安心したことと，父母2人のみの話し合いにセラピストが介入することで，父母の不一致が明確になると同時に，歩み寄りが起こり，母親をなだめる役を父親が取ることで母親の不安も低減し，家族関係が変わり，IPの症状も消失した。面接開始後6ヵ月後には，IPだけの面接に切り替え，必要なときに父母の面接，母親だけの面接を取り入れることで引きこもりは解消していった。

　セラピストが行ったことは，IPを巻き込み，迂回して回避している父母の

葛藤に両親面接とIPの面接を別にするという介入と，IP自ら自分の頻尿の解決に取り組むという自律的行動の習得という介入の両方によって，段階的に問題を解決していったと考えることができる。

　子どもが症状や問題を持ち，その症状や問題だけを解決しようとしても効果が上がらないとき，関係の問題を探ってみることは重要である。セラピストは，関係の変化をもたらすことで症状や問題が解決したり，解決が早まったりすることにも力を注ぐべく，関係の問題を理解し，介入する術を学んでほしいと思う。

引用文献

1) Carr, A.：*Family Therapy：Concepts Process and Practice*. John Wiley & Sons, New York, 2000.
2) 平木典子，野末武義：家族臨床における心理療法の工夫——個人心理療法と家族療法の統合．精神療法, 26(4)；12-21, 2000.
3) Minuchin, S., Rosman, B. L. & Baker, L.：*Psychosomatic Families：Anorexia Nervosa in Context*. President & Fellows of Harvard College, Cambridge, Mass, 1978.（増井昌美，金沢吉展，川喜田好恵他訳：思春期やせ症の家族——心身症の家族療法．星和書店，1987）
4) 高橋三郎，大野　裕，染矢俊幸訳：DSM-Ⅳ-TR精神疾患の分類と診断の手引き新訂版．医学書院，2003.
5) Kaslow, F. W.：*Handbook of Relational Diagnosis and Dysfunctional Family Patterns*. John Wiley & Sons, New York, 1996.

14

文脈療法の理念と技法
―― ナージ理論の真髄を探る ――

I 心理療法・家族療法の今

　今，心理療法は再び大きな転換期を迎えようとしている。今世紀初めに，精神分析によって開かれた心理療法の世界は，半世紀の間はほとんど新しい動きがなかったにもかかわらず，第2次大戦後30年の間に，400以上の新しい理論・技法がその優を争ってきた。それが1980年代の後半に入って，「精神保健界における変質」[1]と呼ばれる動きが出てきたのである。それは，eclecticism（折衷主義），integration（統合），convergence（収斂），pluralism（多元主義），rapprochement（再接近），unification（統一）などと呼ばれている多様な理論・技法を整理・統合しようとする試みである。

　とくにこの統合の動きは，1990年代に入って個人療法と家族療法の間で行われ始めた[2]。つまり，個人療法が対象とした個人の内的（intrapsychic），認知的（cognitive）あるいは行動的（behavioral）影響・変化の問題と，家族療法が強調した対人的（interpersonal），相互作用的（interactional）あるいは世代間（transgenerational）の影響・変化の問題が，別々の治療法の問題として捉えられるのではなく，エコシステミックな視点[3]に立って再統合され始めたのである。それは個人療法における認知行動療法[4]の発展と家族療法におけるシステム理論の見直しによって大きく前進することになった。家族療法の世界で起こったこの動きは，「第2次サイバネティックス（second-order cybernetics）」とか「ポスト構造主義（post-structralism）」，あるいは「新たな解釈学（new hermeneutics）」と呼ばれ，いわゆるポストモダニズムの動き[5]となっている。そこには「物語」と「社会構成主義」に代表されるような個人療法と家族療法の理論・技法の戦国時代を経て実った豊かな統合の成果があ

る。

　シーバーン（Seaburn）ら[3]はその論文の中で家族療法の統合の柱となるのは，①エコシステミックな観点，②歴史的観点，③「今・ここ」の観点であると述べている。本論では，まずこの3つの観点について簡単に述べ，次にその中でも個人療法と家族療法をつなぐアプローチとして筆者が注目している多世代理論の中から文脈療法について論じることにする。

1．エコシステミックな観点

　この観点は，心理療法は生態システム間の相互交流であるという，言わば心理臨床の基本的理念・原理を示すものである。つまり，心理臨床における対象と実践者は，エコロジカル・システムの一部であることが大前提となる観点である。これは，システム理論からすればあたり前のことであり，今さら振り出しに戻った感がないでもない。しかし，心理療法の発展の中ではこの観点があらためて強調される必要が出てきた。

　その第一は，家族療法家たちが，システム理論とサイバネティックスによって人間の複雑なかかわりの理解がはるかに進んだことに興奮し，また，関係の変化に有効な介入ができるようになったことに強烈な魅力を感じて，その解明に熱中し過ぎたことがあるだろう。それは，専門家の知識と技法の洗練を先行させ，臨床家自身が生態システムの一部であることを一時的に忘れさせてしまった。そこでは，クライエントや家族は機能不全のシステムであり，変化のために専門家の処方と知恵を実行する受身的な存在になりかけていた。MRIの業績や戦略派の実践などは家族療法界における優れて説得力のある成果であると同時に，今述べた偏重の代表的なものでもあるだろう。そのような家族療法家の働きは，今や「第1次サイバネティックス」と呼ばれている。

　そこに提起されたことは，セラピストが治療の対象と離れた観察者となっていることや，その判断や処方の持つ客観性とかコントロール力に対する疑問であった。たとえば，トム・アンダーソン（Andersen）の「リフレクティング・プロセス」[6]の投げかけた意味やナラティヴ・セラピー（Narrative Therapy: Freedman & Combs）の隆盛などがそれを示している。あらためて，生態システムが，その内外の複数の要素の相互作用によってつくりあげられている現実を見直す必要に迫られたのである。

　その第二は，フェミニスト・セラピーに代表されるような社会構成主義

(social constructionism: McNamee & Gergen)[7]からの問いである。人間や家族は社会的につくられた存在であり，その視点からの理解なしに援助は成り立たないとする。また，人間が時を経てつくってきたそれぞれの文化的，社会的文脈をすべて理解することは不可能であるので，セラピストはその無知を前提としてクライエントと共同して，新たな，より望ましい「物語」（その人がよって立つ価値）を創造するしかないとする。つまり，セラピーには，大きく社会的システムを含めたエコシステミックな視点の導入が必要で，それはたとえば近代都市における犯罪や精神病理の増加・変質の激しさと北欧の福祉国家における相互援助の増進の中の精神病の減少に見られる対比を問うことでもある。

このようにエコシステミックな観点から社会を問い直して見るならば，たとえば家族とそれを取りまく社会システムは，時間と空間を共有して相互依存的相互交流を繰り返し，常に変化しながら共存するものとなる。したがって，個人も家族も，さらにセラピストも同時に存在する多くのシステムの中の1つのシステムであり，とくに人間の社会は世代から世代へと受け継がれていく人々のものの見方によって成り立っていることをも念頭に置かねばならない。社会システムとして考慮すべきものには，個人・家族・拡大家族はもちろんのこと，習慣，法律，政治，経済，人種，民族，文化，宗教，ジェンダー，言語，社会構造，地理的・歴史的できごと，地域社会などがあり[3]，それらが社会の現実をつくりあげている。それらはわれわれがこの世に生を受けて以来ずっとわれわれの生活の一部となり，人間の問題をつくると同時に，解決の資源ともなっているのである。

セラピストは治療中のシステムの一部であるので，純粋に客観性を維持して外側から治療にかかわることはできない。ただし，家族や社会的資源と同じく相互作用の一員として問題解決にかかわっている思考の生態学（ecology of ideas）の協同参加者なのである[5]。

家族は，「進化の時空間に存在して共に進化するエコシステム」[8]であるので，セラピストがとくに注目すべきはシステムの機能不全や病理ではなくて資源であり，したがってセラピーの焦点は人々の相互作用の中で力となる資源をいかに探り，つくり出し，活用するかになる。そこでの援助とは，専門家が外から問題をなおすというものではなく，健康なシステムづくりのための有効な媒介としてどんな動きをすることができるかになるであろう。そして，そこで

の何よりも重要な要素は,その現実を生きているエキスパートとしてのクライエントであり,その潜在能力である。セラピストはそこで「知らない人」[7]でありうる。

この考え方は,個人療法の世界では非常に馴染み深いカール・ロジャーズ[9]のセラピー哲学であり,彼の理論の新たな見直しと言える。また,家族療法の世界から個人療法の世界への再接近とも見ることができる。実際,1996年度のアメリカ夫婦・家族療法学会第54回大会では,家族療法の新たな動きの説明に,ロジャーズやアドラー(Adler, A.),そして後で述べるボソルメニィ＝ナージ(Boszormenyi-Nagy)が引用されていた。

2. 歴史的観点

この観点は,人間の問題の発生も解決も多世代にわたって受け継がれていくという時間軸を重視し,人間のつくるシステムを発達や親子関係といった歴史的・世代的観点から理解しようとする。この観点では生態のシステムには内的世界と関係的世界が時間と空間(環境)を共有して存在すると考える。したがって個人の心理内力動も時間をかけて形成され,そのブラックボックスの解明には認知心理学や発達心理学,精神分析学の理論が役に立つことになる。この観点は,個人の認知や心理内力動と家族関係や家族内力動をつなぐものでもあり,家族療法の理論の中では多世代理論が強調してきた視点である。

多世代理論は,家族療法の中では最も古い歴史を持つが,わが国の家族療法ではどちらかというと対人的,相互交流的な関係へのアプローチが先に強調されたためか,個人の内的力動を重視する多世代派の知見は軽視されてきた。ただ,欧米の心理療法家の中にはボーエン(Bowen)[10]やボソルメニィ＝ナージ[11]の主張する問題の発生と解決が多世代にわたって行われていくという考えに関心を持ってきた人も多く,とくに90年代に入って心理療法の統合が進むにつれて,個人の内的世界と家族の歴史的観点が再び見直されている[12]。この考え方によれば,家族は「見えない忠誠心」[13]によって結びつけられており,それが家族の言動の選択に縦(世代間)にも横(同世代間)にも影響を与え,多世代投影過程[9]を生んでゆくことになる。多世代投影過程は家族のライフサイクル[14]を通して現実の生活や家族関係の中に表現され,とくに,問題や症状は家族ライフサイクルの移行期に現れやすいと考える。たとえば,子どもの自立の問題は親や祖父母の自己分化の問題を反映している可能性が高く,

また夫婦の繰り返される葛藤は源家族における幼児期の対象関係の問題を表現しているといった具合である。換言すれば，世代の交代期やライフサイクルの節目には「物語」の再創造が必要になると考えることもできるだろう。

3.「今・ここ」の観点

この観点は，システムを，たとえば家族メンバーの作る「今・ここ」の関係，すなわちシステム構造[15]やコミュニケーション機能[16]といった枠組みから理解しようとする。この視点にはゲシュタルト療法や行動療法，集団力学，家族療法における構造理論やコミュニケーション理論などが貢献している。

この観点では，問題をシステムの構造や変化のプロセスの問題として捉えるので，個人の問題も家族の問題も家族システム全体の問題を反映していることになる。すなわち，機能不全とは，そもそもある問題を解決しようとする試みから発した言動の循環的連鎖が結果的に悪循環の問題パターンを作り出したものであり，それは家族構造にも影響を与える。したがって，援助の焦点は，家族が全体としていかに影響を与え，また影響を受けているかという相互交流の問題であり，そのような悪循環の関係パターンを変えることにある。具体的に治療者は，システム内の「今・ここ」での全体の相互交流や構造に対して介入したり，メンバーのものの見方や態度を肯定的に意味づけ（リフレーム）したり，心理教育プログラムを実施し，宿題を出したりして，セッション内外での変化を促すことになる。

この視点は先に「第1次サイバネティックス」と評されたように，その特色は，解決の焦点を主訴に置いて，セラピストがシステムの相互交流と構造の変化へ主導的・積極的に介入することにあった。それは，ミルトン・エリクソンの戦略的アプローチから学んだものでもあった[5]。しかし，セラピストの姿勢の問題がエコシステミックな視点から見直されることによって，ミルトン・エリクソンの「間接的示唆」や「物語」の活用，そして「人々の持つ資源への信頼」が再評価され，再び創造的なかかわりの創出に貢献し始めている。その延長線上にナラティヴ・セラピーがある。

このように見てくると，心理療法の統合には，エコシステミックな原理・理念の下で，時間の次元（歴史的な視点）と関係の次元（今・ここの視点）を統合することが必要であることがわかる。

これらの観点の共通の特色は，問題の発生と解決にかかわるシステム間のあ

らゆるレベルの相互作用に対する積極的な関心であり，問題のアセスメントと解決におけるシステム資源の活用であろう。

II　文脈療法の理論と技法

1．ナージについて[17]

　イワン・ボソルメニィ＝ナージ（以下ナージと呼ぶ）は，1950年にアメリカに移住したハンガリー生まれの精神科医である。彼は，医学を勉強するはるか前から精神病の人々が不当に苦しんでいること，そして医学も心理学も解決し得ないできたその神秘に深い関心を抱いていたという。当然の成り行きとしてブダペスト大学で精神医学を専攻し，統合失調症の治療と研究を目指した。彼に大きな影響を与えたのは，カルマン・ジアーファス（Gyarfas, K.）の統合失調症の心理力動に関する考え方，マルチン・ブーバー（Buber, M.）の実存的な人間関係の見方，そしてロナルド・フェアバーン（Fairbairn, W. R.）の対象関係論だと言われているが，その他1950年代のアメリカにおける偉大な統合失調症の臨床家たちの業績も含まれている。そのどれもが対話や対人関係を重視する視点を持ち，治療におけるセラピストの信頼性の果たす役割に注目したものであった。彼は，1957年に東ペンシルバニア精神医学研究所で精神病の入院患者のリサーチに家族面接を導入し，翌年にはすべてのケースに家族療法を導入している。アメリカにおける家族療法の先駆者の１人である。

　彼の理論は，「実存哲学と対象関係論の洞察をより明確な関係のモデルに弁証法的に統合した」[18]ものである。その理論の特徴は，親しい人間関係における「公平さ＝fairness」に光を当てたこと，援助に当たって個人の歴史を重視すること，そして個人と家族の両システムへのアプローチを統合したことである[19]。つまり，家族は家族メンバーの作るシステムであると同時に，考えや気持ち，希望や痛みなど複雑な内面世界を持った個人システムによって成り立っており，両システムが時を経て形成されていくことを重視する。さらに，セラピーでは，人間の複雑な動きについての総合的理解と実存的なかかわりが必要であるとする。

2．文脈療法の理論——関係の現実の見方

　文脈療法の理論は，人々の関係の基礎である次の４つの次元によって成り立

っている[10]。
　第1次元：客観化可能な事実
　　　　　遺伝的要因，身体的健康，離婚・再婚・養子縁組，職業や障害の有無などの個人と家族の歴史
　第2次元：個人の心理
　　　　　基本的欲求，本能，防衛規制，自我の強さ，条件づけ，夢などの個人的問題
　第3次元：交流パターンのシステム
　　　　　パワー，競争，連合，同盟などの家族システムの変数
　第4次元：関係の倫理：「公平さ」のバランス
　　　　　忠誠心（loyalty），正義（justice），信頼性（trustworthiness），権利付与（entitlement），美徳（merits）など正当な配慮と正当な信頼の基となる行為の「公平さ」

　この4つの次元を見ると，文脈療法の理論には，個人の心理力動の理解，家族のコミュニケーション，相互作用，相互交流などの家族システムの見方，そして人間の実存に対する深い共感が統合されていることがわかる。人々の健康なかかわりは，4つの「関係の現実」で成り立っているのであり，セラピーとは，その要素とその絡まりを理解し，そこに実存的にかかわることである。これら4つの次元は，相互にかかわり合い，重なり合い，織りなして人々の生活を作り上げていて，単独で別々に存在するわけではないが，とくにナージが文脈療法の主柱として強調するところは，第4次元である。家族関係や社会的関係を支えている基本的な力は，「関係の倫理」としての「公平さ」であり，これは他の3つの次元に優先すると考える。次に各次元について説明する。

　a．客観化可能な事実
　この関係の現実には，人々の生活上の事実が含まれる。生物学的事実としての遺伝的要因（人種・男女の違い，慢性の疾病・障害の有無，容姿など），歴史的事実（出生順位，親の死や離婚，養子縁組など）と社会的，環境的事実（失業，災害，戦争など）である。セラピーでは，クライエントの存在にかかわる事実を認識し，評価することは，第4次元の家族の遺産や不公平との関連で重要になる。

b．個人の心理

これは，家族を構成する個人の心理機能の違いを言う。自我の強さ，性格，防衛機制，認知的・情緒的発達，夢や空想などのシンボル形成過程などであり，不安や抑うつ，思考障害，人格障害の有無などパーソナリティの発達上の問題や人生の目標・動機も含まれる。これらの心理機能は人間関係の潜在的資源となっているという意味で重要であり，その理解なしには関係にかかわることはできないと考える。その理解には，精神力動理論や学習理論，認知行動理論，来談者中心療法理論などが貢献している。

c．交流パターンのシステム

この次元は，家族内の明白なやり取りやコミュニケーションのパターン，構造など，個人を越えた家族システムレベルのものを言う。三角関係化，境界，連合，家族の役割やルール，力関係やコントロールなどが含まれる。これまでの家族療法の理論が注目し，明らかにしてきた領域であるが，中でも文脈療法は，とくに世代間の影響過程を強調する。自己分化は，重要な関係における対話のプロセスであり，その度合いが関係に影響を与えるからである。

d．関係の倫理 ──「公平さ（fairness）」

これは他の3つの次元を包括する文脈療法の中核的次元であり，「当然の配慮の倫理」とも呼ばれる。ただし，ここでいう倫理とは道徳的行動基準やものごとの善悪の基準，あるいは哲学的，宗教的理念を意味しているわけではなく，家族やその他の人間関係を結びつけている信頼感や信頼性のことを言う。ナージが強調するのは，人々が関係の中で常に意識している行為の「公平さ」や，かかわっている当事者たちが維持しようと努めている授受（ギブ・アンド・テイク）のバランスといった社会的現実である。

たとえば，家族が「健康に機能すること」の基準は，各メンバーの生活上の基本的なニードが他のメンバーによって斟酌されることであり，それがかかわっている当事者たちの美徳として受けとめられることである。

家族メンバーの信頼関係は，①メンバーの貢献や配慮に対する他のメンバーからの正当な評価・敬意（due credit），②責任ある応答，③苦労や恩恵の公平な分配に対する配慮によって形成される。それが人々の存在と関係の「公平さ」をつくり上げ，その「公平さ」が信頼関係の基礎であるとする。しかも，その「公平さ」は家族の1人の経験によって測られるのではなく，家族全員の多角的な授受のプロセスのバランスで測られる。関係の倫理とは，家族の一人ひとり

が自分も含めた家族メンバーすべての利益を配慮することであり，その配慮が相互授受的であることである。つまり，関係の倫理は，公平の原理の上に成り立っており，それは自分の言動が他のメンバーに及ぼす影響を考慮することであり，他のメンバーの関心に心を配ることである。

したがって，文脈療法においてセラピストの関心は，家族メンバーが正当な評価を受けているか，「公平さ」のバランスは取れているかということに向けられる。配慮の対象は，セラピーの中やセラピーの結果，変化の影響を受けるであろう人々すべてであり，その人々の中には，セラピストが会うことがない人々，たとえば離婚した配偶者や両親，交流が絶たれた同胞，親，祖父母，これから生まれてくるであろう子どもたちも含まれる。

そのために，セラピストは，必要な時はいつでもこれらの一人ひとりに味方し，肩を持つ。ただし，その肩入れは，他の人々を排除するようなものではなく，時を変えて全員一人ひとりに向かうようなものである。それは，並行面接において1人のセラピストが1人のクライエントに味方するとか，誰の味方もしない中立の立場を取ることとは違う。これは「公平な偏愛」とでも呼べるもので，ここで必要な技法が，「多方向に向けられた肩入れ」[20]である。これについては後ほど技法の紹介のところで詳しく例を挙げて説明する。

関係の倫理には，先に第4次元の項に挙げたようないくつかの重要な概念が含まれているが，その中でも関係理解の本質となるのは「忠誠心」[12]である（忠誠心については本書180頁～も参照）。

「忠誠心」とは，一般に言われる宗教や国家・集団の利益を守るために誓う心意気を意味するのではなく，親子・夫婦の間に実在する関係の絆のことをいう。つまり，「忠誠を感じること」（第2次元）と「忠誠であること」（第4次元）とは違う。それは，そもそも親子の結びつきが実存的な，不均衡な源から出発していることによって形成される。人間は，生物学的にも，遺伝的にも血縁という避けることのできない関係の中に生まれ，しかも幼い子どもは全面的に親に依存せざるをえない。エリクソン（Erikson）が世代性[21]という概念で指摘したように，親は自分たちから子どもが生まれたという存在の事実によって愛情や保護，世話を与え，役立とうとし，逆に子どもは，親に全面的に依存する存在であることによって，前の世代からの心理的遺産や期待，不文法（unwritten law）を受け継ぎ，共有する。つまり「忠誠心」は，その養育の土壌の中で育てられるのであり，親が与え，子が受けとり，子が与え，親が受け

とっていくそのかかわりの事実が、親子の信頼、美徳、正義を培っていくのである。ちなみに「忠誠心＝loyalty」の語源はフランス語のLoi＝law＝法であるという[16]。

　人間が前の世代からの「忠誠心」のルーツを共有し継承していくことは、家族の間に物理的・地理的な距離を越えてかけがえのない絆をつくるだけでなく、その信頼がある故に家族以外の人と新たな関係を自由につくることをも可能にする。その意味で「忠誠心」は、人間関係の根本に潜む目に見えないが強力な綾であり、複雑な人間の行動の原点であるということができる。

e．垂直の忠誠心と水平の忠誠心[16]

　親子間に培われる不均衡で、逆転できないような縦の結びつきを「垂直の忠誠心」という。人生においては、同胞が生まれ、友人ができ、結婚相手が出現する。このように同等の権利と義務を分かち合うようなパートナー同士の間にできる横の忠誠心を「水平の忠誠心」という。水平の忠誠心には、ある関係は終わりを告げ、ある関係は一生続くといった具合で、親子関係のような不可逆性はない。

　長い人生で垂直の忠誠心と水平の忠誠心とが葛藤を起こすような状態になることがある。とくに人の誕生とか死、成長の節目など人間関係の新たな均衡の確立が必要な人生の転換期には、そのような葛藤が起こりやすい。

　たとえば、結婚した夫と妻は自分の親との垂直の忠誠心とパートナー同士の水平の忠誠心の問題に直面することになるだろう。この葛藤は誰もが体験する当然のものであり、関係の中で誰もがその適切な均衡を獲得すべく努力することになる。

　しかし時には、嫁姑の関係の中で苦悩する夫とか、親の要求と友達との友情の間で板ばさみになる子どものように忠誠心の選択を迫られることがある。こんな時、垂直の忠誠心が切り捨てられたり、傷つけられたりすることがあるが、それは往々にして新たな関係によい影響をもたらさない。なぜなら、親子の忠誠心は誕生の事実に根ざしているために取り替えることができないものだからである。

　また、両親の不和の中で一方の味方につくことを要求されたり、実の親と養父母の間に不信感があったり、両親が養育権を激しく争って離婚したりすると、その子どもは、両親の間で垂直の忠誠心の葛藤、分裂を経験する。さらに、配

偶者と仲間とのつき合いや仕事関係の重要な人と配偶者とのかかわりの間では水平の忠誠心の葛藤が起こり得る。

　このような忠誠心の葛藤の結果，やむを得ず忠誠心の均衡を保つことができなくなると，信頼関係が失われてゆく。とくに子どもにとってそれは大きな衝撃になり，大人になってからの問題になることがある。

f．見えない忠誠心 [12]

　もし，忠誠心の葛藤や分裂の中でとくに源家族に対する忠誠心をオープンに表現することができないような状態になると，忠誠心は表面的には否定されて，目に見えない形で維持されていく。それを「見えない忠誠心」と呼ぶ。それは，人々がつくりあげていく人間関係に強力な影響を及ぼし，当人にも意識されない形で受け継がれていく。たとえば，親との忠誠心を遮断した子どもは仲間との親密な友情を築かなかったり，強迫的な清潔好きの母親と絶交することになった娘が夫を無視して家事に取りつかれたりするなどである。非行少年は一見家族の問題作りをしているかに見えるが，その行動によって自分に関心を集めて両親の不和を防いでいることが多いし，アルコール依存症の親を持った子どもが「アダルト・チャイルド」として新たな関係での共依存を止められないのもその例である。

3．文脈療法における病理

　文脈療法における夫婦や家族の病理は，破壊的権利付与（destructive entitlement：Boszormenyi-Nagy., et al.）[17]に代表される機能障害である。もちろん，これは人が破壊的になる権利を与えられているという意味ではなく，臨床的に見て破壊的権利付与に依存しているように見える状況があるという意味である。つまり，他者の欲求に対する感受性や配慮，関心に欠けているように見える状態のことで，この権利付与に依存している人は，とくに自分の言動が人にどんな影響を与えるかについて無関心である。人は時に他者を傷つけるようなことをするものであるが，それは意図的ではなく過ちによってである。しかし，破壊的権利付与に依存している人は，失敗ではなく他者を傷つけ，それに気づかないのである。それは，過去の過剰な痛みや不公平の経験によって起こる。たとえば，子どもを虐待する親は，親自身子どものとき虐待を受けた体験を持つことが多いと言われるが，親からの虐待や心理的見捨てられ体験をすると，その受けた傷の大きさのために，自分が他者に強いている犠牲が見え

なくなってしまうのである。

　これに対して，建設的権利付与を持っている人は，子ども時代に愛と配慮を受けて養育されており，その恩恵によって「与える権利」を獲得し，人を配慮し，ケアする能力を育むことができる。そんな人は，人生でどんな不義や喪失，悲劇を経験していても，他者の痛みに敏感で，自分の言動の他者への影響を考慮しようとする。時には，このような個人的苦しみを転じて，医学や福祉の分野で仕事をする人も少なくない。その人は，過去に頼らず未来の可能性を信じることができ，他者に「与える」ことができる。しかし，破壊的権利付与を持っている人は，他者に与える能力を発揮する道を塞がれ，与える自由を妨害されているといえる。

　人はこのように権利付与によって行動している。建設的権利付与は，人を応答性のあるギブ・アンド・テイクの関係に導くが，破壊的権利付与は結果的に他者を破壊的な関係に陥れかねない。とくに重要なことは，人は他者から受ける欲求も持っているが，同時に与える欲求も持っていることである。誰にも他者に与える権利と欲求があり，とくに子どもが親に与えたい欲求（親へ返礼したい欲求）は，見過ごされてはならない。子どもが適切なやり方で親に与えたいと思うことは，親から受けることと同じくらい発達にとって大切である。なぜなら，与えることによって初めて自分が建設的権利付与を得るのであり，与えたい気持ちも含めて他者の欲求を思いやることが，真のギブ・アンド・テイクの関係を創るからである。

4．文脈療法の技法

　文脈療法の技法の中核は「多方向に向けられた肩入れ＝multidirected partiality」[10]である。これは，セラピストの態度も含めた技法であり，セラピストが時を選んで「多方向（多くの人）に」「セラピストの好み（ひいき）」を「向ける」ことを意味している。それは，セラピストが家族メンバーの一人ひとりに順次共感と正当な評価・敬意を向けることである。その中には家族メンバーの言動や存在を認め（acknowledge），また期待する姿勢が含まれている。したがってこの技法は，誰にも味方をしないといった治療的中立性とも，ある特定の家族メンバー（たとえば子ども）だけに肩入れすることとも違う。

　セラピーの結果，あるいはそのプロセスでは，さまざまな人が影響を受ける。影響を受ける人は，セラピーの席に実際いる人だけでなく，死んだ人や離婚し

た配偶者，祖父母やこれから生まれてくるであろう子ども・孫も含まれ，セラピストは，常にその人たちを考慮する視点を維持しようとする。

　治療における文脈療法家の関心は，先に述べた関係の4つの次元に向けられるが，その中でもとくに「関係の公平さ」のバランスには多くのエネルギーを使う。セラピストは，家族メンバーの一人ひとりに公平に味方をすることによって，「見えない忠誠心」の開放や家族内の子どもや老親などの弱いメンバーへの配慮を喚起し，家族の中に真の対話の関係を創り出そうとする。そのためにセラピストは，家族メンバー各々の不当な搾取や外傷などの過去の体験と現在の欲求や感情に対して，注意深く耳を傾ける。

　いつ，誰に肩入れをするかは前もって決められるわけではなく，セラピーの席で配慮あるかかわりを持つことができないほど，過去に最も傷ついた体験をしているのは誰かといった臨床上の判断によって決められる。そして，あるメンバーに肩入れをすることを決める時は，同時に次には他のメンバーに肩入れすることを準備する。

　「多方向に向けられた肩入れ」技法は，あるメンバーに，①共感的支持を与えること，②直接味方すること，③努力をその場で認めること，そして④メンバーが自分の言動の影響力や意味について責任を持つようにすることから成り立っている。したがって，セラピストは，家族の問題や論争，混乱に多くかかわることはしない。そのような場面に出会うことはあるが，その時は，「ちょっと待って下さい。まずあなたの言いたいことを明確にし，それからあなたの話にしましょう」といった具合に介入して，対話の場を確保しようとする。1人の言い分は，尊敬に値するものとして受け取られ，具体的に描写するよう励まされる。それが終わると，他のメンバーの反応が求められ，それぞれの視点が披露される。次にゴールデンタール（Goldenthal）の著書から，面接場面を引用して，その技法の活用法を紹介する（面接場面はほぼ全訳であるが，説明はわかりやすく要約してある）。

　　その第一は，ロジャーズが主張し，今やどのセラピーでも重視されている共感である。セラピストがクライエントの痛みや喪失，不安，人生の困難に共感し，それを伝えることは，最も自然で，馴染みのある言動であり，ナージもこのアプローチを積極的に取り入れる。
　　第二に，肩入れすることはクライエントの人生で起こった不公平を認めることを意味する。クライエントの今の気持ちに深いところで共感した後は，不公平に扱われた

過去の体験を特定する助けをする。そうすることで，過去の不公平とそれが及ぼしてきた長年の痛みをはっきり認識するためである。その技法は，積極的に肩入れができないようなクライエント（たとえば虐待している母親）に対応する時，とくに有効である。先にも述べたように，そのようなクライエントには破壊的権利付与がある可能性が高く，過去に正当な扱いを受けなかったことで，現在の自分の言動の他者に対する悪影響に目を向けることができなくなっていると考えられるからである。

次に校則違反で自宅待機を命じられた10歳の男の子と両親の面接の例を引用する。

父：こんなことが起こるとどうしたらよいかわからなくなります。息子のやったことに対する学校の処置は正しいと思っています。でも，息子の支えにもなりたいんです。私は怒りっぽいたちですし，息子には苦労もかけました。妻とはしばらく別居していたこともありますし……。

T_1：そのことについて息子さんに尋ねてもいいですか。

息子：あれは僕がまだ小さかったころのクリスマスの夜でした。サンタクロースは本当にいるのか見ようと思って下に下りたら，2人が怒鳴り合ってけんかしていたんです。そして，ママは家を出ていってしまったんです。

T_2：お母さんにお尋ねしたいんですが，これはご主人が息子には苦労をかけたとおっしゃったことだと思いますか。

母：はい。それに別居していた間は子どもたちが私と一緒に住んでいましたから，息子は弟たちの面倒も見なければなりませんでした。

息子：ママが働いている間は見守っていなければならなかったし，大変なことが起こってもママに電話が通じないこともありました。

T_3：その時息子さんはいくつだったのですか。

母：7歳です。

T_4：今は，それは子どもには大き過ぎる負担だと思いますか。

母：本当にそうです。

父：疑う余地はありません。

T_5：息子さんの話を聞いていて，息子さんはそのできごとに腹を立てているように聞こえましたが，そんなふうに感じませんでしたか。

父：はい。息子を非難することはできません。でも，いつまでも過去にこだわ

ってはいられないと言いたいのです。前向きになる必要があるとすまないとは思ってます。罪悪感もあります。でも，これ以上は耐えられません。
T_6：現在の問題は，息子さんに以前傷ついたことに対してあなたがたが気にしていて，すまなく思っていることを伝えること，そのことについて今でも腹を立てていることが分かったことを伝えることのようですね。

　T_1の質問は，不必要に見えるかもしれないが非常に重要な機能を果たしている。まず，子どものことに関してはセラピストと比較して両親が第一義的役割を持っていることを強調する意味がある。それは，セラピストが質問をすることに関してだけでなく，子どもが自由に，オープンに答えることに関しても明確に許可を得ることになっている。
　T_2によって，セラピストは母親が息子の幼い頃の不公平を認める機会を提供している。
　T_4は，息子が親役割代行をしてきたことを母親が認めるよう勧めるコメントである。
　T_5でセラピストは，息子が体験した大きな不公平を両親が認め，大きな傷を負わせつづけないようにするために謝罪と助けをする機会を与えている。息子の怒りは，過去も現在も親役割代行をしていることの証しであり，助けを認めてもらえなかったことで，与えたことと受け取ったことのバランスの悪さを語っている。今，ここで彼の努力を認めることで，息子は今後不公平を訴えるための怒りや反抗を示しつづけなくてすむであろう。これ以上破壊的権利付与に依存する必要がなくなるのである。その結果，父母は息子の学校での不始末を理解するには過去の傷つきを理解し，認めることが重要であること，息子は1人の独特な存在であることを分かったのである。
　次に，肩入れすることは，上記の面接例でも示されたように，共感することや不公平を認めることだけでなく，身近な人の援助の努力に対して敬意や評価を与え，自分にとって重要な人の積極的な貢献をきちんと認める助けをすることを意味する。夫婦や家族同席のセラピーの中でこれが行われることは，敬意や計価が与えられるべき行為に対して他のメンバーの注目を集めることにもなる。
　さらに，肩入れすることは，人々の言動の与える影響に責任を持つことを含んでいる。この技法は難しく，またやりがいのあるアプローチである。しかし，

最も決定的な技法でもある。人の言動の与える衝撃を検討し，それに責任をとることは，その人の関係におけるよりよいバランスと公平さを獲得する道を開くことになる。その目的は，当人を批判したり，やっつけたり，また，家族のヒエラルキーを再構成することにあるのではなく，よりバランスのとれた関係を創ることにあることに注意する必要がある。

次に，自殺未遂をして入院している14歳の娘について，娘の問題を言いつのり，娘の失意に対してまったく鈍感である母親に対してセラピストがかかわった例を引用する。それは，「あなたが子どもの時は，どんなふうに成長しましたか」というセラピストの開かれた質問で始まった。母親は幼い時の自分と家族の深刻な歴史を語り，その中にはうつ病になった者が何人もおり，自殺未遂もあったこと，夫は娘が12歳の時脳出血で突然亡くなったこと，その後しばらく母親自身もうつ状態であったことなどが含まれていた。

T_1：あなたはこれまでの人生でたくさんの痛みを体験してこられたんですね。
母：私なりにですね。
T_2：娘さんにはあなたより良い人生を望んでこられましたか。
母：いつも最善を尽くしてきました。でも一度も感謝されたことはありません。返ってくるのは反抗の言葉と態度だけです。背中が痛い時でも夜中の1時までかかって，アイロンをかけておいた洋服を床に放って着て行かないんですから。[娘は黙っていて話そうとはしない]
T_3：自分がしてもらったよりもたくさんのことをしてこられたんでしょうね。
母：そのとおりです。私のためにアイロンをかけてくれる人はいませんでしたから，いつも自分でかけなければなりませんでした。
T_4：自分の努力に娘さんから感謝してほしいと思ったでしょうね。
母：それがあればよかったでしょう。でもしかめっ面しか返っては来ないんです。
T_5：しかめっ面に登校拒否，自殺の脅かし，そしてあなたを傷つけていること。こんな問題行動にもかかわらず，娘さんが言ったりしたりすることの中にあなたを助けようとしていると思われることがありますか。
母：もし助けたいなら，学校に行って，叫ぶのはやめ，私がしてほしいことをやってほしいと思います。

T₆：学校に行かないことが一番気になることなんですね。
母：成績はいいんです。学校に行っていた時は良くやっていました。私は学校には行きましたが、問題がありました。
T₇：娘さんは学校ではうまくやれるのでなおさら気になるんですね。あなたよりずっと良い生徒になれるはずだと。
母：どうして学校に行かないのか、気が狂いそうです。
T₈：うつ状態だったとおっしゃってましたね。
母：子どもがこんな状態になったら落ち込みませんか。
T₉：娘さんの不愉快な行動にもかかわらず、あなたが落ち込んだり、寂しい時、娘さんはそれに気づいていますか。
母：分かっていると思いますけど。
T₁₀：変な質問だと思われるでしょうが、お尋ねしたいのですが。
母：どうぞ。
T₁₁：思春期の反抗をしながらも、娘さんがあなたを心配している可能性があると思いますか。小さい時はいつもそばにいたとさっきおっしゃってましたね。学校に行っている間に、あなたに何か起こるのではないかと恐れていると思いませんか。
母：いいえ、ただ学校に行きたくないだけです。
T₁₂：あなたと議論するつもりはないのですが、ここは私の考えと違いますね。私たちが話をしている時、娘さんはじっと聴いていました。あなたのことを気にかけていると思います。でもどうしたらよいのか分からないのです。学校に行かないであなたのそばにいることが、考えられる唯一のできることなのかもしれません。

T₄でセラピストは母親の娘に対する努力と、それに対して敬意や評価が返って来ないことへの怒りを認める。

T₉は、親役割代行をしてきた娘のことを示唆する。そして、母親がそれに気づいているかを確かめ、娘の母親への関心と助ける努力について話し合う準備をしている。

T₁₁の変な質問をすることで、娘の態度に変化が現れる。突然不機嫌ではなくなり、むしろ熱心に耳を傾け、母親の反応を見つめている。

T₁₂で、セラピストは母親が今言ったことの意味を考えるよう勧めている。

母親がうつ状態であること，娘がそれに気づいていること，そして娘が母親を見守るために家にいるはずはないと母親は思っていることである。換言すれば，セラピストは母親が言ったことに責任を持つように支えているのである。

引用文献

1) Norcross, J. C. & Arkowitz, H. : the evolution and current stratus of psychotherapy integration. W. Dryden (Eds.) : *Integrative and Eclectic Therapy : A Handbook*. Open University Press, Buckingham, 1992.
2) 平木典子：個人カウンセリングと家族カウンセリングの統合. カウンセリング研究, 29 (1)；68-76, 1996.
3) Seaburn, D., Landau-Stanton, J. & Horwitz, S. : Core techniques in family therapy. R. H. Mikesell, D. Lusterman & S. H. McDaniel, (Eds.) : *Integrative Family Therapy : Handbook of Family Psychology and Systems Therapy*. American Psychological Association, Washington, D. C., 1995.
4) Meichenbaum, D. : *Cognitive Behavior Modification : An Integrative Approach*. Plenum Press, New York, 1977. （根建金男監訳：認知行動療法. 同朋舎出版, 1992.）
5) Freedman, J. & Combs, G. : *Narrative Therapy : The Social Construction of Preferred Realities*. W. W. Norton, New York, 1996.
6) Andersen, T. (Ed.) : *The Reflecting Team : Dialogues and Dialogues about the Dialogues*. W.W.Norton, New York, 1991. （鈴木浩二監訳：リフレクティング・プロセス. 金剛出版, 2001.）
7) McNamee, S. & Gergen, K. J. (Eds.) : *Therapy as Social Construction*. Sage, New York, 1992. （野口裕二, 野村直樹訳：ナラティヴ・セラピー. 金剛出版, 1997.）
8) Auerswald, E. H. : Epistemological confusion in family therapy and research. *Family Process*, 26 (3)；317-330, 1987.
9) Rogers, C. : *Client-Centerd Therapy*. Horghton-Mifflin, Boston, 1951.
10) Bowen, M. : *Family Therapy in Clinical Practice*. Jason Aronson, New York, 1978.
11) Boszormenyi-Nagy, I., Grunebaum, J. & Ulrich, D. : Contextual therapy. A. S. Gurman & D. P. Kniskern (Eds.) : *Handbook of Family Therapy*. Vol.II. Brunner/Mazel, New York, 1991.
12) Roberto, L. G. : *Transgenerational Family Therapies*. The Guilford Press, New York, 1992.
13) Boszormenyi-Nagy, I. & Spark, G. M. : *Invisible Loyalities*. Brunner/Mazel, New York, 1984.
14) Carter, B. & McGoldrick, M. (Eds.) : *The Changing Family Life Cycle : A Frame Work for Family Therapy (2nd ed.)*. Alyn & Bacon, MA, 1989.
15) Minuchin, S. : *Families and Family Therapy*. Harvard University Press, Boston, 1974. （山根常男監訳：家族と家族療法. 誠信書房, 1983.）

16) Watzlawick, P., Weakland, J. H. & Fisch, R. : *Change : Principles of Problem Formation and Problem Resolution*. W. W. Norton, New York, 1974.（長谷川啓三訳：変化の原理. 法政大学出版局, 1992.）
17) van Heusden, A. & van den Eerenbeemt, E. : *Balance in Motion : Ivan Boszormenyi-Nagy and His Vision of Individual and Family Therapy*. Brunner/Mazel, New York, 1986.
18) Boszormenyi-Nagy, I. & Krasner, B. R. : *Between Give and Take : A Clinical Guide to Contextual Therapy*. Brunner/Mazel, New York, 1986.
19) Goldenthal, P. : *Doing Contextual Therapy : An Integrated Model for Working with Individuals, Couples, and Families*. W. W. Norton, New York, 1996.
20) Goldenthal, P. : Doing contextual therapy. (Handouts) The 54th Annual Conference of American Association of Marriage and Family Therapy, in Toronto, 1996.
21) Erikson, E. H. : *Life Cycle, Completed*. W. W. Norton, New York, 1982.（近藤邦夫訳：ライフサイクル, その完結. みすず書房, 1989.）

15

隠された親密さ―忠誠心

I　忠誠心の内包するパラドックス

　忠誠心―ロイヤルティ（loyalty）とはいかにも古めかしい言葉だと思われるだろう。戦中派の人には「君に忠に，親に孝に」という標語を思い出させ，忠誠心とは「上からの命令に忠実に従う」といった意味に受け取られ，戦後世代にも，誰かに忠誠心を持つことは自主性をなくすことと考えられるかもしれない。

　しかし，辞書を引いてみると忠誠心そのものには，「まごころ」とか「まごころを尽くす心」という意味しかない。本来は「個人がある対象に向ける積極的態度と信頼」といった心理的な意味合いが強い言葉なのであるが，同時に「集団がその所属メンバーに期待する誠意とその期待をくみ取って自発的に動こうとする姿勢」の意味に広げて使われることも多い。つまり，忠誠心は，個人の心理としてのまごころから，市民としての社会的，国家的結合までの道徳的，政治的，哲学的な意味で定義され得る言葉なのである。

　一見自発的とも見えるその姿勢の裏には，そうせざるを得ない故の自発性，あるいは集団による見えないコントロールが垣間見える。それが忠誠心の極めて複雑で，パラドクシカル（逆説的）なところであり，人の心の動きを関係的に捉える上で興味を引く概念である。その意味で，ロイヤルティ（loyalty）の訳はやはり忠誠心であり，人間関係，家族関係には，その言葉でしか表現できないものが存在する。それは，家族の「親密さ」に深いかかわりがあるので，本論では忠誠心という観点から「親密さ」を考えていくことにする。

Ⅱ 見えない忠誠心

　そもそも忠誠心という概念を家族関係の理解に導入したのは，ハンガリー生まれで，アメリカで活躍した多世代派の家族療法家イワン・ボソルメニイ-ナージ（以後ナージと呼ぶBoszormenyi-Nagy, I.；ナージの理論については本書14章161頁〜を参照）である。彼は，1973年に「見えない忠誠心」[1]という著書で，「現代は不安，暴力の恐怖，基本的な価値観への疑惑の時代であり……相互信頼と社会への忠誠心の危機を招き……若者に暗い影を落として……家族での成長体験が意味のないこととして廃れていくのではないか」と問い，「真の家族の絆の強さや自由は，目に見えるかかわりだけにあるのではなく，見えない家族へのコミットメントという忠誠心にある」と主張している。その忠誠心は目に見えない形でも表現され，それは家族の目にも明らかな「大声で，命令的になされる弱い者いじめよりもはるかに強力であり，……見えない忠誠心は，自ら困難を引き受ける家族の中の殉教者が他のメンバーの罪悪感を刺激するという形や，反抗的・暴力的な子どもが家族の振る舞いを最も忠実に引き継ぐという形で表現されたりする」と述べている。

　忠誠心は強制されない限り極めて自発的な心の動きである。むしろ，その心の動きは，本能的と言ってもよいほど無意識のうちに，自然に培われてゆく。たとえば，赤ん坊は生まれて間もなく親の笑顔やあやす声に笑顔や「クックッ」という喜びの声を発して応え，幼い子どもは自分の大好きなおもちゃを大好きな母親に差し出したり，クッキーを両親に分けてあげようとする。小学校に入った子どもは親の期待に応えてよい成績をとろうと努力し，中学生は親に心配をかけないように悪いことはしない。子どもは，親の価値観を身につけ，家業を継ごうとし，誰よりも親が好きで，尊敬していると言う。

　逆に忠誠心はマイナスの形でも表現される。子どもは親から与えられ，また奪われた分を，きちんと返す。友人の子どもの保育園初入園の日の話である。生後4カ月で親には嬉しそうな笑顔で反応し始めていた男の子が，母親の出産休暇が終わって，初めて保育園に連れて行かれた。あずけられた時は泣きもしなかったその子は，夕方母親が迎えに行ってもニコリともせず，父親が帰っても，いつもならコロコロと声を立てて喜ぶのに，3時間も笑顔にならなかったと言う。4カ月の子どもが別れのつらさをいかにもきちんと親に返している。

子どもが示す忠誠心は，このように目に見える行動となって現れるが，大人の場合はそれが内面化され，間接的で複雑な形でしか表現されないことも多い。本人も無意識であり，他からはなかなか理解されにくい。もう1つ，大人の見えない忠誠心の例を挙げよう。
　日系2世のジョー・モンタナの話である。
　彼は広島からカリフォルニアに移り住んだ牧師の息子であったが，第2次世界大戦中，さまざまないきさつがあって，ただ1人の日系人としてシカゴのマフィアの一員になった。マフィアの仲間にはイタリア系の人間しかなれないのに，彼は大幹部からその器用な賭博の才能と口の固さを認められて幹部にまでのし上がって行った。ところが，ふとしたことから疑惑をかけられ，彼がイタリア系でなかったことがさらに拍車をかけて，大幹部から呼び出される羽目に陥った。彼は，それが死を意味していることをわかっていた。しかしその日，彼は散髪に行き，一張羅の背広を着て出かけた。予期した通り，彼は幹部にピストルで撃たれたが，偶然にも一命を取りとめた。入院中，彼は警察から執拗に裁判で証言するように説得された。しかし，彼は裏切られ殺されかけたにもかかわらず，決して説得に応じようとはせず，一貫してマフィアの掟である「裏切らない」を忠実に守りつづけようとしたのであった。彼はその後，「裏切らない」自分を裏切ったマフィアへの怒りに目覚め，告発する決心をするのだが，いずれにせよ，彼の行動は忠誠を尽くすことに賭けられていたのであった。
　彼は，一見，キリスト教者である父親を裏切って暗黒街への進出を果たした人間のように見える。しかし，父親のキリスト教の教えに賭ける生き方の厳しさは，確実にマフィアの掟に賭ける彼の忠誠心となって貫かれ，引き継がれていたのである。
　このようにして「見えない忠誠心」は，子どもの心に培われ，それは前の世代への信頼となって次の世代へ引き継がれていく。同時に，あるグループ・メンバーはグループからの強制，仲間からの承認，恩義，結束などの理由から忠誠を尽くすことにもなる。それは，掟を守るといった目に見える形で表現されることもあるが，ジョー・モンタナの例のように，異なって見えるものを重ねて透かしてみることからしか理解できないほど，錯綜した関係の行動となっている。
　このような人をナージは「忠誠な反逆者」と呼んで，社会のためにマイナス

の部分を積極的に，無意識に引き受けるパラドックスを指摘している。

Ⅲ　引き裂かれた忠誠心

　これまで述べたように，個人の態度としての忠誠心は，所属している集団への同一化，メンバーへの信頼と忠実な関与・献身・責任という形で表現される。それは集団から無言のルールや認可を受けることになり，集団の期待や禁止令は忠実なメンバーによって内面化され，集団からの表だった強制がなくとも，個人を心理的にコントロールする力になる。

　ナージは，実存哲学と精神分析に造詣の深い臨床家であるが，ブーバーやサルトルが忠誠心について述べていることを次のように解説している。人は単に誰かに頼りたいという気持ちを満たすために忠誠心を持つのではなく，人間は本来実存的な不安に曝されているので，誰かと意味ある関係を結ばない限り底知れぬ空虚感を体験せざるを得ない存在なのだという。意味ある関係とは，積極的な関心と配慮の上に成り立つものであり，それを相互に与え合うことで親密な関係をつくることができるというのである。ナージは，それがブーバーのいう「我と汝」の対話の関係であり，このような実存的な依存関係で結ばれた二人組が家族の忠誠心の源であると主張する。また，エリクソン（Erikson, E.H.）[2]のライフサイクルにおける成人初期の発達課題である世代性（generativity）とは，次の世代を慈しみ育てようとする深い思いと関心を，依存している人々に向けようとする成熟した忠誠心を意味しているとも述べている。

　ただし現実に，忠誠心は相対的に示され，その尽くされ方は比較される。一般に，友人や仕事仲間よりは配偶者，両親，子どもたちに対する忠誠心の方が強くなるのが普通である。そのため，1人を排除し，もう1人に献身するといったことが起こり得る。それをナージは「引き裂かれた忠誠心」と呼んでいる。

　問題は，家族内のメンバー間に忠誠心の葛藤が起こり，忠誠心が引き裂かれる場合である。忠誠心を引き裂かれることは，親密さ転じて心理的苦痛と嫉妬の源となることである。それは，次のような2つの場合に起こる。

IV 親子間の親密さの葛藤

　先にも述べたように，子どもは自分の親に対して，ほとんど本能的に忠誠心を育んでいく。その忠誠心は，親の模範的で適切な育児によって培われるというよりは，子ども自身の忠誠であろうとする欲求が反映されている。虐待されている子どもが，決して親のことを悪く思わず，自分が悪いと思っていることはその一例である。

　ナージは，親子が相互に抱く忠誠心のことを「垂直の忠誠心」と呼んでいるが，とくに子どもにとって強い欲求である両親に対する「垂直の忠誠心」は，葛藤が起こらないように育まれる必要があるという。たとえば，一方の親に近づくことが他の親から遠ざかることを意味するとすれば，子どもの忠誠心は激しく引き裂かれることになるだろう。

　子どもにとって，片方の親にしか忠誠心を持てないことは，関係のバランスが崩されることであり，情緒的にも心理的にも大きなストレスになる。このような「引き裂かれた忠誠心」の問題は，子どもの一方の親に近づこうとする言動に，もう一方の親が耐えられないとか許せないなど，両親の信頼関係がない時に起こりやすい。また，実の親と義理の親の仲が悪かったり，実の親と養父母との間に不信感があるような場合とか，養育権を激しく争って離婚した両親の子どもにも起こる。そして，このような「引き裂かれた忠誠心」を体験した子どもは，子育てに責任を持つべき大人同士の不信の影響を受けて，将来の結婚生活や子育てにまで問題を引きずる可能性もある。決して結婚しないとか，子どもは生まないと頑なに言い張る若者の中にその例がある。

　葛藤に巻き込まれた揚げ句，「引き裂かれた忠誠心」を一方の親に尽くすことになった子どもは，その親と一時的に親密な関係を結ぶことができるが，同時に「親役割代行」をすることになり，子どもとしての欲求が満たされなかったり自立が引き伸ばされたりする。

V 夫婦間の親密さの葛藤

　一方，親友や恋人同士，夫婦などが相互に持つ忠誠心を「水平の忠誠心」と言う。子どもは成長し青年期に入ると「垂直の忠誠心」だけでなく「水平の忠

誠心」に目覚め，培い，その必要性を体験していく。また，大人も仕事の世界などで，深い関与を必要とすることがある。思春期の子どもは仲間との親密さを培わない限り，自立し，社会の一員として生きていくことはできない。医者やカウンセラーは，患者やクライエントに最大の献身をし，日本のサラリーマンは「会社と浮気」しているかに見える。

しかし，もし青年が仲間との親密さの欲求である「水平の忠誠心」を示した時に，家族，とくに両親から「厄介で，配慮のない，家族を無視した行為」と受けとられ，暗に「垂直の忠誠心」の欠如を責められるとするならば，それは「引き裂かれた忠誠心」を体験させられることになるだろう。

また，嫁姑の葛藤に巻き込まれた夫は，妻に対する「水平の忠誠心」と母親に対する「垂直の忠誠心」の狭間で忠誠心を引き裂かれることになる。実家の親の介護を余儀なくされる妻も同じであるし，仕事と配偶者や子どもとの間で行動の選択を迫られつづける夫もそうである。また，信仰と神に献身するカソリックの司祭やシスターなどの宗教家は，家族を見捨てられた思いにさせる。

Ⅵ　嫉妬と罪悪感が示す親密さへの渇望

実際，忠誠心を引き裂かれている人は，あちらを立てればこちらが立たずというジレンマに陥るが，本音は両方を立てたいのであり，それはできないことではないはずである。しかし，見捨てられたと思っている側には嫉妬心が芽生え，他方を捨てて自分を取るよう迫りたくなる。一方，見捨てたと思われている側には罪悪感が生じる。先の「親役割代行」をしてきた子どもは，親への忠誠を裏切ったことに罪悪感を感じて，友人や配偶者を切り捨てるかもしれないし，逆に親を情緒的に遮断して排除するかもしれない。妻を半殺しにするほどの暴力を振るう夫が，実は自分の親につらく当たってきたことの罪悪感から解放されたい思いを表現していることもある。

よく考えて見ると，忠誠心や親密さには本来優先順位はなく，誰もが持ちまた求めている心のありようである。むしろ，親密さの対象に優先順位をつけること自体が極めて困難な作業である。しかし，忠誠心は関係の中で扱われる時，とくに個人の心理の中で内面化されると，それは強制力や掟になると述べたように，嫉妬や罪悪感の源ともなって人を苦悩に追い込む。それは人の心の奥に垣間見られ，人間関係の中で密かに働いている恩義や日本人の呼ぶ義理の感覚

にも通じるところがある。このように考えてくると，忠誠心や義理の感覚はおそらく日本人にだけあるものではなく，そういった言葉では表現しなくとも人間の心にあるものだと考えられないだろうか。それは，とくに家族関係の中で親密さ以外のさまざまな形をとって表現される。

ナージは，嫉妬は実は「その人の信頼と忠誠心への渇望を示す極めて微妙な表現だ」と述べている。つまり，親密さへの渇望は嫉妬で示され，親密さへの渇望に応えられないと感じる苦悩が罪悪感に表れるのであろう。

エリクソン[2]は，母親は赤ん坊の欲求に敏感に応えて世話をすることで子どもの基本的信頼感を育むが，それは信頼された社会のライフスタイルに母親が適応していることでもあると主張している。それは子どもの他者への信頼感を育て，それを与えてくれた親と社会に対して，恩義とでも呼ばれるような気持ちを培う。世話をされたことに対する感謝と信頼感は，子どもの心にそれを返そうとする思いを芽生えさせる。ナージは，「感謝の気持ちを感じれば感じるほど，恩義や義理の気持ちも強くなり，受けた恩恵を返すことが少なければ少ないほど蓄積される恩義は高くなる」と述べている。

交流分析の創始者エリック・バーン（Berne, E.）[3]は，「人は親密さを求め，親密さを獲得するために生きている」と述べたと言われている。平木[4]は，たとえ人とかかわることを拒否している人，人に冷たく当たっている人でも，その心の奥では親密さを求め，親密さを渇望して人生を送っていると述べたが，親密さは人間関係の基本となる必要不可欠の要素であり，人間関係を解く鍵でもある。同時に親密さとは，単に人が親しく仲良くなることではなく，実に多様な人間関係の側面を反映したパラドクシカルな心の働きである。そのパラドクシカルな心の働きを，忠誠心という名の隠された親密さから考えてみた。

引用文献

1) Boszormenyi-Nagy, I. & Spark, G. M.: *Invisible Loyalties*. Brunner/Mazel, New York, 1973.
2) Erikson, E. H.: *Childhood and Society*. Norton, New York, 1950.（仁科弥生訳：幼児期と社会Ⅰ・Ⅱ．みすず書房，1977，1980．）
3) Berne, E.: *Transactional Analysis in Psychotherapy*. Grove Press, New York, 1961.
4) 平木典子：インティマシーをめぐる緒言．家族心理学年報，12, 1994.

参考文献

1) Boszormeyi-Nagy, I. & Krasner, B. R.: *Between Give and Take*. Brunner/Mazel, New

York, 1986.
2) Goldenthal, P.: *Doing Contextual Therapy*. W. W. Norton, New York, 1996.
3) 平木典子編：講座家族心理学2　夫と妻．金子書房，1988．
4) 平木典子：夫婦の愛の形成過程と崩壊過程．心理学評論，1990．
5) Hudson, L. & Jacot, B.: *Intimate Relations*. Yale University Press, New Haven. CT, 1995.
6) Williamson, D. S.: *The Intimacy Paradox*. Guilford Press, New York, 1991.

16

青年期事例の家族療法

I 青年期の課題

　青年は個人の発達史の上では，子どもと大人の中間に位置し，現実も大人と子どもの間を往復しているような生き方をする。その発達課題は「自立と個性化」であり，人生の重大な節目として，E・H・エリクソン（Erikson）の言うアイデンティティの確立の過程を経る必要がある。

　「自立と個性化」は3つの側面から訪れる。1つは身体的変化であり，第二は自己客観視による心理的動揺であり，第三は同世代の仲間と親との対人関係の変化である。つまり，身体的には生殖機能などが大人並に発達する過程で，性欲動，異性への関心，自分の身体的側面への懸念や不満が一気にクローズアップされ，意識の中心を占めるようになる。加えて，知的にも情緒的にも最も激しい体験をする。青年は白か黒かの判断や両極感情の間で揺れ動きつつ，自己を適正な位置にとりもどす必要を感じて，自己内の整備に必死になり始める。つまり，好むと好まざるとにかかわらず，青年は自己を客体化してあるべき姿を問い，逆に理想を等身大に削って現実の自己を受けいれるというエネルギーのいる作業を行わなければならない。それは子ども時代の心身一如的世界とはまったく異質の分裂の世界の体験であり，アイデンティティの拡散とか喪失と言われるほど，一時自己を見失う時期である。

　それはさらに対人関係の難しさとしても現れる。潜在的に自立を促されている青年は，親から離れて同世代の仲間に受けいれられていくこと，つまり次代を背負う人間として世代内の結びつきを強化することを望むようになる。同世代の仲間に受けいれられないことは生涯の孤立を予測しかねない。しかし一方では親からうけ継いだ価値観や生き方の方が馴染みがあり，また親からの保護を必要とする限りはそれを無下に棄てるわけにはいかない。したがって仲間と

親の間を右往左往することになる。その不安定な状況に耐えつつ、自分らしさを確立するしかないのであるが、その作業には時にはノイローゼや激しい反抗行動を伴うこともまれではない。

青年期における課題は、青年個人に疾風怒濤とも呼ばれる過程を要求し、青年はその苦悩を経て統合した一貫性のあるアイデンティティを確立し、個性をもった人間としての大人に成長するのである。したがって青年個人の心理的援助はこの課題を中心に進められることが多い。つまり個人の内的世界の確立を援助の主題にするのである。

II 青年期の子どものいる家族の課題

しかし、内的世界をもった青年は同時に外的世界である家族や社会とかかわっている存在でもある。内的欲求や衝動に動かされつつ、外からの要求や情報に適応しなければならない。その中でも、とくに青年にとって緊急な問題は、家族の影響とのかかわりである。

家族のライフサイクルの上では、青年期の子どもをもつ家族は、新婚期、子どもの出立期と並んで課題が厳しく危機も訪れやすいとされている。つまり、家族は青年の自立を援助する方向に成長することが望ましいが、家族、とくに父母（夫婦）は必ずしもそのように動くとは限らない。多くの場合、青年にとっては幼い頃に積み残した未解決の問題があり、それが青年期にもち越されているのに加えて、父母にも積み残した自立の問題があってそれが同時に噴出したりする。

理想を述べるならば、青年期の子どものいる家族は、子どもが外の世界で同世代の仲間と同一化していくことを許容し、異文化を家族へ持ち込み、時には家族文化に反抗し、それでいながら家族に心の安らぎを求めるといったわがままを受け容れることが望ましい、つまり青年期の子どもの不安定さ、アンビバレントな言動を丸ごと理解できる寛大さと余裕が必要なのである。ところが家族は、青年の問題だけを受けとめていけばよいわけではなく、そのほかにも、夫婦の自立の問題、社会生活上の変化の問題にも対応しなければならない。職業上の昇進、責任に加えて、夫婦の両親の老後の問題などが迫ってくる。それらが同時に重なって現れると、家族員のみでは対処しきれぬ場合もあり、時には青年の自立に障害をもたらす形で問題化する。

青年を中心にみると，青年は自己の内面や同一性の確立に専心する必要と家族の問題を解決しなければならない要請に巻き込まれて葛藤し，その無意識の行動化がさまざまな問題となって現れるのである。

Ⅲ 大学生の家族療法

以上のような内的，外的ゆさぶりに対応しながら，青年は自立と個性化を果たしてゆく。そのプロセスで各々の青年が直面する問題は多様であり，またその解決にかかる時間もさまざまである。各々の青年は，自分の問題を，それまでの体験の枠組みと知識によって捉えるので，各々の準拠枠に従った訴えとなる。ある者は学業不振と捉えるが，似たような問題を他の者は無気力症と訴えるかもしれない。同様に，ある者が性格の問題と訴えたことを，他の者は家族の問題と捉えるかもしれない。システム論的に言えば，問題は循環しているわけであり，パンクチュエーション（句読点）の打ち方で問題は変り得るので，各人が同じような問題をどう捉えるかも異なって当然である。また似たような状況に置かれても，問題が人によって身体症状となって現れることもあれば，行動化となることもある。

ある人がアレルギーとして表現することが，他の人は非行として行動化するといった具合である。

以上のように，人間の悩みや問題は複雑に現れ，その捉え方，訴え方も各人各様であるので，厳密に言うと問題に名前をつけたり分類したりすること自身困難である。加えて，青年期の問題は，生理と病理，課題と悩みが区別できぬ形で現れるので問題に差別を生むようなレッテルを貼ることは慎む必要がある。したがって次に掲げる事例はわかりやすくするために便宜上症状や問題に名前をつけたことを断っておきたい。

選んだ事例は，大学の学生相談の中で，主訴は多様でも家族が深くかかわっているもので，合同家族面接をしないで家族療法的アプローチをしたものに限った。その理由は，大学生の場合，自発来談が多く（家族が子どもの問題を訴えることは少ない），加えて，地理的条件や，学生個人の心理的理由，要望などで合同家族面接を行えないことも多いからである。家族の来談が必要な場合は，地方からでも何度か上京してもらうこともあるが，その場合でも，父母のみのことが多い。このような現実を背景にして，学生1人に対する家族療法の

試みをした例である。家族療法は考え方であってやり方でないことを前提とすれば，合同家族療法がすべてではない。とくにMRIの短期集中療法では，「問題に一番関心をもっている者」を中心にシステミックなアプローチで面接が進められることを考えれば，「問題をもって自発来談する学生」を中心に家族療法的アプローチが可能なはずである。体験によれば，学生が自立への志向を多少でも表明しながら問題や症状を家族との関連で訴えはじめた場合，心理教育的アプローチを含めた家族問題への短期集中療法は成功すると思われる。

1. 【事例1】不登校

主訴：大学2年の男子，大学1年の9月よりほとんど授業に出ておらず，1年次の取得単位は体育2単位のみ。2年次に入り履修のことで来談。1年次不登校だったことは親には内緒。バレたら大変なことになるので，あと3年で卒業すべく頑張りたいとのこと。

家族：父－会社員，母－専業主婦，兄－24歳（会社員），在京。

面接経過：初回は主訴である履修を中心に相談が進められたが，そのほかに授業への不安，1年次の不登校の模様などを語る。

2～5回

親の期待が大きく，それに合わせた形で自分自身の理想も高いこと，それと現実とのギャップに耐えられず，大学に再び来たくなくなったことなどを語る。

6～12回

家族の話。兄は父母に反抗的で，ほとんど父母を無視。家の中では勝手と思われる言動でクライエントをひやひやさせること，それに父と母はほとんど何も言えぬこと，母がとくにクライエントに多大の期待をかけていること，その期待を裏切っているのが心苦しいことなどを語る。家族の問題がクローズアップされてきたので，家の中での家族の会話ややりとりをできる限り詳しく覚えて記録してくるよう指示。家族構造，コミュニケーションなどを理解するためである。

13～18回

母親のものの言い方は「○○さんは立派だ」とか「……になるといいわね」といった遠まわしの指示にきこえるものが多いことが判明。父は兄をよく叱った。正義をふりかざし，いつも自分が正しいといったものの言い方をする。

「いつも子どもたちのことを思って働いているのだから，きちんとやりなさい」とも言うと。父に迷惑をかけないよう勉強しなければ——と思うクライエント。したがって兄には批判的。しかし兄を批判している自分を情ないとも言う。兄への批判は父の考え方と同じではないか，父の考え方にクライエントはどこまで同意しているのかを問う。また父母のかかわりについて観察することを指示。

　19～22回
　父母から兄と仲良くするように注意を受ける。父に対して細かなことで反発を感じるようになる。父の考えは固すぎる，人をきゅうくつにさせる。父を正しいと思っていたが，父の考えの固さに兄は反発を感じているのだろうということを理解しはじめる。ただし兄の父母に無関心のやり方には批判的。父と母のかかわり方は，父がもっともな正しいことを言うと，母が従うという形。父の言行は不一致なことが多いことも観察で明らかになり，言うことをすぐきいてしまう自分にいら立ち始める。

　23～25回
　父に対して言い返すようになる。母がそれをとりなす。反抗するようになって父が無理なことを言わなくなる。家族の関係が見えてくる。父が命令し，母は従うが，陰では父の無理をクライエントにこぼす。母は正面から話ができない人。兄はそのような父母に早くから反発を感じて反抗し，父母から受けいれられなくなっていった。それを見ていた自分はまったく反対に従順に父母の言うことをきいて，逆に身動きがとれなくなった。先日父が，「しっかり勉強してくれよ」と言ったので，「勉強は自分のためにやることだから……」と言い返した。父があわてたりして，少し自分も自己主張ができるようになった。巻き込まれないようやってゆきたい。

2．【事例2】不安神経症

　主訴：大学4年の女子。ボーイフレンドと不仲になり，しばらく距離を置くことを話し合った後，不安感が高まり，落ち着いていられなくなり，恥ずかしいが相談所に行くしかないと思いかけつけたと。来談は家には知らせないではしい。

　家族：父－教師，母－専業主婦，弟－17歳（高校2年生），地方出身。

面接経過：
初回〜3回
　不安になった時のこと，またあんな風になったらどうしようと考えるとまた不安になること。ボーイフレンドに依存していたこと。学内で顔を合わせると苦しくなること。手紙を書いたこと。返事はあたりさわりのない内容であったことなどを語る。

4〜6回
　自分の不甲斐なさを語った時期。母のような専業主婦を嫌い，仕事をもって自立した生き方を望んでいたはずだが，落ち着きたくなったこと，母の努力と理想主義，自己完結的な生き方が自分をしばってきたことなどに気づき始める。母は週に1度電話をかけてくるが，一方，不安な自分もすぐ家に電話をかけることが多くなったと。自分が甘えん坊で，ボーイフレンドにも一方的に甘えていたことに気づく。「孤独よさようなら」（国谷誠朗著『ＴＡの本』）を読むことをすすめる。

7〜8回
　ボーイフレンドとの関係がTAでいうゲームであったことを理解。またNHKしかみない母のＰの強さを感じ始める。母との電話のやりとりを記憶しておくよう指示。

9〜12回
　クライエントが母に電話で話すことは日常的なたわいもない報告。母は主に父親が気まぐれで感情的で困ることを話すという。とくに弟の受験について父は非常に神経質に小言を言い，一貫性がないので困るとのこと。そう訴えられると，自分の方は母を慰める側にまわるという。一方，母は学業，交友関係にいちいち注意を与え，細部にわたって生活状況を知りたがる。秘密をもつことは母の不安定につながるかと心配になるのですべてを話し（相談のことは除く）安心させて電話を切ると。
　カウンセラーは，父母の相補性（父−感情的，母−論理的）のエスカレーション，娘（クライエント）を取り込んだ三角関係化，とくに母娘連合による父−息子連合の可能性と，父母の問題に弟が巻き込まれている可能性について説明。そのプロセスでクライエントとボーイフレンドとの間に起こった不仲の事件を理解するようになる。つまり，優しく何でもきいてくれるボーイフレンドは理想の男性と思っていたが，母の愚痴のきき役からでき上がった理想のイ

メージの投影であったこと。彼が自己主張を始めると収拾がつかない言い合いになってゆき，彼とのつき合いに失望していったこと。また母の接近から逃れるためにボーイフレンドへの接近による保護と支持が必要であったことなどである。

13～15回

不安が強迫観念となって出てくること，孤独や淋しさが感じられるようになったこと，感情が少しずつ分化していることなどを語るようになる。また母との電話は自分からすることがなくなり，ガールフレンドとのつき合いが増える。家族を客観視することにより，必要なことは弟への援助だと覚り始め，休暇に帰省した折は弟と話をするようになる。父は自分が弟の勉強をみると安心し，母は父がいらいらしないので安定してきたと語る。

3．事例の考察

以上，2つの事例を通して，大学生に対する心理教育的，短期集中療法の変形を簡単に紹介した。MRIの方式の特徴は，治療的二重拘束の介入にあり，また，面接回数を10回と限っているので，厳密にはその短期集中療法とは異なっている。筆者のアプローチを簡単に言えば，学生相談に，家族員間のダイナミックスの理解を活用し，学生の変容を通して家族の変容をはかるというものである。そのプロセスでは，青年の心理内（iutra-psychic）力動を共感的に受けとめながら，家族内力動を力関係，コミュニケーションの実例を通して実証的に理解し，再意味づけ（reframe）してゆくことが必要である。そして関係理解によりもたらされる個人内変化が，ひいては家族関係の変化に影響を与え，その変化が再び個人の成長を助けるといった循環的変化のサイクルをつくり出そうとするものである。青年の家族療法には，このような認識論的変換をはかることを中心としたアプローチが，かなり有効であることを紹介した。

17

中年期と家族問題

はじめに

　個人のライフサイクルの中で,中年期が取り上げられるようになったのは比較的最近のことである。発達心理学,臨床心理学の学徒は周知のように,エリクソン(Erikson)[1]は,生涯発達の視点からライフサイクル論を展開したが,表1でも分かるように,成人期の発達課題は「世代性 vs 停滞」として大きく一段階にまとめられている。確かに,大多数の人々にとって中年期は,子ども時代や老年期と比べて心身の健康に恵まれ,活力にもあふれ,自己コントロールが可能であり,危機が少ない段階である。しかし,寿命が延びて,ライフサイクルの中で中年期は最も長い期間になり,疑いなく多くの変化と選択の挑戦を受ける時期であり,特に家族をめぐっては,年代によりライフコースによって予想を超えた危機に直面することも多い。

　産業化が進み,社会が複雑化し始めた1970年代に入ると,心理学においてもマーラー(Mahler)[2]の乳幼児期の発達課題の理論などに代表されるように,発達の各段階をより細かく検討する必要からさまざまな研究が現れ始めた。なかでもエリクソンによってひとまとめにされた30年に及ぶ中年期は,シー(Sheehy)[3]によって人生の危機と捉えられて多くの共感を呼び,また,レビンソン(Levinson)[4]によって青年期に次ぐいくつかの発達段階が提示されて,個人と夫婦の発達課題が明確化され始めた(表1)。

　ただ,なんと言っても中年期のライフサイクルと発達課題,それに伴う問題について画期的な研究成果を示したのは,家族心理学者,家族療法家たちである。その理由は,多くの成人にとって中年期は家族づくりの時期でもあり,表1右欄に示されているように,家族をめぐって多様な課題が提起される時期だからである。

表1　個人・カップル・家族のライフサイクルと発達課題

個人のライフサイクルと発達課題		カップル・家族のライフサイクルと発達課題
Erikson	Levinson	Carter & McGoldrick
1．乳児期：基本的信頼 vs 不信		
2．幼児期初期：自律性 vs 恥・疑惑		
3．遊戯期：自主性 vs 罪悪感		
4．学童期：勤勉性 vs 劣等感		
5．青年期：同一性確立 vs 拡散	1．成人前期への移行期 自律性の発達	
6．成人前期：親密性 vs 孤立	2．暫定的成人期 親密さと職業的同一化	Ⅰ．独身の若い大人：（配偶者選択期） a．源家族からの自己分化 b．親密な仲間関係の発達 c．経済的・職業的自立
7．成人期：世代性 vs 停滞	3．30代への移行期 生活構造の改善・是正	Ⅱ．結合期：（子どものいない時期） a．夫婦システムの形成 b．拡大家族とのつき合い c．友人関係の再構成 d．子どもを持つ決心
	4．定着 関係の深化 長期目標の追求	Ⅲ．拡張期：（幼い子どものいる時期） a．親役割への適応（夫婦連合） b．子どもを包含するシステムの調整 c．拡大家族との新たな関係の確立
	5．人生半ばの変わり目 抱負と状況との調和	Ⅳ．拡散期：（青年のいる時期） a．柔軟な家族境界 b．中年期の夫婦関係・キャリア問題への適応 c．老年期の父母世代のケア
	6．再安定化 優先事項の再設定 再整理	Ⅴ．回帰期：（子どもの出立の時期） a．夫婦二人システムの再編成 b．成人した子ども・孫との関係 c．老父母世代の老化・死への対応
8．老年期：統合 vs 絶望	7．老年期 老い・病気・死への取り組み	Ⅵ．交替期： a．新たな夫婦機能・社会的役割取得 b．第二世代の中心的役割取得の支持 c．加齢の知恵と経験の統合 d．配偶者の死・自己の死への準備

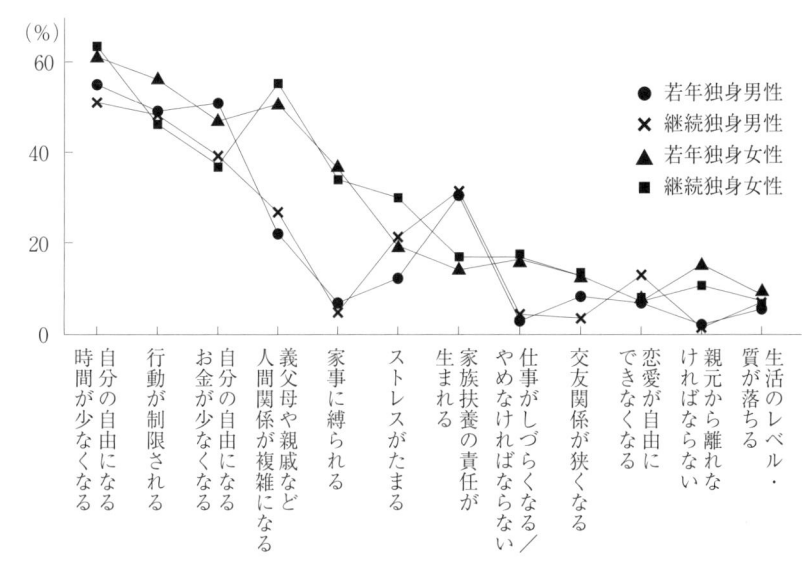

(備考) 1．厚生労働省「少子化に関する意識調査」(2004年)により作成。／2．「あなたは結婚について、どのようにお感じですか。あなたのお考えにあてはまるものをすべてお答え下さい。(○はそれぞれいくつでも)②結婚のよくない点・デメリット」と尋ねた問いに対して回答した人の割合。／3．選択肢はほかに、「あてはまるものはない」。／4．「若年独身男性」とは20～32歳の未婚男性、「継続独身男性」とは33～49歳の未婚・死別・離別の男性、「若年独身女性」とは20～30歳の未婚女性、「継続独身女性」とは31～49歳の未婚・死別・離別の女性をそれぞれ指す。／5．回答した人は、いずれのカテゴリーもそれぞれ150人。「あてはまるものはない」は記載を省略。

図1　結婚の良くない点・デメリットは何か（内閣府（平成17年）国民生活白書, p.18より）

　特に近年は，性的関係と生殖，生殖と結婚の結びつきは薄れ，個人の自由を侵害されたくない男女は家族づくりの負担とストレスを避け，単身生活を選択する傾向が強くなった。家族づくりを始めるカップル（夫婦）は，成人前期からその準備を開始し，長い成人期を通して家族メンバーの成長に伴ういくつもの変化を体験しながら，自分たちの発達課題を達成していく必要を予測するからであろうか（図1）。不安定な環境と社会の中で，ライフサイクル上の予測できるストレスだけでなく，予測できないストレスが降りかかる可能性を考えると，中年期の危機に怖気づいてしまうのも無理のないことかもしれない。

　家族はいずれも独特であり，特に中年期は多様な変化を経るので，その特徴を一般化することは困難だが，本論では，家族研究，家族臨床の成果によって

明らかにされてきた中年期の家族・家庭問題について，いくつかの視点から検討することにしよう。家族療法では，家族は各成員の変化を相互に受けながら，一つの単位として変化している関係態（システム）と捉える。個人の変化は関係の変化を，関係の変化は個人の変化をもたらしながら成長している中年期の家族は，どのような問題に直面し，どのように発達していくのだろうか。

I　中年期の家族ライフサイクルと発達課題

本論では，中年期をおよそ35歳～65歳のほぼ30年間と捉えることにする。

ただし，この30年間には実に複雑な中年期の家族模様が展開されていく。例えば，晩婚化と長寿化の中で子育ての時期が人生の後半になりつつあること，性的欲求と生殖欲求のつながりは薄れ，生殖医療の進歩も手伝って結婚，出産，子育ての意味が変化していること，子どもは〈社会的価値〉よりも父母の〈個人的価値〉として男女の選択にゆだねられつつあること，初産を体験する女性の年齢が12歳ごろから45歳ごろまでに広がっており，中年期の親には1歳から40歳ぐらいまでの子どもがいること，さらに老年期の夫が再婚した若い妻との間に子どもが生まれると，父親と祖父を兼ねた家族が出現すること，などである。現代人は，青年期を迎える頃から多様なライフコースを歩み始めることを念頭に，家族を考えていくことが重要だろう（図2）。

現在，家族療法の世界で標準とされるようになったカーターとマクゴールドリック（Carter & McGoldrick）[5]の家族ライフサイクルによれば（表1右欄と図2），家族づくりは，I独身の若い大人の時期（源家族から自己分化し，配偶者選択をする時期）を経て，中年期のII，III，IV，Vの段階を迎える。それぞれの段階の発達課題を少し詳しく述べよう。

  II　結合期（子どものいない時期）
   a．夫婦システムの形成・夫婦相互適応性の確立
   b．拡大家族とのつき合い・友人関係の再編成
   c．子どもを持つ決心など
  III　拡張期（子育ての時期）
   a．親役割への適応・夫婦連合の確立
   b．子どもを包含するシステムづくり
   c．拡大家族との新たな関係の確立など

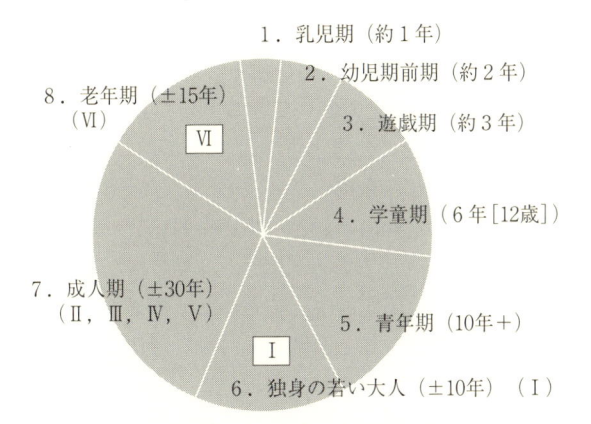

1. 乳児期（約1年）
2. 幼児期前期（約2年）
3. 遊戯期（約3年）
4. 学童期（6年[12歳]）
5. 青年期（10年＋）
6. 独身の若い大人（±10年）（Ⅰ）
7. 成人期（±30年）（Ⅱ，Ⅲ，Ⅳ，Ⅴ）
8. 老年期（±15年）（Ⅵ）

図2　個人と家族のライフサイクル
（個人のライフサイクルはエリクソンに従って算用数字で，家族のライフサイクルはカーターとマクゴールドリックに従ってローマ数字で記入してある）

Ⅳ　拡散期（思春期・青年期の子どものいる時期）
　　a．青年のための柔軟な家族境界
　　b．中年期の夫婦関係への適応
　　c．キャリア問題の調整・適応
　　d．老年期の父母世代のケアなど
Ⅴ　回帰期（子どもが巣立った後の時期）
　　a．夫婦二人システムの再編成
　　b．成人した子ども・配偶者とその家族・孫とのつき合い
　　c．老父母世代の老化・死への対応など

家族は，それぞれの家族状況に応じてこれらの課題を達成していくが，子どもがいるカップルが中年期に共通して経験することは，①子どもの自立までの子育てと子どもの巣立ち，②家族の変化に伴う夫婦関係の変化，③老年期に入る親世代のケアという，人生における三大課題とも言うべきものであろう。

Ⅱ　現代の中年期と家族・家庭の問題

それでは，上記の三大課題は，現代家族の中年期において，どのような問題を提起しているであろうか。
　現代のカップルは，先に述べたように結婚・出産に対して多様な心理と選択

をもつ。

　20代で結婚するカップルと30代で結婚するカップル，また，20代で結婚しても30代まで出産を控えるカップル，できちゃった婚のカップルなど，子育てに移るまでのⅡ結合期の過ごし方・意味はカップルによって異なるだろう。また，カップルには，①子どもを持たない決心，②子どもを持つ決心，③予定外の妊娠とその受容，④予定外の不妊と戸惑い・対応，⑤子どもを持つことにアンビバレント（夫婦とも・片方のみ），といった多様な心理があり，それぞれの状況に対してカップルは問題解決を迫られる。順調な子育てには，父母が家族づくりにある程度の心積もりと準備をし，発達段階に応じた養育，かかわりをすることが望ましいわけであるが，選択の自由と多様性，グローバルな競争と変化の中で，現代の中年期家族の課題は複雑化している。

1．中年期の子育ての問題

　現代日本の子育ては，家事の省力化，男女共同参画の促進，長時間労働の中で行われていることが特徴である。子育ては労苦の多いものになり，孤立化した育児，親による子ども虐待などが後を絶たず，一方で少子化が進んでいる。仕事に忙殺され，保育が負担になっているカップルにとって，乳幼児期の親子の愛着・親密性の確立と分離個体化の発達課題は積み残され，幼児期・学童期に入って自律性の発達課題と重ねて保育士・教師などの支援課題となっていくことも少なくない。

　親密さと自律性の発達課題を積み残した子どもは，学童期に入り，家庭にも学校にも居場所がないことを知ることになる。ひきこもり・不登校・いじめ・暴力などで不安と孤独を訴えている子どもに対して，大人は勤勉性を要求し，課題の遂行と成果によってのみ承認を与えて，関係の悪化と問題解決の遅延を招いている。再び，子どもたちは成果によらず人間として受けとめられ，支えられるチャンスを失い，寄る辺ない社会で中年期の親にすがることになる。

　このような状態で青年期に達した子どもたちは，家族外の人間・社会との交流に回避的になるばかりでなく，成果をあげている人間のみが受け容れられ，落ちこぼれた者が無視されていく社会を嫌悪する。課題達成型の青年は情緒的成熟を積み残して成果主義職場の要員となり，成果を示すチャンスに恵まれなかった青年は内閉的，あるいは自棄的になって社会化を拒んでいく。いずれの場合も，第二の分離個体化とされる青年の自立には程遠く，親子とも望まずし

て子離れ・親離れを延期していく。図2で青年期，若い大人の時期が±10年となっているように，中年期の親は，はからずも，この時期になって子どもの巣立ちが容易ならぬことを知ることになる。

2．中年期の夫婦関係の問題

中年期は，子どもの発達・夫婦の成長に応じて関係も変化していく時期である。夫婦は，学童期まで子育てにかなりのエネルギーを注ぎ，子ども中心の生活を送るが，青年期になると子どもに心の基地を提供しつつ家族の境界を広げて青年の仲間文化を受け容れ，子どもから徐々に離れて，巣立ちの準備に協力する両親となる必要がある。

しかし，前項で述べた子どもの青年期・若い大人の時期の延長は，ひきこもり，ニート，パラサイトシングル，職場不適応などの子どもとのつき合いを余儀なくされ，それに伴う夫婦関係の葛藤・問題がクローズアップされることにもなる。

一方，少子化の中で子どもの巣立ちが早い場合，夫婦の定年までの期間が長くなり，それまでの夫婦関係を反映して二人システムへの再適応が，非常に困難になることもある。家族療法で「会社と浮気しているような夫と子どもと結婚したような妻」と描写される残業続きの夫と子育てを一任されている専業主婦の妻のカップルには，気持ちと意識のずれが起こる。夫は家族のために働いていると思い込み，妻は子どもが巣立つことを早期に予感してその準備に取り掛かる。つまり，配偶者への満足度は結婚5年を過ぎると夫は上昇し始めるのに反して妻は低下し始め，その開きは15年を過ぎて両者の下降が始まっても妻の満足度の落ちが激しく，縮まるどころかますます開いていく[6]。ここに中年期の離婚率の高さの理由がある。

夫との関係改善を諦めた妻は，早い場合は子どもが小学校に入った頃，遅い場合は子どもが自立を始めた頃に離婚を企てる。逆に，家族との関わりの薄い夫は，情緒的関係を求めて浮気に走り，離婚を考え始める。皮肉なことに，子どもの不登校，心理的な障害，非行などはこのような夫婦をつなぎとめる役割を果たす。最近のカップルセラピーでは，本音では親密さを求めて得られぬ夫婦の空虚感を訴えているのだが，互いにそれには気づいておらず，一方が怒りを向け相手がそれを回避して，思いが交わらぬまま別れを考えているケースが増えている。

3. 中年期と親世代のケア

　中年期，特に青年や若い大人の子どもがいる時期は，カップルの両親が老年期を迎え，子どもと親の両方のケア役割を担っている夫婦が多い。時には，離婚して戻ってきた子どもとその子ども（孫）の世話をしている夫婦もいる。このような多重役割を負っている大人たちは「サンドイッチ世代」と呼ばれ，特に中年の娘や嫁はこの役を荷う立場におかれやすい。仕事上も責任とストレスのかかりがちなこの時期に，子どもや親の世話を背負う中年の夫婦，特に妻は，ストレス過剰による心理障害にかかる危険も高くなる。また，この時期は経済的負担の増加，自己の老化・両親の死に直面するなど情緒的に揺さぶられる出来事も多く，幾重もの負担を背負った夫婦には，家族の相互支持はもちろんのこと，社会的支援の必要も高まっている。

　中年期は，このような意味で青年期に続いて，第三の分離個体化，自立の再定義の時期と捉えることができるかもしれない。

引用文献

1) Erikson, E. H.: *Childhood and Society*. W. W. Norton, New York, 1963.（仁科弥生訳：幼児期と社会. みすず書房, 1977）
2) Mahler, M.: *The Psychological Birth of the Human Infant*. Basic Books, New York, 1975.（高橋征史, 織田正美, 浜畑　紀訳：乳幼児の心理的誕生――母子共生と個体化. 黎明書房, 1981）
3) Sheehy, G.: *Passages：Predictable Crises of Adult Life*. Dutton, New York, 1974.（深沢道子訳：パッセージ――人生の危機. プレジデント社, 1978）
4) Levinson, D. J.: The mid-life transition：A period in adult psychosocial development. *Psychiatry*, 40；99-112, 1977.
5) Carter, G. & McGoldrick, M. (Eds.)：*The Expanded Family Life Cycle：Individual, family, and social perspectives, 3rd ed*. Allyn & Bacon, Boston, 1999.
6) 菅原ますみ, 詫摩紀子：夫婦間の親密性の評価――自記入式夫婦関係尺度について. 季刊精神科診断学, 8；155-166, 1997.

18

いま，親の条件を考える
——時代を超えて変わらざるもの——

I 現代家族の変貌と親の条件の変化

　現代の家族は大きく変貌したといわれる。その変貌ぶりは，家族を定義することも，家族の機能を展望することも困難にするほどである。
　一昔前まで，家族とは，「夫婦の配偶関係や親子きょうだいなどの血縁関係によって結ばれた親族関係を基礎にして成立する小集団」と考えられていたが，いま，このような定義に該当しない家族が増えている。家族形態を見ると，単身家族，子どものいない家族，ひとり親家族，同居していない家族，同居していても結婚していない家族などがある。また，一緒に住んでいる親子4人が，夫婦と2人の養子といった血のつながりのない家族もある。父母が再婚で，前の結婚で生まれた父親・母親の子どもがそれぞれ1人ずついるといった場合，父子，母子は血縁だが，他の人との血縁関係はない。最近では，同性愛者の家族もいて，男女の親ということもなくなった。とくに，単身赴任とか，勉学などのために家族と離れて暮らす人々，結婚をしないとか配偶者の死後一人住まいといった単身家族などが非常に多くなっている。
　家族，とくに親の果たすべき機能は，「育児，教育，社会化などの生命の再生産と，家族メンバーの生活を維持すること」といわれてきた。ところが，このような家族機能を果たすことのできない家族も増加している。とくに，高度に工業化・産業化された近代社会は，家族のあり方に大きな影響を与え始めている。個人のライフスタイルは多様化し，一人家族や子どもを産み，育てない夫婦が増えており，日本の平均出産率は1人に近づき始め，生命の再生産は危うくなってきた。昨今の幼児虐待・不登校，引きこもりなどの増加は，子ども

の成育・社会化といった家族の機能を疑わせる。さまざまな生産活動と趣味や習い事にかける時間の増大は，夫婦・親子のコミュニケーションの欠如，世代間・地域社会のかかわりの希薄化を招いている。少子化，高齢化社会は，家族の養護・介護力を問うこととなり，これまで家族がはたしてきた世代を超えた心理的遺産の継承や熟年者の知恵の伝達などに陰りが見えている。

このような家族の変貌を見ると，親の条件には，親の生きる時代の社会的，文化的背景が大きくかかわっていることが明らかである。本論のタイトルにあえて「いま」が強調されていることは，家族が大きく変貌しているいま，まさに親たる条件とは何かを問わざるを得なくなっていることが示されているといえるだろう。

そこで，本論では，まず，時代を超えて存在する親の条件について触れる。どの時代にも，どのような社会でも，内容に変化はあるとしても基本的な親となるための条件があると考えられるからである。そして後半では，現代社会における，いま必要とされる親の条件について考えてみることとしたい。

II 普遍的な親の条件

どのような社会であろうと，どの時代に生きようと，親となるための一般的条件はある。それは，家族をつくることと，親となる決心，あるいは子どもの養育・発達にかかわる決心をすることである。この2つの条件は，言わずと知れた当然のことのようであるが，実は注目し意識すべき条件なのである。

1．親の条件その1——家族をつくる決心

多くの親や若者に「あなたが結婚した，あるいは結婚する理由は何か」と問うと，「家族をつくるため」という答えが返ってくることは非常に少ない。好きな人と一緒にいたいからとか，そろそろ結婚の時期だから，子どもができたからといった理由などが多い。その結果生まれる子どもにとっては，いささか迷惑で心細い理由である。人間の子どもは非常に未熟な状態で生まれてくるので，養育者のかかわりなしには生きていけない。したがって，夫婦で子どもを産み，育てる決心をすることは親としての第一の条件である。とくに，親の一方が子どもを産み，育てたいと望み，片方が反対していて，一方の希望で子どもが生まれた場合，子どもは大きな被害を受ける場合も少なくない。

2. 親の条件その2――子どもの発達課題への関与

　第二の条件は，第一の条件に付随した必然の課題であるが，子どもの人間としての発達に大人としてかかわることである。とくに，中学を卒業するまでの期間は，親による子どもの養育，社会化へのかかわりは不可欠である。生まれて間もなく立ちあがることができる他の動物と比べると，人間の子どもは非常に未熟な状態で生まれてくるので，他者の助けなしには生きていくことができない。子どもには，人間として生まれつき備わっている成長する力があるが，周囲の人間はそれを発揮できるよう積極的にかかわる必要がある。人間の積極的な言葉かけや働きかけによって，子どもは備わっている本能にしたがって乳を飲み，泣く能力を発揮し，一定の時間がたつと，這ったり，歩いたりすることができるようになる。

　一方，子どもが社会の構成員として生活できるようになるためには，「人間として望ましい行動様式」を身につける必要がある。それは，いわゆる「しつけ」によって身につくものであり，その内容は，基本的生活習慣と技術，および基本的な価値・社会的態度と行動様式の習得ということになる。前者には，食事・排泄・睡眠・着脱衣・清潔に関する自立が含まれる。基本的な価値とは，生命の尊重・健康・安全・自立など社会秩序を維持するための価値であり，社会的態度とは，適切なあいさつや言葉かけができること，規則や順番を守ること，共有物を共有することなど円滑な社会生活を営むための社会的スキルが含まれる。これらのしつけは，言葉を覚え，自己表現ができ，コミュニケーションが取れるようになっていくことと並行して進んでいく。

　子どもが人間らしくなっていくには，養育者のかかわりが子どもの発達課題を達成することを目指して行われる必要がある。発達課題についてはここでは詳しく触れないが，しつけの中核には親子の関係のあり方が反映されるとされており，一般的には，他律から自律，そして自立と共生への非常に複雑なプロセスが含まれることを確認しておきたい。また，しつけの方法については，学習理論が貢献してきたが，親の人間観，子ども観によっても影響が生じ，さまざまな問題となって現れる可能性がある。

　一つの極には，社会的に期待される一定の価値と規範・行動様式を体得したとされる大人が，自分の期待と強制力で一方的に働きかけの主導権を握って，子どもを意のままに動かすという形をとる場合がある。最近の「しつけ」と称する親や教師の子どもに対する虐待・暴力がその例である。

もう一方の極には，親や教師自身が社会的に期待される一定の価値と規範，行動様式を体得しておらず，あるいは，しつけを自分たちの役割と認識しておらず，子どもの人間としての基本的な言動の体得にかかわることに無関心である場合である。虐待の中に見られるネグレクト，子どもの発達課題を無視，軽視した放任，他者に依存した子育てや責任転嫁などがその例である。子どもは，しつけの欠如によって被害者的立場に追い込まれ，食べる，休む，清潔で健康的な生活を営むといった生活の基本だけでなく，自尊心，社会性といった心の健康の基礎をも身につけることが危うくなる。

　親の両極端な子どもの発達課題へのかかわりは，個人の社会化と個人の個性化といった，ときには拮抗する複雑な過程をたどる社会的存在としての人間の成長・統合を基本のところで侵してしまうことにもなり，カウンセリングや心理療法の対象となる場合も少なくない。

　ただ，ここで強調しておきたいことは，このかかわりはマニュアルや基準的規則によって果たされることではなく，それらを参考にするとしても，すべての父親・母親が一人ひとり個性ある子ども（その意味では，違いのある人間）を育てながら，試行錯誤して身につけていくことが基本であり，完璧に遂行できるといった類のものではない。むしろ，発達にかかわる気持ちを持つこと，子どもの反応をきめ細かに観察することで子どもは親を育ててもくれることを覚えておきたい。

　また，しつけとは，未熟で社会化されていない人間の子どもが社会で生きるために大人から受ける必要な「仮の訓練」であることも確認しておきたい。つまり，食事，排泄，睡眠，着脱衣，清潔といった基本的生活習慣の確立ができていれば，ほとんどの問題は解決されると考えることができる。そのしつけのプロセスには人間関係が含まれており，そこでは同時に授受のかかわりと社会性の発達も育っていく。親からすべてを与えられることで基本的信頼を確立した赤ん坊は，離乳，トイレット・トレーニング，歩行，言葉の獲得などの他律的訓練を経て，子ども自身の自律的コントロールへ向かう。

　しかし，その自律性はあくまでも「仮の訓練」と練習の結果得られたものであり，その成果は，青年期になって再び自分と社会にふさわしいものであったかを問われることになる。これまで受けたしつけの有用性，意味は再確認され，その内容は取捨選択されて自分にとってふさわしいものを身につけなおすのが青年期，自立の時期である。ある程度の自立を達成した青年は，自分と他者の

違いを理解し，受け容れ，相互適応性を確立して，個性化と社会化の統合を達成しようとする。しつけの「本訓練」はまさにこの時期に自ら行われると考えることができるだろう。そのために「仮の訓練」が必要なのである。

Ⅲ　いま，現代に必要な親の条件

いま，親の条件として強調されなければならないことは，すでに述べた一般的な親の条件にも含まれており，そこから導き出されることでもある。つまり，人間が人間として生きていく上で現代に欠けていること，失ってきたことが，実は親の条件に色濃く反映しており，以下に述べることは，あらためて親の条件として取り上げる必要があると考えられるものである。

1．親の条件その3――関係維持能力の回復

親として必要な第三の条件は，関係維持またはメンテナンス（maintenance）能力の活用である。メンテナンスとは，維持，回復，修復を意味し，機械やものの修繕，原状復帰，維持とか，人間の健康・人間関係の維持，回復といった意味に使われる。

家庭の中の仕事としては，汚れた食器やなべなどを洗って再度使えるようにすること，掃除や洗濯，修繕をして健康な生活が送れるようにすることなどがあげられる。これらは，一昔前までは専業主婦のする仕事であり，それに加えて子育てや家族が健康で，心安らかな生活ができるよう心を配ることも含まれていた。メンテナンスという仕事は，原状復帰の仕事，平常，普通に戻す作業であり，成果が見えにくい。家庭は，清潔で，整理整頓されており，いわゆる普通の状態であることが重要なのだが，それには相応のエネルギーが注がれる必要があることも認められにくい。ましてや，成果に結びつくような指示やアドバイスとは異なり，関係をつなぎ，維持し，滑らかにするための言葉かけや働きはほとんど目立つことはない。

とくに現代は，能率，成果，課題達成が生活の主たる目的になっている。成績が上がること，成果が示されること，目的が達成されることは目に見えて意味があり，認められやすいことであるので，ものの生産と成果を上げる人に大きな価値が置かれている。つまり，ものをつくり出すことのないメンテナンスの仕事は軽視され，成果の基盤となっていることにまったく気づかれない状態

になっている。ということは、メンテナンスの機能もその機能を果たす人も無視、軽視されていることになる。

　その結果は、ストレス過剰によるうつ状態、無気力、不安、苛立ち、怒りなどの精神的不安定状態であり、個人の機能としても課題達成機能の肥大、メンテナンス機能の低下が起こっている。朝食をとらない家族、脂肪分や塩分の多い外食や睡眠直前の夜遅い食事で体調を崩していく人々、睡眠や休息不足、ゲーム機やコンピューター、アルコール・薬物・食べ物などへの過剰依存など、メンテナンス不足の症状・生活状態が蔓延している。

　いま、親に必要な条件は、関係維持能力の回復である。つまり、日常の生活のルーティンを守ること、そして労わりやねぎらいの言葉かけ、相手の存在や言動を受け止める対応、サポートの働きかけ、そして感謝や賞賛の言葉かけなどがいたるところで必要である。親はいま、子どもの存在や安寧を認める言葉かけよりも、成果や業績を問う言葉かけをしていないだろうか。欠陥や問題の側面だけを取り上げ、それが子どものすべてのように受け止めてしまっていないだろうか。欠陥や問題の裏には、子どもの個性、長所、努力など、受け止めるべき肯定的な側面があるはずである。そちらを細やかに認め、伸ばす働きかけをできるのは、個別に接することができる親がもっともふさわしい。

　そして、この機能は他者に任せるべきものではなく、誰もが個人の中に育んでいくべき機能であり、課題達成機能と同等に重要なものなのである。

2．親の条件その4 ――ヒューマン・エラーを認め、赦すこと

　21世紀の人間は、あらためて「人間が不完全であること」を自覚する必要がある。科学の進歩と学問の発展は、人間にいつかは完全に真理がわかる世界、完璧が成就する世界がくることを期待させた。そして、コンピューターは「手順」や「マニュアル」どおりに進む世界をつくりだし、完全に近い、間違いのない世界の実現を保証するかに見せている。しかし、医療ミス、交通事故、原発事故などで明らかになったことは、いかに「マニュアル」が完璧であろうとも、そこに人間がかかわる限りミスが起こることを証明した。意図的な失敗、利己的な理由によるミスは別として、神ならぬ人間は不完全であるゆえにミスをし、ヒューマン・エラーから免れ得ない。これは、「人間である権利」として受け止め、それを覚悟して、注意深く生活することしかない。

　人間であるゆえのミスは、子育てにも人間関係にもある。ヒューマン・エラ

ーには完璧な償いをしたり責任をとったりすることが不可能な場合が多い。それゆえにこそ，人には失敗を償う権利（義務ではない）が与えられているのであり，その権利を欲しいと願う。そこにはじめて，赦しという行為が生まれる道がある。親は子どもたちに，人間にはヒューマン・エラーがあり，また，赦しもあることを伝えていって欲しい。

19

子どもの自信の源を探る
——自信の心理学——

I 「自信」とは——あらためて問う

　一般に自信とは「自分の能力や正しさを確信すること」といった意味に使われることが多いだろう。確かに，能力を発揮して何かを成就できたとき成果は評価されるし，権威がある人や多くの人が正解だと同意してくれることを知っていたり，できたりすると，「これでいい！」と自分を信じることができる。また，他の人ができないことができたり，よりうまく果たせたりすると，さらに自信は高まる。とくに現代は，成果偏重や正解志向の風潮の中で，自信とは「何かすばらしいことができること」で得られると思われがちである。

　しかし，今述べたような自信は，自信の一側面を示してはいるが全貌を語っているとはいえない。筆者は，自信とは「自己信頼」のことであり，自己信頼とは「自分を当てにできること」だと定義づけている。その意味の中には，上に述べたような自分の能力や業績への高い評価によって得られる自己への信頼も入っているが，人間誰もができることをできるようになるといった成長・発達それ自体が人間として認められるという意味で自信の不可欠の基盤であり，またさまざまな経験の中で，試行錯誤をくり返し，できることとできないことが明確になることも自信を生むだろう。むしろ失敗しつづけることさえも，自分はそれができないこと，苦手であることが明らかになり確認できるという意味で自信になるだろう。なぜなら，できないと明らかになったことは自己内の能力の比較の結果得られる確信であり，自分が得意でないことは敢えてする必要はないと判断することや，依頼を断ることもできるからである。

　このように考えると，自信とは，成果や業績といった他者と自分の能力の比較から生まれる側面と，経験を積み自分を知って自分なりに生きることや，自

分を維持し支えることで生まれる側面があることがわかる。また，自信は，他者との関係，他者から認められるプロセスで獲得できると同時に，最終的には自己内の「当てにできるもの」を知り，それを活用する能力に支えられて得られるものでもあることでもある。

II 2つの「認める」を通じて得られる自信

ところで，人の「認める」行為には2種類ある。1つは「見留める」，つまり「存在や言動を受け止める」といった意味の「認める」であり，もう1つは「見て判断する，評価する，承認する」といった意味の「認める」である。そして，子どもは成長の過程でこれら2種類の「認められる」経験を通じて自信を得ていく。

1．見留めること

親やケアする大人が，何らかの形で反応することは，「あなたがそこにいることを気に留めているよ」とか「あなたの訴えをわかろうとしているよ」「あなたに関心を持っているよ」というメッセージを伝えることであり，子どもには「見留め，受け止められた」体験になる。つまり，無視されていないことが伝わることになる。それに加えて，子どもの望みや訴えを理解しよう，受け止めよう，できることなら叶えようという反応があるならば，大切にされていることも伝わるだろう。逆に，いくら訴えても反応がないとき，子どもは関心をもたれないことを知り，見捨てられ感を抱くだろう。さらに，関心をもたれても訴えを理解されないとき，自分は大切にされていないと感じるだろう。

関心を持たれ，理解されること，つまり「見留められ，受け止められる」ことを感じるとき，子どもはまず，「あなたはこの世に居てもいい」，「わたしのそばに居てもいい」というメッセージを受け取ることができ，存在を保障されるので，人間として存在することに自信を持つことができるのである。子どもの自信の基礎は，存在を受け止める人が居てくれることにある。「自分は自分なりにここに居ていいのだ」と思えることで安心し，安定して自己探求を始め，周囲への関心を広げることができる。その意味で，子どもの望みがまず理解されることは重要である。ただ，望みのすべてが叶えられる必要はない。むしろ理解された後，叶えられないこともあることを学ぶことは，相互に大切にし合

う関係を知ることにつながり，お互いの存在を認める心を育てることになるだろう。存在を認め合うかかわりこそ，自信の不可欠の基盤である。

2．承認すること

　もう1つの「認める」は，「見て判断する，評価する，承認する」ことであるが，これは，最初にも述べた成果や業績を認めることと同意である。この「認める」は，ある基準に従って比較されたり，評価されたり，基準に合っていることを承認されたりすることを意味している。たとえば，子どもは成長の過程で無力な状態から，潜在能力を発現させ，ものを覚え，知り，蓄積して，思考力を高めていく。また，さまざまなスキルを身につけ訓練して，それぞれのスキルに卓越した能力を発揮するようになる。そこには，生まれながらに持っている能力や素質の実現もあるが，自己の可能性の限界まで挑戦する気持ちや努力などの追求もある。ノーベル賞を受賞するような発明，発見もあれば，オリンピックで金メダルを取るような洗練されたスキルの発揮もある。これらは基準を満たし，さらに基準を超えることで賞賛されて得られる自信につながる。

　一方，このように自己を発揮するプロセスには，自己内で得意なことを発見しそれを磨き上げていく作業が伴う。その作業は，他者との比較なしには得られない自己理解を進めると同時に，自分のもつさまざまな能力を自己内で比較し，確かめ，その中から長所やより優れたものを発見する機会をも提供する。つまり，他者との比較で生きるのではなく，自分の持てるものを大切にし，自分がなることができる人間になろうとする心，自己実現の欲求をもたらす。もし，他者が「あなたの中で優れているところはこれだね。それを育てよう」とかかわってくれるとしたら，それは存在だけでなく，できることを「認められる」ことであり，自分のもてる能力を生かして生きようとすることにつながるだろう。

　このようにして育てられる自信は，「何かができる」ことにより得られる自信であり，人間の能力，可能性への挑戦が含まれているという意味で非常に重要な側面である。そして，この自信は，人がさまざまな能力と可能性を持っているゆえに，誰もが獲得できる自信でもある。

Ⅲ 現代の子どもたちに必要な自信のよりどころ

今,子どもたちの自信を育てるに当たって必要なことは,今述べた「2つの認める」をきちんと提供すること,それができていない現代社会のゆがみを大人が是正することではないだろうか。それは主に以下に述べる2つの現象を参考にして,大人が子どもへのかかわりを変えることで実現できるのではないかと考える。

1.「違い」を「間違い」にしないこと

現代は,一方で個性を認めることを奨励しつつ,もう一方で他者と違っていることが人々の脅威になっているかに見える。

子どもたちの動きの中でとても気になることは,違うということに対してお互いに不寛容になっていることである。違うことをお互いに許さない状況が進んでおり,違った考えや意見を述べる人たちに対して3つの反応をしている。

ひとつは,違っているということは仲間としてあり得ないと考え,「おかしい」「変だ」「間違っている」と異物扱いする反応である。第二は,違っているということは間違いだという反応をして自分が正しいか相手が正しいかを決めようとする反応である。もし,自分が間違っているとすれば,相手から認められない可能性があるので不安になる。相手が間違っているとすれば,間違っていることを証明するために徹底的にやっつけようとする。そうすることで自分が脅かされないようにしてもいる。第三に,違っていることは理解することが難しいので無関心になるという反応である。したがって,違っていると感じた途端,面倒になり,「関係ない」と近づくこともしないようになるのである。

つまりこれらは,大人が子どもに対して行った言動を子どもがくり返している反応であり,結果として違いを敬遠し理解せず,ひいては間違いと決め付けることになっている。つまり,そもそも「見留める」ことをされてない子どもたちは,他者をも「見留める」ことができないということになっているのではないだろうか。

違いに対する不寛容さのために子どもたちは孤立化している。確かに,心理的発達段階では,小学校高学年から中学くらいまでは同じということを分かち合うことが仲間づくりの基礎である。同性同士が同じ楽しみや同じ心配をする

ことがわかり，同じということを分かち合うことで安心する。ところが現代社会は，その時期を過ぎて個の確立が重要な大学生になっても，就職しても，違っていることを怖がる若者が多い。たとえ違った意見を持っていても表明せずに「私も同じです」と同意する現象が起こっており，孤立感の増大につながっていくのである。孤立することは人間として孤独であるばかりか，お互いが違いを理解しないままつき合っているので理解は深まらず，さらに同じであることもわからなければ，自分が見えなくなってもいく。先にも述べたように，人は違っているものや同じものが自分の周りにいろいろあることによってそれを理解し比較して，自分がどんな人間であるか，自分らしさは何かを確かめていくのである。

おそらく現代は，大人や親が同じ目的に向かって子どもたちを駆り立てるような教育をすることで，自分らしさや自己の限界などを確かめることができず，将来の進路を決める時期が来たとき，進路が見えず，自信がない子どもが増えているのではないだろうか。人間の持てる能力のたった1つの記憶力の偏差値で進路を決めてしまうことで，子どもの自信はさらに失われているだろう。

違いを認め，違いを理解しようとし，違いを大切にするかかわりなしには，自信は育たないだろう。大人は，違いを当たり前のことだと認め，だからこそ理解することが必要であり，そこに好奇心を持って近づき，違いを知って感心し，感動することを子どもたちに手本として見せる必要があるだろう。

つまり，大人が違いを「見留め」「受け止める」かかわりができるようになることが先決かもしれない。「できない人はダメ」「基準に合わない人は落ちこぼれ」といった「承認」の基準だけで人と接することを控えたいものである。

2．課題ができること，成果をあげることのみを自信の基盤にしないこと

今，子どもたちが自信を持てないことのもう1つの要因として，豊かさ，利便性，多様化を追求してきた現代日本社会の課題・成果重視傾向があると思われる。子どもたちは，課題達成度で優劣を決められ，課題ができないことを人間の価値の低さであるかのような扱いを受けている。つまり一定の基準に応じて課題達成ができないことは，認められないことであり，したがって能力を発揮できず，競争に勝てない人は人間としての価値も存在も認められないかもしれないことになる。

子どもが学校から「ただいま」と帰ってくるや否や，親は「今日のテストど

うだった？」とか「宿題はないの？」とか聞かないだろうか。子どもが青い顔をしていても，そちらには関心が向かず，ましてや子どもが楽しく過ごしたかとか，困ったことはなかったかということにはほとんど興味もない。子どもが課題を達成したかということに親の最大の関心が向いているため，子どもはいじめられたとか，先生に叱られたといった「わかってもらいたい話」「存在を脅かされた話」はしなくなっている。そんな話をしても，どちらが正しいか，それにはどう対応したらよいかといった基準や方法を押し付けられることはわかっており，受け止めてもらえないことは言わないことにするのである。

　正解志向と課題達成によってのみ得られる承認は，承認される子どもと承認されない子どもを生み出し，その結果，成果をあげない子どもは存在そのものまでも否定されかねない。

　人間は，課題を達成することだけで自信を得，生きていくことはありえない。成績が良いとか，何かができるからではなく，生まれてきたことを受け止めてもらえることがあって初めて生きることに安心し，自分への信頼を強め，自分なりに自分を当てにして生きることができる。まず存在が認められることがあって初めて，人と比較することに怖れを感じることなく自分の長所・欠点を認め，人との関係の中で自信を得ていくこともできる。存在が認められないことは，「ここにいていいのだろうか」という不安と孤立感を持ちつづけることになるので，存在の根本のところで自信がないことになるだろう。課題を達成すれば認められるので，そこで認められようとする人もでてくるのだが，成果が上がらないときに否認される恐怖につきまとわれ，課題達成マシンのような生活を送ることになる。そこで得られる自信は，存在そのものに裏づけられたものではなく，課題の達成度の評価に依存したものになるだろう。つまり他者の評価，自分の外の基準に依存して得られた自信であり，自己を信頼し，当てにできるという確信に裏づけられた自信ではない。

　今，子どもたちの自信を育てる鍵は，人間の存在の基盤，生きる自信の基礎をつくる「見留める」言葉かけではないだろうか。労わり，慰め，励まし，感動，感謝の言葉などがそれである。これらには，存在を認め，思いやりを伝え，関係を結び，維持し，支える力が潜んでいる。その基盤の上に，「うまくできた」「正しい」「すばらしいできばえ！」といった賞賛の言葉かけがあると，自信がより確実なものになるだろう。

終　章

カウンセリングとスーパーヴィジョン

はじめに

　カウンセリングは実践の仕事なので，カウンセラーは，実際に面接を有効に進めるために，その職にふさわしい実践能力をつけることが必要である。そのためには，実践家になってからも，必要に応じて専門的訓練を受け続けることが重要だが，とくに初心のカウンセラーが臨床実践を始めると同時に必ず受けるべき訓練としてスーパーヴィジョンがある。スーパーヴィジョンという訓練によって，カウンセラーはその専門性が一定の基準に達していることを知り，また，専門性をさらに向上させることができる。スーパーヴィジョンで自分に適した指導者について，一定の期間，個別指導を受けることで，独り立ちする準備が整うことになるのである。スーパーヴィジョンは，自分の臨床実践を自分の実力に即して実感でき，専門家として機能の改善の方向性を自覚できる鍵となる訓練である。

　心理臨床家になろうとする人は，スーパーヴィジョンについて前もって知っておくことで，心の準備をすることができるだろう。また，スーパーヴィジョンは，独り立ちできた後でも，ケースにより，時に応じて受けることが奨励される。

I　スーパーヴィジョンとは

　スーパーヴィジョンとは，監督訓練とか監督教育とよばれ，カウンセリングの先輩から後輩に対して行われる専門家になるための必須の訓練である。それはカウンセリングの学習・訓練の中でも臨床実践に応じて，具体的，直接的，個別的に行われるものであり，一般的には一対一で行われる。ただ，訓練を受

ける者（スーパーヴァバイジー）と訓練をする者（スーパーヴァイザー）が一対一で行っているスーパーヴィジョンを他の数人のスーパーヴァイジーが観察し，その後討論に加わるという形態をとることもあり，それはグループ・スーパーヴィジョンとよばれる。

スーパーヴィジョンの特徴としては，監督訓練ということばからも想像できるように，評価的な介入という性質があること，原則的には1つのケースについて継続的に一定期間続けられること，その中でスーパーヴァイジーの専門能力の向上，カウンセリングの質の維持，そしてカウンセラーとしての責任の遂行が図られることがある。

スーパーヴィジョンは厳密にいうと，教育，訓練，カウンセリング，コンサルテーション（随時，専門家に助言や意見を求めること）とは区別され，そこには専門領域の先輩による後輩の評価という側面と，スーパーヴァイザー—スーパーヴァイジー関係という2人の人間関係の側面が含まれることになる。

要約すると，スーパーヴィジョンとは，「スーパーヴァイザー（監督訓練者）がスーパーヴァイジー（被訓練者）に対して一対一で，臨床実践上のアセスメントと介入の具体的方法について，時間と構造を定めて，継続的に教育・訓練を行うこと」[1]といえる。

Ⅱ　スーパーヴィジョンの目的

スーパーヴィジョンの目的には，大きく次の4つの領域があると考えられる。
1) カウンセラーの行った面接における技法や技術，特定のクライエントへの関わり方について，個々のケースに即して検討すること。
2) ケース理解やケースの概念化の能力を高めること。
3) 専門職としての役割を遂行すること。
4) スーパーヴァイジーの自己内的・対人的気づきを深めること。

その結果，カウンセラー（スーパーヴァイジー）は，ケースを通していまだ気づいていなかった自分の問題に気づき，それまで学び，身につけてきた臨床の能力を統合的に向上させ，同時により自分を生かしてクライエントとの関わりに貢献するような新しい見方や計画的で適切な介入ができるようになることが望まれる。

また，スーパーヴィジョンのプロセスは，カウンセラーの専門的な成長のための集中的・積極的訓練であり，生涯にわたっての専門職の発達を促す基本的なプロセスでもあるので，スーパーヴァイジーの成長段階の経験や能力の違いに応じたスーパーヴァイザーの指導・訓練が肝要である。スーパーヴァイザーが，臨床経験と理論・技法に精通し，同時にスーパーヴァイジーの訓練の背景や人格の特徴など人間的な側面からも共感的に理解しながら関わることが求められている。

Ⅲ　スーパーヴィジョンの場の条件による種類

　スーパーヴィジョンは，基本的には前記の方法で行われるが，実際は，誰に，どこで，どんな頻度で行われるかといった条件の違いによって以下の2種類があり，それによって方法も多少異なっている。

　第一は，スーパーヴァイジーの属している訓練の場・あるいは臨床実践の場で，そこに所属しているスーパーヴァイザーに受ける場合である。たとえば，大学院の臨床訓練中に，大学の付属施設で臨床実践を行いながら大学院の臨床指導の教員からスーパーヴィジョンを受けるとか，大学外の実習機関（病院など）でそこのスーパーヴァイザーに受けるといったものである。頻度は，週1回，隔週1回，月1回などそれぞれの機関の方針に応じてなされるが，初心の間は，とくに面接と面接の間で毎回受けることが望ましいとされている。

　第二は，スーパーヴァイジーが臨床実践の場を離れ，個人的に外部のスーパーヴァイザーに契約して，ケースや頻度などについて相談し，受けるものである。いずれにも一長一短があり，スーパーヴィジョンを受ける時のニーズに応じて各人が選択することが大切だが，一般に第一の方法は初心者に適しており，ある程度一人で実践ができるようになったら第二の方法を選ぶことがよいと思われる。その理由としては，以下のようなことが考えられる。

1．臨床の現場におけるスーパーヴィジョン

　第一の方法は，実践現場をよく知っているスーパーヴァイザーから時間や場所の保証を得て受けられる点で，比較的簡便であり，臨場感のあるスーパーヴィジョンが可能である。臨床の現場には，大学の付属相談施設，病院，教育相談所，児童相談所，個人開業のクリニック，学校などさまざまな場所があるが，

それぞれの場によって，関わるクライエントや関係者，連携の相手などが違っている。また，それぞれの機関には独自の運営方針ややり方があって，それらを共有できる専門家から受けるスーパーヴィジョンは，より現場に即したもの，現場を重視したものとなるであろう。したがって，現場感覚に裏付けられたその機関独自の訓練を受けることができる。

　また，このような条件下では，面接の直後にその場で受けることも可能であるし，緊急の場合でもすぐ援助が得られる可能性は高い。即応性が高いスーパーヴィジョンになるわけである。

　ただし，時にはスーパーヴァイザーが1人しかいない場合もあって，選択肢が限られるということも起こる。理論的背景，相性などが一致している場合は適合性の高いスーパーヴィジョン関係ができるが，それが不一致の場合は問題が生じることも考えられる。

2．臨床の現場から離れて受けるスーパーヴィジョン

　その点で第二の方法は，多くの中から自分が選んだスーパーヴァイザーに付くことになるので，より問題が少ないと考えられる。

　ただし，スーパーヴィジョンを受ける場と時間をスーパーヴァイジーとスーパーヴァイザーの協力で確保する必要があり，機関が経済的負担を負わない場合は，スーパーヴァイジー個人にかかることになる。その点で，スーパーヴィジョンを受ける頻度も少なくなる傾向があり，緊急の場合に間に合わないこともありえて，即応性は低くなる可能性がある。逆に，実践の場を離れて，定期的にゆっくり時間をかけてスーパーヴィジョンを受けることが可能になり，受ける前に自己検討する余裕がとれるとか，焦点を絞った相談や検討ができるといったメリットもある。また，実践現場を離れて客観的に見るチャンスも得られる。

Ⅳ　スーパーヴィジョンの方法と形式

　スーパーヴィジョンの方法には，ケースの口頭説明や要約，逐語やテープ，ビデオによる記録を使うもの，ライブやコ・セラピー（共同セラピー）といった活用する素材の違いのほかに，個人か，グループかといった形式の違いもある。これらの方法にもそれぞれ長所，短所があり，スーパーヴィジョンの設定

条件やスーパーヴァイザーによって，より適した方法，より好まれる方法を活用することになる。

1. スーパーヴィジョンの方法

たとえば，機関内で，面接の都度行われるスーパーヴィジョンとか，ある程度の実践能力のあるスーパーヴァイジーのケースでは，口頭説明や要約を活用することが多くなる。スーパーヴァイジーは準備にそれほど時間を取る必要がなく，また，スーパーヴァイザーもケースのプロセスの記憶をもとに，継続的な見通しの中でスーパーヴィジョンをすることができ，スーパーヴィジョンの時間も短くてすむ。ただし，その報告はスーパーヴァイジーが気づいたこと，選択したものになり，より知的な説明になりやすいこともあって，重大な見落としや無意識の問題回避などが起こる可能性がある。それを見逃さない指導をするのがスーパーヴァイザーでもあるが，オープンなやりとりが少ないだけに，スーパーヴァイジーの防衛を招く可能性が高くなる。

その点で，逐語記録，テープ録音，ビデオ録画などを活用する方法は初心のカウンセラーのスーパーヴィジョンにはより有効である。とくにスーパーヴァイジーが逐語記録を作ったり，テープやビデオを見直したりした後でスーパーヴィジョンを受けると，具体的な場面のやりとりのふり返りができているため，より具体的なスキルや対応の見直しができやすくなる。また，スーパーヴァイジーによる重大な見落としがあっても，スーパーヴァイザーには気づくチャンスがある。一方，スーパーヴァイジーにとって準備の時間と労力がいること，口頭や要約よりはスーパーヴィジョンの時間もかかることが問題となるであろう。

ライブやコ・セラピーは，スーパーヴァイザーが面接の現場に何らかの形で参加できるように組まれたスーパーヴィジョンの方式で，家族療法や集団心理療法で開発され，多用されている方法である。ライブでは，スーパーヴァイザーがワンウェイミラーやテレビモニターでスーパーヴァイジーの生の面接を見ながら，必要であればその場でインターフォンを使って，あるいは休憩を取って簡単な介入のスーパーヴィジョンを行うものである。コ・セラピーではカウンセリングの場にスーパーヴァイザーとスーパーヴァイジーが同席し，チームとして参加することになる。これらの方法では，初心のカウンセラーの訓練としては最も臨場感があり，必要な関わり・介入をその場で体験することができ，

安心して自分なりの動きをすることができる。同時に，クライエントにとってもその場で不必要なミスを修正してもらい，より有効で，確かなケアを受けることになり，安心が高まる。

ただし，スーパーヴァイジーにとって，スーパーヴァイザーの存在が脅威になる場合もあり，慣れるまでは緊張や不安が高く，適切な動きがかえってできなくなったり，逆にスーパーヴァイザーへの依存が高まったりすることもあり，この点は注意を要する。

2．スーパーヴィジョンの形式

先にスーパーヴィジョンには個人とグループの2つの形式があると述べたが，それぞれの特徴を考えておこう。

個人スーパーヴィジョンは，スーパーヴァイジーの個人的ニーズに応えうる最適の方法だということができる。受容的な雰囲気の中で，自分のカウンセリング体験について何でも話ができ，考えをめぐらし，クライエントや面接の経験について知的にも，あり方としてもスーパーヴァイザーから好奇心や向上心を刺激されることは，カウンセラーに安全な成長の場を提供し，また，カウンセリングという一人作業の不安や孤独を軽くするサポートともなる。

一方，グループ・スーパーヴィジョンでは，一対一のスーパーヴィジョンを他のスーパーヴァイジーが観察し，参加することになる。スーパーヴァイジーが他の人々の存在に慣れてくると，スーパーヴィジョン中はほとんど個人スーパーヴィジョンと変わりない体験をするが，慣れるまでは他者の存在や批判などが気になり，集中できないことも起こる。

ただ，スーパーヴィジョンの後に他のメンバーが参加することで質問や感想を聞くチャンスを得られるので，多様な考え方や意見，類似した仲間の苦労や問題にも出会うことになり，啓発されると同時に仲間同士の連帯や支持を体験することができる。

スーパーヴァイジー同士は，お互いに考えや介入のレパートリーを広げるチャンスを得るという効果も期待される。さらに，参加者たちは仲間のスーパーヴァイジーのケースから，またそのカウンセリングの実践から，一対一でのスーパーヴィジョンだけでは得られない新しい視点を得たり，体験したりすることになる。それは，さらなる実践への意欲や希望につながるだろう。

ただし，スーパーヴァイザーは，そのような学習を促進するグループ・スー

パーヴィジョンの経験に長け，慣れた人であることが不可欠である。

V　スーパーヴィジョンの課題と内容

スーパーヴィジョンでどんなことが行われるかは，厳密にはスーパーヴァイジーの専門家としての発達段階やケースのニードによって，また，スーパーヴァイザーのよって立つ臨床理論によって異なるが，どのスーパーヴィジョンにも共通の課題と内容がある。それは，先に述べたスーパーヴィジョンの目的と密接な関係があり，以下の4つの領域について行われる。

1) カウンセラーの行った面接における技法や技術，特定のクライエントへの関わり方について，個々のケースに即して検討すること。
2) ケース理解やケースの概念化の能力を高めること。
3) 専門職としての役割を遂行すること。
4) スーパーヴァイジーの自己内的・対人的気づきを深めること。

1．面接における技法・技術について

カウンセリングの技法・技術のスーパーヴィジョンとは，カウンセリングにおけるアセスメントと介入のスキルに関するものである。その中には，コミュニケーション能力，共感的関与能力，アセスメントと介入に必要な能力などが含まれる。

それらは，クライエントとの対話を通してカウンセラーのクライエントを観察する能力，クライエントのパーソナリティや病理の理解能力，理解に必要なデータを予測し適切な質問や査定方法を選択する能力，それらを使ってデータを収集し分析する能力，問題を仮説化する（見立てる）能力，介入の方針を立てる能力，有効な介入を構成する能力，意図した介入を実行する能力，介入の成果をフォローし新たな仮説（見立て直し）を立てる能力などが含まれる。

スーパーヴィジョンでは，面接の進行に応じて以上のことについて話し合い，それぞれの能力の向上が図られる。同時に，スーパーヴァイザーとの対話・コミュニケーション自身が，対話力，コミュニケーション能力の向上のモデルとなる。

2. ケースを理論化，概念化する能力について

　スーパーヴィジョンでは，カウンセラーの心理臨床の技能を高めるだけでなく，ケース実践のふり返りや討議を通じて，面接の中でクライエントとカウンセラーがやっていることを説明できる能力の取得が含まれる。それは，ひいてはカウンセラーが自らカウンセリングを構成することができるようになることに役立つ。

　したがってこの領域では，クライエントの変化過程，面接の構成法，クライエント－カウンセラー関係，臨床の現場や面接の過程で起こる問題介入の影響と効果，そして心理臨床の全体像などについて，専門用語を使って一般化し，概念化し，理論化する能力を高めることが目ざされる。この能力を高めることは，ケースの理解力や介入法の選択力に影響を及ぼし，カウンセラーがすでに学習してきた心理臨床の知識を実際のケースに即して適用し，見通すことができるようになる。ケースを専門用語で説明し，記述することができるようになることは，心理臨床の現象をシステマティックに理解し，理論と現実を有機的に統合し，クライエントとの関わりを効果あるものにしていく能力を育てることになるわけである。

　スーパーヴィジョンのテーマとしては，クライエントの心理的発達の歴史，主訴をめぐる問題などについての理解であり，とくにここでは，カウンセラーの人間発達と変化に対する考え方が明らかになり，確認されていく。クライエントの言動や症状を理解し，それらをすでに学んだ知識や理論と照らし合わせてクライエントに適用できる概念を選び出し，理解の枠を広げ，異なった枠組みから考える能力が養成されていくのである。

　そこで使用される概念化のための専門用語は理論によって異なるが，スーパーヴァイザーとスーパーヴァイジーがお互いの共通用語を活用してケースの理解，概念化をすすめることができるようになること自体，臨床能力の発達につながるといえよう。

3. 専門職としての役割取得について

　専門職としてカウンセラーが身につける必要があることは，クライエントの潜在能力を引き出すだけでなく，クライエントのサポートとなる外的なリソース（資源）を有効に活用すること，専門職としての倫理を遵守した実践をすること，ケース記録（またはカルテ）を書き，現場のルールや手順を覚え，内外

の他の専門職との連携などの職務を遂行すること，スーパーヴィジョン・事例研究・学会などに出席し自己研鑽に努めることなどがあげられる。その中でもスーパーヴィジョンを受けることは，すでに述べたように自分の専門分野の学習と知識をカウンセラーとしての役割に結びつけると同時に，自分のカウンセリングのスタイルを確かめ確立することにつながるので，非常に重要な部分を占めるということができる。その中には職業倫理の確認と実践が含まれていることはいうまでもない。

4．自己・対人関係への気づきと自己評価

カウンセリングでは，そのテーマが人間の悩みや症状，人間関係の問題などだが，カウンセラー自身も人間として悩みや問題がないわけではない。カウンセラーは，クライエントやスーパーヴァイザーと関わることによって自分も刺激や影響を受け，相互の影響関係の中で，自己理解を深めることができる。

スーパーヴィジョンでクライエントのことを考えること自体，そこに関わっているカウンセラー自身のことを考えることになる。たとえば，クライエントの問題を客観的に見ることができず巻き込まれている時，自分がどんな感情，考え，行動をしているかということに気づくことは重要である。そこから，自分の未解決な問題や弱さ，人間関係の癖などを発見するチャンスが得られる。クライエントとの面接の場におけるカウンセラー自身の情緒的体験に気づき，理解することは，カウンセラーの限界や発達課題を知ることにつながる。その意味で，スーパーヴァイザーとはオープンに話し合い，苦手意識を克服することが望まれる。

このような側面は，また，スーパーヴァイザーとの関係におけるスーパーヴァイジーの情緒的体験としても表れる。つまり，カウンセリングの場で体験する情緒はスーパーヴィジョンの場でも起こる可能性があり，スーパーヴァイザーはカウンセリングにおけるスーパーヴァイジーの体験を自分との対人関係の中で体験できるかもしれない。それは，まさに「今・ここ」の生の体験としてスーパーヴィジョンのテーマにすることができ，それはスーパーヴァイジーの自己理解につながる。スーパーヴァイジーの生育歴をふり返ったり，悩みや問題解決に関わることはスーパーヴィジョンの課題ではないが，クライエントとの関係の中で起こったことをふり返り，評価することは専門家としての成長を促すことになる。

スーパーヴィジョンにおいてスーパーヴァイジーは，専門家としての実践能力，実践を知性化する能力，職業倫理に見合った自己を知り，役割を遂行する能力を身につける訓練を受ける。スーパーヴィジョンの結果，カウンセラーは上記のことを総合した自己評価ができるようになることが必要である。自己の限界と可能性を認識し，自己のカウンセラーとしての成長にコミットし続けることは，カウンセラーの倫理的責任でもある。スーパーヴィジョンは，この作業が将来1人でできるようになるための準備である。独り立ちしたカウンセラーは，カウンセリングにおけるクライエントだけとの関係の中で，自己評価を行えるようになる必要がある。アカウンタビリティのある（信頼できる）カウンセラーとは，その評価を1人でできるようになることともいえるであろう。

Ⅵ　スーパーヴィジョンの倫理について

　スーパーヴィジョンによる訓練には，カウンセリングというプロの仕事に必要な倫理性をスーパーヴァイジーが獲得することが必ず含まれているが，同時に，スーパーヴィジョンにもとくにスーパーヴァイザーが留意すべき倫理がある。そして，それはカウンセリングにおける倫理のモデルともなりえる。しかし，日本では正式なスーパーヴァイザーの訓練がほとんど行われていないため，スーパーヴィジョンの倫理については文章化されたものが少ないのが現実である。ここでは，アメリカにおけるスーパーヴァイザー訓練の中で取り上げられるスーパーヴィジョンの倫理についていくつかの著書[2,3,4]を参考にして述べることにする。
　スーパーヴィジョンでは，カウンセラーークライエント関係とスーパーヴァイザーーカウンセラーークライエント関係が同時に進行している。スーパーヴァイザーは，訓練の初めから最終段階まで，スーパーヴァイジーの有効なカウンセリングの進行の評価を受け持っており，これらの同時進行的関係のどこにどんな問題が存在するのか，それを解決するためにどんな介入がありえるのかといったことを見届ける役割を負っている。
　それに加え，スーパーヴァイザーは，その立場が評価や権威を伴っているがゆえに，自分の社会的，経済的，文化的背景，ジェンダー，価値観などの要素が，カウンセリングやスーパーヴィジョンに与える影響について気づいている

ことが必要である。スーパーヴァイザーはこのようなスーパーヴィジョンの独特の文脈に対する感受性を磨いてきた人であり，それゆえにこそ専門家のリーダーとしての立場を確保しているのである。もちろん，これに加えて，カウンセラーの倫理要綱についてもしっかり把握し，加えて心理臨床に関わる法律の知識も得ておく必要がある。

　アメリカで認められているスーパーヴィジョンの倫理には，スーパーヴァイザーがクライエント，スーパーヴァイジー，心理臨床という専門職，そして公共に対して果たすべき責任に関するものがある。

1．クライエントに対する責任

　スーパーヴィジョンの必要性をあらためて原点に立ち戻って考えると，それは実践能力の訓練のためにクライエントに関わるカウンセラーの行為が，クライエントに対して最大の福祉，権利，利益を保証することにあるということができる。クライエントが十分なケアを受けることができるようにするためには，カウンセラーは自分が訓練を受けている最中であること，そのためにスーパーヴァイザーがついていることを公にする必要がある。アメリカではスーパーヴァイザーの氏名，スーパーヴァイザーの資格を持っていることを伝えることが必須になっている。

　このようなインフォームド・コンセントを経てカウンセリングを開始することは，スーパーヴィジョンを必要とするカウンセラーの倫理であり，スーパーヴァイザーの倫理でもある。つまり，クライエントのプライバシーはスーパーヴァイザーによっても守られ，さらにスーパーヴァイザーは，間接的にもクライエントの問題解決や変化に関わっており，責任があるということを意味する。

2．スーパーヴァイジーに対する責任

　スーパーヴァイザーは，スーパーヴァイジーが専門職の目的と課題を達成するための専門的支援をするだけでなく，スーパーヴァイジーに対して特別な配慮をする責任がある。

　スーパーヴァイザーは，スーパーヴァイジーが必要な時に，必要で適切なスーパーヴィジョンを提供する責任がある。緊急時の連絡を含めてスーパーヴァイジーがふさわしいサポートを受けられるような状況を作ることが重要であ

り，それが準備できないかぎり，スーパーヴィジョンを引き受けてはならないことになる。

　スーパーヴィジョンを引き受ける時は，スーパーヴァイジーの理論的背景や能力などをある程度把握し，自分が引き受けられるかどうかを前もって判断し，スクリーニングをする責任をとる必要がある。自分のスーパーヴィジョンやカウンセリング観を伝えたり，スーパーヴィジョンの進め方について説明するなど，スーパーヴァイジーの決断に役立つ判断材料を提供することも必要である。つまり，スーパーヴィジョン契約をする準備をきちんと踏むことが要求されるということである。ただし，スーパーヴァイザーは，自分の個人的偏見や差別意識によってスーパーヴィジョンを断ってよいということではない。

　さらに，スーパーヴァイザーは，カウンセラーがその職業倫理に従って自分の能力（受けたトレーニング，専門職の経験，資格など）について正確に，正直に公表するよう奨励する必要がある。伝える相手としては，クライエントはもちろんのこと，他の専門職，関わりのある一般の人々も含まれる。

　カウンセリングの倫理で多重役割が禁じられているように，スーパーヴィジョンにおいても異なった役割関係を多重に持つことは問題とされる。しかし，多くのスーパーヴィジョンの状況では，たとえば大学の教員が学生を対象にする（評価とスーパーヴィジョンの重複）とか，医者が実習生に対して（管理者とスーパーヴァイザーの重複）など，どこかで役割の重なりを避けられないことも多く，その利点を最大に生かし，欠点を最小にしてスーパーヴァイジーとクライエントに不利益が及ばぬよう注意することが重要とされている。避けるべき多重役割として多くのスーパーヴァイザーが一致していることは，スーパーヴァイジーと性的関係を持つことと家族をスーパーヴァイズすることである。

3．専門職と公共に対する責任

　スーパーヴァイザーは，心理臨床という専門職に対する公共の信用を確保し，その専門職の社会的地位を守るために，自らが質の高いケアを提供する専門職の代表という地位についている。つまり，スーパーヴァイザーは，将来プロのカウンセラーになるスーパーヴァイジーの能力を評価することで，専門職の門番をしているのである。

　その役割を遂行するために，時にはスーパーヴァイジーとの関係が不安定に

なったり，心地よいものでなくなるとしても，スーパーヴァイジーに必要な能力評価を伝えることがあるだろう．

おわりに

　スーパーヴィジョンの倫理は，要約すると，スーパーヴァイザーは，スーパーヴァイジーとそのクライエントが他者の人権を侵さないかぎり，その人権と自己決断を尊重し，その指導がスーパーヴァイジーとクライエントの変化と成長に役立つよう責任を持つことである．つまり，スーパーヴィジョンにおいてスーパーヴァイジーとクライエントは差別なく平等に遇され，スーパーヴァイザーは人間としても，職業のプロとしても信頼のおける，真摯な人であることが期待されているといえるであろう．

引用文献

1）平木典子：臨床心理学の訓練と今後の課題．平木典子，袰岩秀章編著：カウンセリングの基礎――臨床心理学を学ぶ．北樹出版，1997．
2）Holloway, E.: *Clinical Supervision : A Systemic Approach*. Sage, Thousand Oaks, Califolnia, 1995.
3）Todd, T. C. & Storm, C. L.: *The Complete Systemic Supervision : Context, Philosophy, and Pragmatics*. Allyn and Bacon, Needhama Heights, MA, 1997.
4）Watkins, Jr. C. E.(Ed.): *Handbook of Psychotherapy Supervision*. John Wiley & Sons, New York, 1997.

参考文献

1）藤原勝紀編：臨床心理スーパーヴィジョン．現代のエスプリ別冊　至文堂，2005．
2）深沢道子，江幡玲子編：スーパーヴィジョン・コンサルテーション実践のすすめ．現代のエスプリ，395，至文堂，2000．
3）平木典子：心理臨床スーパーヴィジョン．岡堂哲雄編：心理面接学――心理療法の技法の基本．垣内出版，1993．
4）Kaslow, F. W.(Ed.): *Supervision and Training : Models, Dilemmas*. The Haworth Press, New York, 1986.（岡堂哲雄，平木典子訳編：心理臨床スーパーヴィジョン．誠信書房，1990．）
5）鑪幹八郎，滝口俊子編著：スーパーヴィジョンを考える．誠信書房，2001．

あとがき

　本書は私にとって二冊目の論文集になります。一冊目の前著は，主として心理療法理論・技法の統合の考え方とその実践に関する論文で構成されていますが，今回は，私が追求してきたその他の領域のもので，前著には未収録のものを収めることになりました。各論文はその基礎に統合的心理療法の考え方を据えながら，ジェンダー，アサーション，そして家族臨床を異なった視点から考察するものになっています。

　なかには，少し以前に書かれたものがありますが，今読んでも本質が変わらず意味があると思われるものは入れることにしました。また，それぞれのテーマの中には，臨床の専門家向けに書かれたものの他に，医師，社会福祉関係者，教育関係者，父母を対象として書かれたものが2～3編収められています。ジェンダー，アサーション，家族はどれも社会の広い層の人々の関心事であることもあって，一般の人々に向けた論文も参考になるかと考えたからです。その意味で，独立した各論文としては必要な記述であっても全体としてはくり返しの箇所があること，また，くり返しが不必要なところは原著の書き直し，削除をしたことをお断りしておきたいと思います。

　本書の出版に当たっては，前著同様，論文の選択や構成につき金剛出版の立石正信氏の多大な支援をいただきました。前著の出版後間もなく企画をお勧めくださいましたのに，書きたいことがまだ残っているとの思いで，今日までお待ちいただきました。また，今回の編集にはさらに熊谷倫子氏の心あたたまるご支援もいただきました。お二人の根気ある励ましのおかげで拙文が日の目をみることになったことを記して，心より感謝いたします。

2008年1月

平木典子

■初出一覧

序　章	統合的心理療法という考え方　現代のエスプリ422　pp. 20-26, 2004.
第1章	心理臨床のアカウンタビリティ　こころの健康13(1)　pp. 3-11, 1998.
第2章	夫婦関係の発達と危機　家族心理学年報18　pp. 119-134, 2000.
第3章	夫婦の愛が不安定になるとき　発達100　pp. 47-53, 2004.
第4章	ジェンダー・センシティブな夫婦・家族療法　精神療法31(2)　pp. 35-40, 2005.
第5章	思秋期女性のストレスと危機への対応　現代のエスプリ226　pp. 67-80, 1986.
第6章	自己カウンセリングのすすめ　児童心理563　pp. 2-10, 2002.
第7章	アサーションを生きる　交流分析研究26(2)　pp. 112-118, 2001.
第8章	職場のメンタルヘルス向上のためのアサーション・トレーニング（修正加筆）　現代のエスプリ450　pp. 81-88, 2005.
第9章	葛藤から協力への道程（DESC）　現代のエスプリ450　pp. 181-188, 2005
第10章	依存性人格障害とアサーション療法　金子書房　pp. 158-175, 2000.
第11章	家族療法と人間関係　現代のエスプリ448　pp. 36-45, 2004.
第12章	家族ロールプレイという訓練法　精神療法32(6)　pp. 33-36, 2006.
第13章	家族カウンセリング　現代のエスプリ別冊『エビデンス・ベースト・カウンセリング』　pp. 200-208, 2004.
第14章	文脈療法の理念と技法　家族心理学年報15　pp. 180-201, 1997.
第15章	隠された親密さ―忠誠心　現代のエスプリ353　pp. 61-68, 1996.
第16章	青年期事例の家族療法（「青年の家族療法」を改稿）現代のエスプリ243　pp. 57-64, 1987.
第17章	中年期と家族問題　臨床心理学6(1)　pp. 323-327, 2006.
第18章	いま，親の条件を考える　児童心理801　pp. 2-10, 2005.
第19章	子どもの自信を育てる　児童心理830　pp. 1-9, 2005.
終　章	カウンセリングとスーパーヴィジョン　現代のエスプリ別冊『臨床心理スーパーヴィジョン』（「臨床心理実習とスーパーヴィジョン」を改稿）pp. 49-57, 2005.

■著者略歴
平木典子（ひらき・のりこ）
1959年　津田塾大学学芸学部英文学科卒業
1964年　ミネソタ大学大学院修士課程修了（MA）
立教大学カウンセラーを経て
1991年　日本女子大学人間社会学部心理学科教授
2005年　跡見学園女子大学教授
2007年より，東京福祉大学大学院教授

■著　書
「新版カウンセリングの話」,「カウンセリングとは何か」朝日新聞社／「アサーション・トレーニング」,「自己カウンセリングとアサーションのすすめ」,「カウンセラーのためのアサーション」（共著）「ナースのためのアサーション」（共著）金子書房／「カウンセリングスキルを学ぶ」金剛出版，他。

カウンセリングの心と技術
心理療法と対人関係のあり方

2008年2月20日　印刷
2008年2月30日　発行

著　者　平　木　典　子
発行者　立　石　正　信

印刷・平河工業社　製本・河上製本
発行所　株式会社　金剛出版
〒112-0005　東京都文京区水道1-5-16
電話03-3815-6661　振替00120-6-34848

ISBN978-4-7724-1013-7　C3011　Printed in Japan ©2008

カウンセリング・スキルを学ぶ
平木典子著　カウンセリングの基本的考え方から現場での問題解決に有効な技法のエッセンス，プロの心理臨床家として姿勢までをわかりやすく解説。　3,675円

パーソナリティ障害治療ガイド
J・マスターソン，A・リーバーマン編　神谷・市田監訳　著者らの長年の研究・臨床の成果に最新の臨床知見を加え，解説したBPD治療の入門書。　3,570円

心理療法・失敗例の臨床研究
岩壁　茂著　心理療法の失敗と治療関係の立て直しについての，実践と理論の両面から検討されたオリジナリティ溢れる臨床研究書。　4,200円

学校臨床のヒント
村山正治編　実践に不可欠な知識やヒントをキーワードとして73にしぼり，ガイドとしても用語集としても使える学校教職員・心理職必携の一冊。　3,360円

子どもの対人スキルサポートガイド
小林正幸・宮前義和編　「あいさつ」から問題の解決方法まで，行動のスキルのみにとどまらず，感情・思考もふまえたサポート方法を詳述する。　2,625円

ファミリー・アートセラピー
S・ライリー著　鈴木　恵・菊池夕希子監訳　安全で効率的なファミリー・アートセラピーの実践を，多数の事例とアート作品によって具体的に示す。　3,990円

ストレス・マネジメント入門
中野敬子著　ストレスを自分でチェックし，軽減するようにコントロールする技術をだれもが学べ，実践できるようにしたわかりやすい解説書。　3,360円

女性の発達臨床心理学
園田雅代・平木典子・下山晴彦編　さまざまな女性特有の心身の変化と，その背後にあるこころの課題や葛藤を，生涯を通じた発達の視点からとらえる。　2,940円

ナラティヴと心理療法
森岡正芳編　臨床心理におけるナラティヴをユング派的な物語論から思想的最前線にある構成主義まで多岐にわたって考察した論著を集めた最高の一冊。　2,940円

認知行動療法
下山晴彦編　発展の歴史と最近の動向を概観した上で，技法の基本を示し具体的なプログラムを紹介することで，介入の実際を明らかにする。　3,360円

方法としての行動療法
山上敏子著　行動療法理解の基本から治療の進め方まで平明な言葉で詳述されており，著者ならではの行動療法治療の実際を学ぶことができる。　2,730円

弁証法的行動療法実践マニュアル
M・リネハン著　小野和哉監訳　境界性パーソナリティ障害に有効な治療法の実際がコンパクトにまとめられた実用的な1冊。　4,410円

改訂増補 統合失調症患者の行動特性
昼田源四郎著　統合失調症の姿をわかりやすく解説し好評を得た初版に，国際障害機能分類の解説，現場での活用の可能性への考察を加えた改訂増補版。　3,780円

乳幼児精神保健ケースブック
J・J・シリラ，D・J・ウェザーストン編　廣瀬たい子監訳　乳幼児精神保健のパイオニア，フライバーグの治療モデルを詳細な事例研究をもとに解説。　3,570円

臨床心理学
最新の情報と臨床に直結した論文が満載
B5判160頁／年6回（隔月奇数月）発行／定価1,680円／年間購読料10,080円（送料小社負担）

精神療法
わが国唯一の総合的精神療法研究誌
B5判140頁／年6回（隔月偶数月）発行／定価1,890円／年間購読料11,340円（送料小社負担）

価格は消費税込み（5％）です